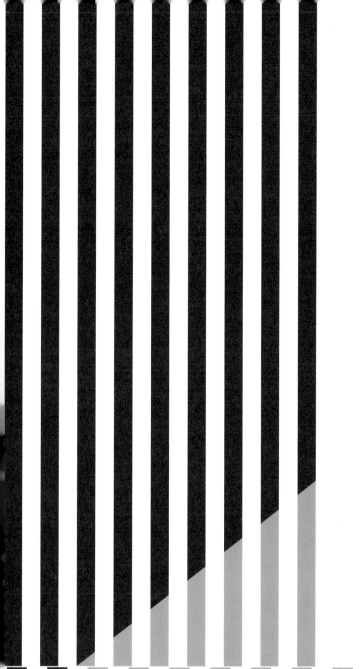

JN090891

舞台技術の共通基礎

公演に携わる すべての人々に

[改訂版 2020]

劇場等演出空間運用基準協議会

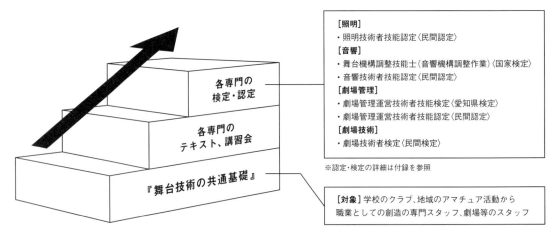

[照明]
・照明技術者技能認定〈民間認定〉
[音響]
・舞台機構調整技能士（音響機構調整作業）〈国家検定〉
・音響技術者技能認定〈民間認定〉
[劇場管理]
・劇場管理運営技術者技能検定〈愛知県検定〉
・劇場管理運営技術者技能認定〈民間認定〉
[劇場技術]
・劇場技術者検定〈民間検定〉

※認定・検定の詳細は付録を参照

各専門の
検定・認定

各専門の
テキスト、講習会

『舞台技術の共通基礎』

[対象] 学校のクラブ、地域のアマチュア活動から
職業としての創造の専門スタッフ、劇場等のスタッフ

本書の位置付け

はじめに

演劇、音楽、舞踊、演芸、伝統芸能などの実演芸術は、その公演を鑑賞し、あるいは人生の生きがいとして研鑽を積み発表するなど、多くの人々が生活を豊かにするものとして楽しんでいます。

　この実演芸術が成立する場は、全国の文化会館、市民会館、芸術館などの公立文化施設、民間の劇場、ホール、能楽堂、寄席や演芸場、ライブハウスやスタジオ、ドームや野外の仮設舞台、祭りなど多種多様です。これらの空間で、多彩な公演が年間12万回を超えて実施されています。

　この創造、制作から公演に至る過程には、主催者、制作者、脚本家や作曲家、演出家、各デザイナー、舞台監督、照明、音響、映像などの技術スタッフ、実演家、劇場のスタッフなどの職種の異なる専門家それぞれが役割を分担し、協働することで公演が実現します。

こうした公演活動を取り巻く環境は、日本の高度経済成長から低成長、そして少子高齢化社会の中で大きく変化してきました。劇場・ホール等の施設は1970年代から急速に増加するとともに施設の大規模化、技術革新による設備の自動化、デジタル化などの高機能化が進む一方で、旧来施設も多く並存しています。さらに新たな表現を求める演出からの高度な要請により、制作現場の技術の分野と専門性が求められるようになってきました。

　2000年代に入ると職種・職域とそのキャリア形成が相違する多様な専門家の集団でつくり上げる公演制作の過程で、現場での事故が頻発したことから、関係16団体が集い、劇場等演出空間運用基準協議会（略称：基準協）としてガイドラインづくりが始まりました。改訂を重ね、2017年には『劇場等演出空間の運用および安全に関するガイドライン　ver.3』を公開しています（www.kijunkyo.or.jp）。

本書は、前述のガイドラインのエッセンスに加え、公演制作の実務に関わる上での基礎的な知識、舞台機構・照明・音響・映像の機材や用法、注意点について、写真やイラストとともに解説しています。副題に「公演に携わるすべての人々のために」とあるように、学校のクラブや地域のアマチュア活動から、職業としての専門スタッフ、劇場・ホール等のスタッフまで、公演に関わるすべての人に知っておいてほしい内容を網羅しており、共通理解の土壌となることを願っています。これまで照明、音響などについての専門教材は存在していましたが、分野を超えての教材は、はじめてのものです。この『舞台技術の共通基礎』を学ぶことで、現場でのコミュニケーションを円滑にし、優れた創造性の基盤をつくり上げられると確信しています。

※2012年の「劇場、音楽堂等の活性化に関する法律」制定と翌年の「指針」告示により、劇場・ホールの社会的な役割への議論が深まり、実演芸術の発展への期待も高まりつつあります。なお、この法律では「音楽堂」という用語が使われていますが、一般名称としてはホールの方が馴染みがあるため、本書では「ホール」を使用しています。

目次

目次

1章

実演芸術と劇場・ホール

1-1では、日本における実演芸術の創造と公演の場が、社会の中でどのように成り立っているか、国の定め（法律）や統計を参照に解説します。1-2では、目的に応じてつくられている劇場・ホールを分類し、その機能や性質、そして各劇場・ホールを構成する諸室について紹介します。

1-1

劇場、音楽堂の役割

1 | 実演芸術の創造と公演の場

実演芸術の成立の場、その社会的な役割と期待

いつの時代も人間は、いま生きていることを言葉で、身体で表現し、またともに生きる人々と共有することなくして生きていくことはできません。実演芸術は、人間の本源的なもの、社会成立に不可欠な営みといえます。

地域の演劇、音楽、舞踊、演芸、伝統芸能、民俗芸能、祭り、その担い手といった文化芸術資源の歴史的な蓄積とその存在、そして日本全国、世界の実演芸術からの触発、発想、その芸術的な水準が新たな歴史をつくり出していきます。

実演芸術が成立するプロセスと安全については2章で詳しく述べますが、実演芸術は、企画、準備、公演段階に様々な職種、職域の専門家が関わり、それぞれの役割分担によりつくり出される総合芸術です。企画発意から作品を実現する作家、作曲家、演出家、指揮者、照明、音響、映像などのデザイナー、実演家、そして公演実現に欠くことのできない技術者、観客・聴衆を公演へ誘う広報・宣伝を含め企画から公演実現まで円滑な運営を図る制作者、劇場・ホールの経営責任者と、その仕事は多岐にわたります。この担い手は、実演芸術の価値を実現することを共通目的として協働する専門家です。

実演芸術の価値が実現する場の名称は、文化会館、市民会館、芸術館などの公立文化施設、民間の劇場、ホール、能楽堂、寄席や演芸場、ライブハウスやスタジオ、ドームや野外の仮設舞台、祭りなど歴史的背景や芸術分野によって様々ですが、「劇場、音楽堂」といえます。劇場、音楽堂は、この実演芸術の継承と創造、享受の現場のいまを担っているのです。

劇場、音楽堂を設置する主体は、国、都道府県、市町村、民間の企業、文化芸術団体、個人と様々で、その目的と運営方針は、設置者の意図により異なります。国は、我が国の伝統芸能の伝承と公開、実演芸術の振興といった文化芸術政策として国家目的に沿って法律を定めて設置してきました。

民間が設置した劇場、音楽堂等にはいくつかのパターンがあります。歌舞伎、演劇、音楽、演芸などの興業をおこなうために個人・会社が設置してきた劇場や、寄席、能楽や劇団などの実演芸術団体が自らの必要に応じて設置してきた能楽堂や劇場、コンサートホール、ライブハウス、そして一般企業が宣伝や広報、企業イメージの向上、社会貢献、あるいは所有不動産の有効活用から設置した劇場など色々です。ゆえに設置目的は明確なものが多く、歌舞伎、演劇、ミュージカル、コンサートなど特定公演に沿った仕様で建築されて、その目的に合った活動、貸与を中心に利用されます。多くは大都市圏に立地し、貸館使用料で運営を成り立たせています。高い地価の影響で高い固定資産税の負担があり、その経営は厳しいところが多く、また施設・設備の保守のために修繕投資ができないなどの問題を抱えています。

地方公共団体が設置した劇場・ホールは、設置者の税収に依拠するため、地域の人口や経済規模などの社会基盤により大きく左右されてきました。地域住民が集い、文化活動を自らおこない、実演芸術を鑑賞する「公の施設」として設置されてきました。しかし、この流れもいくつか変化してきています。

1つ目は、実演芸術の価値が、愛好者のみではなく、子どもの成長や幅広い人々の想像力、創造性などを高め、人々の活力、文化度を高めていくことで地域の絆づくり、活力の向上、社会発展にもつながるとの考え方。

2つ目は、我が国の経済成長のに伴い人口が過疎化し、さらにグローバル化する世界での地域企業の衰退などが進む中、地域の歴史的、文化的な資源を見直し、新たな文化資源を再生・創造することが地域の魅力を増し、人々の定着に重要との考え方。

3つ目は、単なる企業誘致などの経済的な政策だけでなく、景観、歴史的な事蹟、文化財、博物館、美術館、劇場などの文化資源の質を高め、地域内だけでなく世界を視野に入れた交流人口の創出、街の賑わいづくりなど「魅力あるまちづくり」の重要な要素として劇場・ホールを位置付けようとの考え方。

4つ目は、都市自体の発展には、創造的な文化芸術関連産業や創造性の高い人材の集積が重要で、そのことが都市全体の発展につながるとの創造都市の考え方。

以上のように、地方公共団体の劇場・ホールに対する考え方も幅広く、多様な政策視点を持つようになってきており、劇場・ホールへの期待は高まっています。このような背景を踏まえ、2012年には、「劇場、音楽堂等の活性化に関する法律」（以下、「劇場法」とする）が制定され、その役割が次の通り示されています。

> 劇場、音楽堂等は、文化芸術を継承し、創造し、発信する場であり、人々が集い、人々に感動と希望をもたらし、人々の創造性を育み、人々が共に生きる絆を形成するための地域の文化拠点である。また、劇場、音楽堂等は、個人の年齢や性別、個人を取り巻く社会的状況等にかかわりなく、すべての国民が、

> 潤いと誇りを感じることのできる心豊かな生活を実現するための場として機能しなくてはならない。その意味で、劇場、音楽堂等は、常に活力ある社会を構築するための大きな役割を担っている。

さらに、

> 劇場、音楽堂等で創られ、伝えられてきた実演芸術は、無形の文化遺産でもあり、これを守り、育てていくとともに、このような実演芸術を創り続けていくことは、今を生きる世代の責務とも言える。

とされている通り、実演芸術は、常に今を生きる人々によって創り続けられているのです。

2 ｜ 人々と実演芸術との関わり

1. 実演芸術の社会的な意義について

演劇、音楽、舞踊、演芸、伝統芸能など実演芸術の特徴はどんなところにあるのでしょうか。生身の人間がその身体で演技し、楽器などを使い演奏する、また舞い、歌い、語ります。劇場空間において舞台と客席との間には心と心の交流が生まれ、想像力が活性化されます。演じられる作品世界に、観客は、喜怒哀楽を覚え、その美と技に感動し、心が開放され、倫理的、思想的な思索が呼び覚まされます。この新たな価値認識が息吹として返され、演技者に伝わり、観客全体を包み込む共感が広がります。この同一空間で同じ時間を共有することの根源的な意義は、個々の生命を自覚することであり、実演芸術が複数の人間の集団として演じられ、多数の人間が集まり鑑賞すること、人と人とをつなぐ絆、社会の共同性を包み込んでいることに他なりません。これは鑑賞に参加した人だけではなく、コミュニケーションにより社会にも広がっていきます。実演芸術の力の原点はここにあるといえます。

文化芸術の社会的な価値については、世界的に60年代頃から形成されてきた共通認識が存在します。日本では、文化芸術の価値はどのように認識されているのでしょうか。内閣府が実施している「文化に関する世論調査」より、「文化芸術振興による効果」[p.012

図1] と「子どもの文化芸術体験の効果」[p.013図2] の調査結果を参考に見てみます。

まずは社会に不可欠な要素として、芸術の存在自体に価値を見出す「存在価値」の考えです。これは社会における芸術の成立、共同体における死者の霊を弔い鎮魂、無病息災の願い、豊穣の祈りは実演芸術と深くかかわるという根源的な価値観です。これを基礎に、現在、実際には自分は芸術を享受していなくても、将来利用するかもしれない価値として「オプション価値」があります。例えば近隣に劇場・ホールがあり、公演事業がおこなわれているとして、普段は特に音楽を好まない人、今はコンサートに行かないという人が、いつか行こうと思った時に、身近で味わえる選択肢があるといった価値です。

さらに「威光価値」と呼ばれるものがあります。例えば、街のオーケストラが、その地域や国の優れたイメージの形成に貢献し、地域の人々に誇りをもたらし、地域のアイデンティティの維持につながる、というような価値です。これは、実演芸術を直接鑑賞しない人にも影響が及びます。例えば日本の海外駐在員が、その国の人々に能楽や歌舞伎の素晴らしさを褒められた時、自分自身は見たこともないのに誇りに思うといったものがそうでしょう。これらは調査回答の図1「地域に対する愛着や誇りの醸成」「地域のイメージの向

上」と図2「日本の文化を知り、国や地域に対する愛着を持つようになる」につながっています。

　また、「遺贈価値（遺産価値）」と呼ばれる側面もあります。歴史的文化遺産などは、一度損なわれてしまうと復元が難しく、代替することができません。例えば無形のものでも、オーケストラが活動を続けていくことで、先人が創造した芸術が継承されます。次世代が自らの享受能力を発揮して、その芸術の価値を味わおうとする時まで触れる機会が一切ないというのでは、この表現分野の芸術は断絶してしまいます。次世代が芸術の価値を享受できるように芸術を継承し、提供し続けることは重要だと考えられる価値です。これは次に説明する「教育的価値」とともに「子どもが心豊かに成長する」ことを願う、大人の思いを表しています。

　教育的価値は、芸術活動がおこなわれ、それを享受していくことで、芸術家の表現から想像力を膨らませ、真、善、美といった審美的な能力、文化的な評価能力と創造力が高まり深まっていくような価値です。人々の文化の享受力は不変ではなく、このような芸術体験を通し刺激を受け培われていくものです。この享受能力は子どもの時に養わないと、大人になった時に芸術享受を選択しにくい状況になる傾向があります。図2にもあるように子どもに対して「美しさなどへの感性が育まれる」、「他者の気持ちを理解したり思いやった

りするようになる」「コミュニケーション能力が高まる」と、その期待が如実に表明されており、文化芸術の振興は、図1の「子どもの心豊かな成長」「地域社会・経済の活性化」「人々が生きる楽しみを見出せる」効果が期待され、実演芸術の生命感覚と共同性につながっています。

　また、20世紀後半、日本も含め共通する問題は、産業化され、都市化された現代社会の中での実演芸術の位置が大きく変容してきたことです。経済学の領域では、実演芸術は「準公共財」であるとの説が1966年にボウモルとボウエンが発表した『舞台芸術──芸術と経済のジレンマ』で確立されました。ボウモルとボウエンは、オーケストラや演劇、オペラ、舞踊の舞台芸術の鑑賞者と実演家等の行動を調査し、舞台芸術を1つの産業領域と捉えて実証的研究に取り組んでいます。その結果、技術革新による他の産業の生産性の飛躍的な向上に比べ、舞台芸術の生産性はほとんど変わらず低く、生産性向上などが期待できないため、市場に任せておくだけでは供給が不足します。コスト負担をする直接的な享受者である観客は、高いコスト負担を厭わない高所得者層だけになってしまうか、芸術活動に十分な費用、報酬を支払えないため人材が集まらず、芸術の質の低下を招くと警告しました。実演芸術の持つ社会的な価値、本質的な性質から、政府による何らかの支援が必要との考え方が確立し、欧米諸国

[図1] 文化芸術の振興による効果

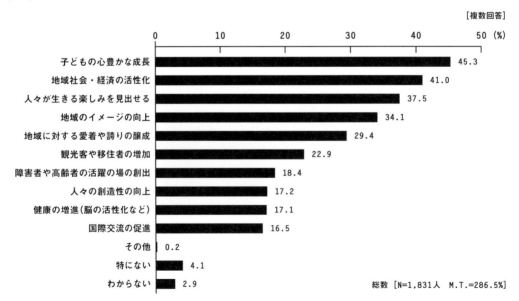

[複数回答]

項目	(%)
子どもの心豊かな成長	45.3
地域社会・経済の活性化	41.0
人々が生きる楽しみを見出せる	37.5
地域のイメージの向上	34.1
地域に対する愛着や誇りの醸成	29.4
観光客や移住者の増加	22.9
障害者や高齢者の活躍の場の創出	18.4
人々の創造性の向上	17.2
健康の増進（脳の活性化など）	17.1
国際交流の促進	16.5
その他	0.2
特にない	4.1
わからない	2.9

総数 [N=1,831人　M.T.=286.5%]

出典：内閣府「文化に関する世論調査」（2016年）

を中心に1960年代から実演芸術への政策が整備されて来ました。

日本でも雅楽、能楽、文楽、歌舞伎など伝統文化財の保護、文化芸術の持つ教育面からの文化行政が進められてきましたが、文化芸術の持つ多面的な価値からさらに積極的に政策を進めるため、1990年には政府予算と民間資金による専門助成機関である「芸術文化振興基金」が創設され、さらに2001年の「文化芸術振興基本法」制定により、文化芸術振興の基礎が確立しました。（2017年に「文化芸術基本法」に改正）

2. 全国での実演芸術の鑑賞と参加の実態

人々は実演芸術に実際にはどの程度、どのように楽しんでいるのでしょうか。政府が5年に一度実施している「経済センサス」「社会生活基本調査」で全国の実態を見ることができます。

参加行動の実態

自らの楽器演奏、おどりなど参加活動の実態です。この活動を支えるのは個人教授所の全国の存在ですが、音楽教授所の全国総数は2万を超え、町の郵便局数より多く、地域の文化芸術資源として欠くことのできないものとなっています。また、全国の吹奏楽団、合唱団、オーケストラに加え、数が推計できない劇団、民

俗芸能団体を含めると相当数の実演芸術団体が全国で活動しています。

その活動内容は、楽器演奏では10.9%の行動者率ですが、邦楽、コーラスなどは数%と少なめです。しかしこの種の趣味は繰り返し練習に励む行動であり、年間の行動日数は39.4日から74.8日と週1～2日から隔週と日常的な行動といえるものです。[表1] 一方、鑑賞行動は7.3から9.7日と対象的です。

全国の劇場・ホール等はこれらの実演芸術の活動を背景とし、その活動、発表だけでなく稽古や練習にとって重要な場であることの認識が必要です。

[表1] 実演芸術の参加行動者率と日数

	楽器演奏	邦楽・民謡など	コーラス・声楽	邦舞・おどり	洋舞・社交ダンス
行動者率	10.9%	2.9%	2.8%	1.6%	1.4%
行動日数	66.3	74.8	45.2	39.4	70.0

出典：総務省統計局「社会生活基本調査」(2016年)

鑑賞行動の実態

鑑賞行動は演芸・演劇・舞踊で14.5%、クラシック音楽で10.1%、ポピュラー音楽で13.7%となっています。この行動率は全国的な文化施設整備と歩調を合わせるように1986年から2001年まで急速に高まってきました。参加行動に比べ、より幅広い層の人々が鑑賞していますが、頻度は2カ月に1回前後と参加

[図2] 子どもの文化芸術体験の効果

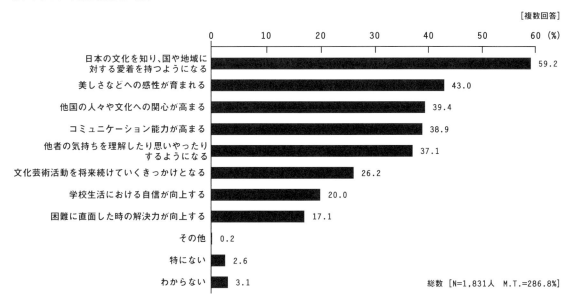

[複数回答]

- 日本の文化を知り、国や地域に対する愛着を持つようになる 59.2
- 美しさなどへの感性が育まれる 43.0
- 他国の人々や文化への関心が高まる 39.4
- コミュニケーション能力が高まる 38.9
- 他者の気持ちを理解したり思いやったりするようになる 37.1
- 文化芸術活動を将来続けていくきっかけとなる 26.2
- 学校生活における自信が向上する 20.0
- 困難に直面した時の解決力が向上する 17.1
- その他 0.2
- 特にない 2.6
- わからない 3.1

総数 [N=1,831人　M.T.=286.8%]

出典：内閣府「文化に関する世論調査」(2016年)

行動と大きく異なります。[表2]

「表2」実演芸術の鑑賞行動者率と日数

	演芸・演劇・舞踊鑑賞	クラシック音楽鑑賞	ポピュラー音楽・歌謡鑑賞	映画鑑賞	美術鑑賞
行動者率	14.5%	10.1%	13.7%	39.6%	19.4%
行動日数	7.3	7.7	9.7	6.0	6.8

出典：総務省統計局「社会生活基本調査」(2016年)

　鑑賞行動の特徴は、実演芸術分野ごとの差異とともに、行動には全国平均と比べて、地域的、人的、社会経済的な格差が大きく存在することです。

　まず、地域間の格差は、演芸・演劇・舞踊で8.4%から22.2%、クラシック音楽で6.5%から14.6%、ポピュラー音楽で8.9%から18.0%となっています。

　これは、教授所は人口基盤に対応して全国に分散していますが、実演芸術団体等が東京を中心とする大都市圏に集中していることによります。特に分野ごとに異なりますが、東京の実演芸術団体は活動の本拠地として、民間の劇場や公立文化会館を借りたり、施設と提携して多くの公演活動を進めています。これに加え、公演活動は全国の都市の人口基盤、経済活動等の状況に影響を受けるため、東京以外では実演芸術家の職業的な活動の成立が難しいことが影響しています。

　次に人的な要因、これは全国的なもので鑑賞行動における男性と女性の違い、年齢による差異です。特徴は女性の行動率が男性より高く、分野ごとに異なりますが若年層と高齢層の行動者率が高くなっています。これは特に男性を中心に働き盛りの年代、女性の子育ての年代の時間のなさなどが影響しています。

　最後に社会経済的な要因として統計からの分析によると、学歴、職業などの属人的な要因、さらに年間所得が大きな影響を及ぼしています。

　実演芸術の享受能力は、自らが体験しなければ育まれ、高められない性質のものといわれています。それも幼少期の体験が重要で、多くは家族や友人に連れられてなど家庭や交友関係がきっかけづくりに大きく作用し、また、学校での体験も重要な要素になっています。この体験が、大人になってからの鑑賞、参加行動への行動選択に大きな影響を与えます。

　劇場・ホール等の公共的な役割の1つは、実演芸術の価値を社会に活かしていくことから考えると、鑑賞や体験行動に参加する人々の割合を高め、地域内および地域間の実演芸術の享受格差をなくしていくことにあるとも言えます。

3. 劇場・ホール等と実演芸術との関係

　人々は実演芸術を地域で具体的にどのように楽しんでいるのでしょうか。

　町のピアノ教室で週1回練習し、年1回はその成果を文化会館で発表する。そうした地域の教授所は音楽に限らず日本舞踊、バレエ、伝統芸能など多様に存在しています。さらに学校のクラブ活動、社会人の合唱団、吹奏楽団、オーケストラ、演劇活動なども活発で全国コンクールも盛んです。年中行事、祭りに向け民俗芸能の稽古と発表の場としても、文化会館等の地域の公立文化施設は欠くことができません。これらの活動は自らが技能の研鑽を積んで発表することに喜びを見出すものとして地域文化の基層を成すものといえます。

　気に入った演劇、音楽団体を地域に呼んで皆で鑑賞したい、あるいは子どもたちのため、愛好する仲間のため、会費を集め鑑賞機会を自らつくろうとする鑑賞団体も地域には多数存在しています。

　また、全国の児童館、幼稚園、小学校、中学校、高等学校など教育機関では、子どもたちの情操豊かな成長を願って、実演芸術団体を招聘しての鑑賞・体験教室が、学校の体育館や地域の文化会館で年間数万公演おこなわれています。さらに社会福祉施設での慰問公演も活発におこなわれています。

　そして地域の文化会館は、これまで挙げてきた実演芸術活動の公演をおこなう中心的な場として、実演芸術団体や文化団体に会館を貸すことを事業の中心に据えているところがほとんどです。

　この事業に加えて文化会館が企画し、地域の文化団体等と協力しながら自主的に公演を制作する、また、地域外から劇団、音楽、伝統技能などの団体、芸術家を招聘しての自主文化事業を進めています。

　この実演芸術の創造と鑑賞機会づくりだけでなく、近年は、芸術家を招聘しての人々の表現力、コミュニケーション能力、想像力、創造性を培うためのワークショップ、演奏技術向上のためのクリニック、芝居づくり体験など多様な体験事業が展開されるようになってきています。

　文化会館は、様々な主体による実演芸術活動とその担い手の存在を把握し、その発展を考える地域の文化芸術拠点との自覚を持つ必要があります。文化会館への期待はこれまで以上の広がりを見せています。

全国の劇場・ホール等の事業概況と役割

劇場・ホール等が全国にどのくらいあるのか正確な数字は把握されていません。それは劇場・ホールの定義により異なるからです。設置者にかかわらず実演芸術上演の設備を備える300席以上座席を有する施設として文部科学省は「社会教育調査」を実施しています。

　2018年度の調査によると、全国1,805館のうち公演を実施しているのが 1,475館、その入場者数の全館平均は13,039名となっています。そしてこれらの施設には、非常勤も含め総計22,009名の職員が勤務しています。公演実施割合、1館あたりの入場者数と職員数も設置者区分ごと、さらに公立については行政区分により大きな開きがあり、とりわけ独立行政法人と私立の入場者数が多いことが注目されます。その施設の設置目的と運営方針、地域の人口規模を反映していると言えます。[表3・4]

公立文化施設の自主事業と課題

公立文化施設は設置者区分により、その事業内容に大きな相違があります。ほとんどの公立の劇場・ホール等は、地方自治法の「公の施設」として、住民の福祉向上の観点から、公平な住民の利用、主に地域住民の集会所として、地域住民の実演芸術活動の発表の場、鑑賞機会の提供の場として設置されてきました。そのため多くの地方公共団体が公立の劇場・ホール等を設置するに当たり制定する施設設置条例の条文は、施設の貸与利用とその条件に割かれています。

公立文化施設が自主的におこなう公演の実施形態には、民間の実演芸術団体から公演を買い受け実施する「買取型」や、劇場・ホールが独自にプロの実演家等あるいは地域の市民が参加する公演をプロデュースする「制作型」などがあり、それぞれの狙いをもって実施されています。

劇場・ホール等が事業を実施するに当たって、企画段階でどのような実演芸術を公演するかは、それぞれの運営方針に沿って地域の文化芸術資源の現状、人々の嗜好性などを勘案しつつ、公演が地域にもたらす影響などを考え検討されます。その基礎の上に、地域にない文化資源の場合は、「買取型」を選択することになるでしょうし、地域に文化資源がある場合、外部の力を借りつつも自らの持てる能力を最大限に発揮し、「制作型」に取り組んで新たな蓄積を生み出していくことは大切なことです。

[表3] 劇場・ホールの館数・公演と入場者数（国立、公立、私立）

	施設数	舞台芸術・芸能公演		
		実施館数	実施件数	入場者数平均／館
全国	1,805	1,475	24,076	13,039
独立行政法人	6	6	238	130,836
都道府県	98	89	2,236	25,102
市（区）	1,308	1,063	15,146	9,236
町	278	241	1,940	3,346
村	21	17	159	2,638
組合	1	1	31	10,920

出典：文部科学省「社会教育調査」（2018年度）

[表4] 劇場・ホールの職員数（国立、公立、私立）

	施設数	職員数			
		専任	兼任	非常勤	指定管理者
全国	1,827	3,009	1,878	2,146	13,149
独立行政法人	6	486	3	96	—
都道府県	99	125	14	73	1,827
市（区）	1,323	1,148	1,052	1,299	10,785
町	281	298	601	314	493
村	21	5	50	22	44
組合	1	7	0	1	0
私立	96	940	158	341	—

出典：文部科学省「社会教育調査」（2018年度）

また、貸館事業において、地域のアマチュアの公演に向けて稽古場を提供したり、制作、技術など専門家としての助言、相談に対応し、地域の文化活動の質の向上に協力していくことも、劇場・ホール等の大きな役割といえるでしょう。

その一方で、自主事業運営に当たっては課題が山積しています。[表5]劇場法の制定により、劇場やホール等の活性化や機能強化に関する助成事業が展開されるようになりましたが、それでも自主事業の実施に掛かる予算と人材の確保は尽きない悩みです。自主事業を実施したくても、施設によっては貸館事業中心にならざるを得ない状況も存在します。

自主事業と貸館事業を単純に区別するのではなく、自主的な事業企画が鑑賞機会の提供にとどまらず、地域の文化活動を刺激し、施設の利用も活性化し、地域の文化芸術資源が豊かになる方向性、さらに制作と買取についても相互の関連性を深め、劇場・ホール等としての企画制作力を高めていくことが重要です。劇場・ホール等の施設としての役割だけでなく、文化芸術の振興面の役割を問い直し、ハードとソフトを一体的に考え、事業展開を含めた総合的なバランスを考えていくことが、それぞれの個性をつくり上げていくことにつながります。劇場・ホール等は、地域の文化芸術を守り育てるセンターとしての自覚が求められます。

さらに劇場・ホールの設置者は、世界を視野に実演芸術の創造・発信といった積極的な運営方針を定め、専門人材を全国から求め社会からの期待に応えていく選択肢もあります。

[表5] 自主事業運営に当たっての課題（公立）

自主事業予算が確保できない	49.7%
事業を企画・実施するための人材が不足している	45.8%
長期的な視野に立った継続事業が実施できない	27.6%
利用者が固定化し、新規利用が伸び悩んでいる	27.6%
普及啓発事業をおこないたいがその体制・予算がない	17.4%
市民参画を推進したいが人材・ノウハウが不足している	15.4%
学校教育、福祉、観光等、他の分野・関連施設と連携が進まない	11.3%
実演家・実演団体等とのネットワークがない	8.2%
地域の文化団体との関係づくりがうまくできない	7.1%
事業の評価方法がわからない	6.6%
その他	4.5%

出典：『劇場、音楽堂等の活動状況に関する調査報告書』2016年度

1-2

劇場・ホールの機能と構成

1 | 劇場・ホールの機能と性能

劇場・ホールは、それぞれの施設が担う機能や使命を十分に果たすことを目的に整備される必要があります。以下には、劇場・ホールが目指す機能を「専用劇場・ホール」「多目的劇場・ホール」「多機能劇場・ホール」の3つに大別して、それぞれの劇場・ホールがそれらの機能を獲得するためにどのような性能や使命を求められているのかということを整理しました。

◉ 専用劇場・ホール

専用劇場・ホールは、その舞台で上演（公演）される舞台芸術や音楽芸術の特性を最大限に活かすべく、それぞれ芸術領域において最も相応しい性能や機能を備えることを目的に整備される劇場・ホールです。多目的劇場・ホールと最も対極にある劇場・ホールの総称として呼ばれることもあります。この専用劇場・ホールも大別すると、音楽芸術専用、舞台芸術専用、伝統芸能専用などに類別されます。

まず、音楽芸術専用劇場・ホールについてですが、大きく2つに分けることができます。1つは、生音の響きを活かすためのクラシック音楽のための専用のホールで、もう1つが、電気楽器を使用する音楽専用ホールです。当然、生音の響きを活かすための音楽専用ホールでは、大きな気積（客席を含めたホール空間の体積で、8〜10m²／席程度が求められる）を確保することで1.8〜2.0秒といった長い残響時間を実現します。また外部からの騒音や振動を遮断し、NC値が15〜20（数値が小さいほど、静音性が高い）[※1]以下という静音性が今日では求められます。

それに対して電気楽器を使用する音楽専用ホールでは、電気的に入力された音を増幅させて大音量のコンサートなどをおこなうことから、室内の発生音を吸収して残響時間を極力短めに設定するとともに、生音を活かすためのホールとは逆に、ホール内から外へ音漏れがないような遮音性能が求められます。

次に、舞台芸術専用劇場・ホールには、オペラ、ミュージカル、演劇、ダンスを専門とする劇場・ホールなどがあります。

それぞれの劇場・ホールは、上演（公演）される舞台芸術に相応しい舞台設備（機構・照明・音響など）がそれぞれバランス良く設けられるとともに、舞台の

形状や客席からの視野、サイトライン（視線）、視距離についてもそれぞれの舞台芸術に相応しい計画とする必要があります。過去には、ミュージカル「キャッツ」のように1つの演出作品のためだけに専用の劇場がつくられたこともあります。

伝統芸能専用劇場は、伝統的な劇場様式を活かしたものがあります。例えば、歌舞伎や能などがその代表的な舞台芸術として挙げられ、それぞれに特別な専用の劇場がつくられています。歌舞伎劇場では、花道や回り舞台、そして比較的低い舞台開口高さに対し広い舞台間口が備えられているのが特徴です。また、能舞台は、そもそもは屋外に建てられていたものを今日では屋内に設置することが一般化しています。演技のための舞台の面積は最小限とされ、橋掛かりなど他に例を見ない特色ある劇場様式となっています。

| ※1 NC(Noise Criteria)値 室の静けさを表す指標

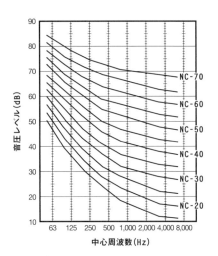

NC曲線

◉ 多目的劇場・ホール

多目的劇場・ホールは、専用劇場・ホールの対極にあり、音楽や演劇、伝統芸能など様々な舞台利用がおこなえるという特徴を示す用語として呼称されてきました。具体的には、舞台芸術の上演機能を備えた上で、可動音響反射板や客席の一部をオーケストラピットに可変させることで音楽芸術の公演も可能とし、仮設花道や鳥屋などを設置することで伝統芸能の上演も可能

とすることから、多目的な機能を備える劇場・ホールをこのように呼び習わしてきました。もちろん、舞台芸術を上演するための劇場・ホールにとっては、どのような格納方法であれ、側舞台やフライロフトの一部に音響反射板を格納することは必ず一部の演出機能を制約することになります。ただし、舞台芸術だけでなく、音楽芸術や伝統芸能の上演も一定程度可能にすることは、音楽、演劇、伝統芸能ごとにそれぞれの専用劇場・ホールを整備することが難しい地域にとっては魅力的な施設整備の方法になることも少なくありません。

このように複数の上演機能を包含しながらも十分に魅力的な多目的劇場・ホールをつくるには、様々な上演機能を無理やり組み込むのではなく、一定の抑制を持って、例えば音楽芸術に重心を置いた多目的劇場・

ホール、あるいは舞台芸術に重心を置いた多目的劇場・ホールなどといった整備の方法が考えられます。

◉ 多機能劇場・ホール
さらに、舞台や客席の空間を物理的に可変することで音楽芸術や舞台芸術だけでなく、コンベンション機能や展示会、パーティーやレセプション、そしてエアロビクスダンスやヨガなど軽スポーツでの利用も可能とする、多機能な利用が可能な劇場・ホールという整備の手法も試みられてきました。代表的な多機能劇場・ホールの事例としては、客席を可動あるいは収納することで、舞台と客席を同一レベルの平土間にすることで一体利用できるようになるといった機能を備えている劇場・ホールなどが挙げられます。

2 │ 劇場・ホールを構成する 機能諸室と部位

劇場・ホールに必要な機能には、上演のための機能、作品創作のための機能、施設管理機能などあり、それらは、その施設のミッション（設置運営目的）に拠って、計画され備えられています。それらの機能を担う主要諸室について、求められる仕様や性能について述べていきます。

上演機能

◉ 搬入口 (ローディング)
舞台で使用する大道具や楽器、衣裳、照明機材から音響機材までを劇場・ホールの外部から搬入するための重要な機能を担うのが搬入口（ローディング）です。搬入口は、舞台と同一階、舞台に直接搬入できる位置に設置されることが望ましく、また次に示すような大型の搬入車両から、積載物を円滑かつ安全に舞台に搬出入できることが必要です。

搬入車両は、劇場・ホールの規模に関わらず、近年では11tを超える大型車両が使用されることが少なくありません。また、積載物により平積み車両、荷台

後方両開き車両、荷台横跳上げ型（ガルウイング）車両、そしてコンテナ牽引車両など様々な形状の車両が使用されます。そのため、搬入車両により車両の後方や横側から荷降ろしをすることや荷台の高さがそれぞれ異なることを念頭に、荷降ろし用のプラットフォームを適切に計画する必要があります。また、搬入口の高さではユニック車やハイキューブコンテナ車への配慮も求められることがあります。

また、劇場・ホールに搬出入する物の多くは、雨や雪などに十分な配慮が求められます。さらに大道具などは大型でかさばる割には、軽量のものが多く、風にあおられることで大きな事故につながる危険があります。そのためには車両からの搬出入が雨や雪、強風にさらされることのないように屋根や風よけの配慮が求められます。

この搬出入口に設置される設備としては、荷降ろし用クレーンや水場（地流し）などが挙げられます。

◉ 搬入リフト (エレベーター)
舞台が搬入車両の駐車位置と異なる階にある場合に

は、搬入物を搬入リフト（エレベーター）で舞台階まで移動させる必要があります。舞台上の大迫りが搬入リフトの役割を兼ねている場合もありますが、仕込み作業を制約することから、好ましい方法ではありません。

◉ スノコ（ぶどう棚・グリッド）

一般に主舞台上部に設けられ、主に舞台吊物機構設備を設置するための「簀子状の床」を「スノコ」あるいは「ぶどう棚」「グリッド」と呼びます。元来スノコは、舞台吊物機構設備のための屋根裏あるいは機械室としてしか認識されていませんでしたが、近年では舞台演出のため、移動式点吊り装置の設置やチェーンホイストの仮設などを円滑かつ安全におこなうための作業環境が求められるようになってきました。その結果、枝滑車やワイヤーなどを直接スノコ床面に設置することは少なくなり、スノコ上部に設置した枝滑車を経由して元滑車や巻取りドラムにワイヤーを取り回すことで平滑なスノコ床面を実現するようになってきました。

　我が国の劇場・ホールのスノコは、チャンネル鋼材を約50mm程度の間隔を空け、均等に敷き並べることが一般的ですが、荷重や仮設の多様性に合わせてグレーチング製の床材などが使用されることもあります。このスノコでの作業は、高所であることに加えて、舞台工具などを落下させる危険性が高いことから、十分な注意が必要です。スノコには、舞台技術者や舞台設備のメンテナンスのための技術者など特定の作業者しか出入りを許可しないのが前提ですが、スノコ床面の隙間や床上への突起物などにより作業者の転落や転倒の危険性がないように計画される必要があります。

◉ フライギャラリー（テクニカルギャラリー）

舞台上部に設置される固定の技術作業床、技術作業通路のことで、演出実現するための技術的な作業をおこなう拠点となります。特にプロセニアム形式の舞台を持つ劇場では、吊物バトンの上下の両サイド外側上部（側舞台上部）に計画される固定の技術作業床から、主舞台への投光やスピーカーの設置、照明ブリッジへの乗り込み作業などをおこないます。設置の高さや位置については、それぞれの劇場・ホールの舞台形状や舞台設備によって異なりますが、主舞台への投光に支障のない高さでありながら、側舞台への大道具等の引き込みにも支障のない高さに計画される必要があります。

　このフライギャラリーには、舞台技術者が本番中も頻繁に出入りすることがあるので、歩行音がしないことや膝をついての作業に支障がないように床面をパンチカーペット等で覆うなどの配慮が望まれます。また、高所での作業になることから平滑な床面であることや、安全性に配慮した手すりを設けることなどで転倒、転落を防ぐ必要があります。

◉ 客席

劇場・ホールの客席は、椅子席を計画することが一般的ですが、特殊なケースとして「升席（大入場）」や「立見席」などが設けられることがあります。基本的に観客椅子は、床に固定されることが原則ですが、客席を可動させる機構を備えることで、客席の一部をオーケストラピットとして使用できる、あるいは客席全体を平土間に可変させるような劇場・ホールも計画されています。この客席の大きさや配置、固定の必要などについては、建築基準法または各地の建築条例、消防法および各地の火災予防条例（いずれかの厳しい基準が適用）などに定められた基準に従う必要があります。特に縦通路や横通路、出入口の数や避難通路の幅、階段などは、一般に最低の基準が定められているのでそれ以上の幅や数を確保する必要があります。そのため現状の客席状態を変更させる場合には、所轄官庁の確認と許諾が必要になります。また、個々の客席については、今日の観客の体格に配慮して、ゆとりのある幅や前後間隔を確保することが求められるようになってきています。

　もちろん、客席の計画で最も重要なことは、すべての客席から舞台を十分に見渡すことができるかどうかということです。そのためには個々の客席からのサイトライン（視線）に配慮した客席配置計画が必要になります。例えば、客席の傾斜が緩い場合には、前後の客席を千鳥に配置するなどの工夫を取り入れる劇場・ホールも多くなってきています。また、客席から舞台までの距離も、劇場・ホールの鑑賞環境を決定付ける重要な要素となります。もちろん、鑑賞に耐えうる最大視距離［※2］は、上演される演目によって異なることから、鑑賞にふさわしい視距離が考慮される必要があります。そのため、客席数が一定規模を超える劇場・ホールでは、多層のバルコニー客席が計画されるようになります。ただし、上層階のバルコニー席からは見下げのサイトラインとなり、バルコニー席の手すりや前方の観客の頭の高さがサイトラインの制約になることも少なくありません。いずれにしても上演され

る作品や演目ごとに客席からのサイトラインを必ず確認する必要があります。

　加えて、劇場・ホールは健常者だけではなく、障がいを持つ方や高齢者、子どもたちも利用する施設であることに十分に配慮する必要があります。特に障がいを持つ人や高齢者の客席への移動方法、車椅子席および同伴者にも配慮した客席、そして近年では、聴覚および視覚障がいを持つ人々も鑑賞機会を持つことのできる工夫がおこなわれるようになってきました。

> ※2　舞台から最後列の客席までの、距離による識別力は下記のようになっている。
> 〜15m：表情や細やかな身振りが鑑賞できる生理的限度
> 〜22m：第一次許容限度
> 〜38m：第二次許容限度

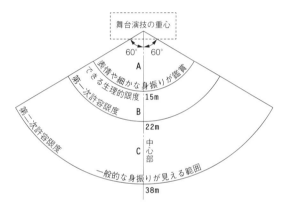

◉操作室
客席の後方には、舞台全体が視認でき、目途に合った位置に、各セクションの操作などに使用される操作室（調光操作室、音響調整室、投影室・映写室、フォロースポット投光室）が配置されます。

　また、施設によっては、舞台監督室や同時通訳室として使用できる、あるいは親子室機能を備えた多目的室が設けられることもあります。

◉ホワイエ、ロビー
一般にチケットのもぎりから外側をロビーと呼び、有料エリアであるチケットのもぎりから客席入口までをホワイエと呼びます。このロビーは、劇場・ホールへの主たる入口に付属している空間であり、来館者はそこからそれぞれの目的であるホールや諸室に移動してため、施設全体の共通の入口としての機能が求められます。そのため総合案内やインフォメーションカウンター（場合によっては管理事務所がその機能を兼ねる）、トイレや情報コーナー、レストランや喫茶など

の飲食機能に加えて、救護室や子どもを一時的に預けることができる施設などが隣接して設けられます。

　また、もぎり以降のホワイエは、開演前と休憩時間、そして終演後の時間を過ごす鑑賞者のための占有空間として整備されます。そのため、観客専用のクローク（場合によってはコインロッカー）、トイレ、軽食・バーカウンターなどが設けられます。

　なお、ロビー、ホワイエに設置されるトイレは、車椅子利用者や障がいを持つ人に配慮した機能を備える多目的トイレが併設されることが一般的です。

◉楽屋
出演者の控室として、施設の規模に応じて、1〜2名用から十数名用の大部屋までを組み合わせて計画されます。周囲を照明（電球）で取り囲む鏡を設置し、また、全身を写すための姿見、衣裳や帽子、靴などを載せるためのキャリングハンガーを置く場所を確保します。小楽屋にはトイレやシャワーを備える場合もあります。楽屋の位置は、舞台に近い同一階にあることが望ましく、上手・下手の舞台袖に容易に行き来できる必要があります。また、舞台技術スタッフや制作スタッフなどの控室、出演者が休憩・交流するためのアーティストラウンジ、給湯室、トイレ（多目的トイレを含む）などに加えて、楽屋エリアへの出入口（楽屋口）には楽屋事務室を設けます。

◉衣裳室、洗濯室、床山部屋
上演される作品の衣裳を管理しメンテナンスするための専用室として、衣裳室が置かれることがあります。多くの場合、洗濯機や乾燥機を複数台備えた洗濯室を併設します。同様に、かつら（ウィッグ）を整えたり、着けたりするために床山部屋が置かれることがあります。

◉リハーサル室
リハーサル室は、公演の前の出演者のウォーミングアップや楽器のチューニング、音出しをおこなうための部屋として舞台や楽屋に近い位置に計画されます。その大きさについては、舞台の規模やリハーサルの内容によって必要な広さおよび天井高を確保する必要があります。また、舞台に声や音などの影響がないように遮音性能にも配慮する必要があります。さらに、舞台と同様の床仕様（素材・弾性など）や生音の響き、明るさなどに調整されていることが望まれます。また、出演者が大変に多い場合などには、このリハーサル室

を楽屋の一部として使用することへの工夫も必要になります。

　施設によっては、このリハーサル室を舞台の本番使用に関わらず、練習室の1つとして単独利用できることが望まれます。その場合には、単独利用が可能な動線の整備に加えて、更衣室や休憩のためのスペースや設備などの確保も必要になります。

◉ ピアノ庫（あるいは楽器庫）

舞台で使用するピアノや楽器（和太鼓・チェンバロ・ティンパニーなど）に加えて、ピアノ椅子やピアノ移動台車などを収納しておくための収納庫です。収納される楽器の大きさや台数、種類によって十分な広さや高さを確保することに加えて、簡便に目的の楽器の出し入れができる開口を設けることが重要になります。また、室内を一定の温度や湿度に保つ空調設備機能を備えていることも求められます。

◉ 舞台備品庫（機材倉庫）

舞台で使用する備品機材や消耗品を格納するための収納庫です。確実な施設の運用と上演のためには、適切な収納スペースを適切な場所に持つことが大変重要です。重量物の出し入れが簡便におこなえることや、そのための開口（扉高さにも注意）の確保、内装仕上げも重要になります。また、マイクや電子機器などの小物については、収納庫内に別途鍵付きの収納棚を設ける必要があります。楽器庫同様に温度や湿度に考慮する備品があることにも配慮する必要があります。

◉ 大道具倉庫

舞台で使用するための大道具などを格納するための倉庫であることから、舞台に近い位置で移動距離の少ない場所に設けられることが望まれます。格納するものの重量や高さによっては、舞台床設備（迫りやスライディングステージなど）や小型クレーンなどを利用して移動させることもあります。その他の収納庫同様に、収納されているものを任意に取り出すことのできる格納方法や開口の位置、大きさが、利用勝手上、大変重要になります。

創造機能

◉ 練習室（稽古場）

演劇や音楽の日常的な練習、公演作品の創作をおこな

うために設置されます。そのため練習の目的や創作過程の段階ごとに規模の異なる練習室を複数設けることが望まれます。最も大きな練習室は、劇場・ホールの主舞台と同程度以上の広さおよび高さを持つことが望まれます。そのことによって、舞台と同じ条件での練習やリハーサルが可能になります。さらに本番と同様の舞台美術を飾ることや、本番と同じ雛壇や楽器のレイアウトでのリハーサルが可能になります。また、この大練習室（大稽古場）を補完する意味で、立ち稽古やパートごとの練習が可能な中規模練習室、台本の読み合わせや少人数あるいは個人での練習が可能な小練習室なども設けることが望まれます。

　それぞれの練習室は、相互の音や振動に影響されないような遮音性能を確保する必要があります。利用目的によっては、床の弾性や壁面鏡、バレエバーの設置なども必要になります。また、練習室に付属して男女別の更衣室やシャワー、トイレ（多目的トイレを含む）、休憩のためのスペースなども適宜設ける必要があります。

◉ 工房（ワークショップ）

近年、作品の創造活動を自らおこなう劇場・ホールが増えてきています。そのような劇場・ホールには、その規模や活動内容に合わせ、大道具・小道具の製作や補修をおこなう工房（ワークショップ）が必要になります。ここでは、木材やベニヤ板などの加工・組み立てなどの木工作業、鉄板や金網、鉄筋や鋼管などの加工（切断・変形・溶接など）をおこなう金工作業、舞台の背景幕や大道具の着色をおこなう背景作業などがおこなわれます。大規模な劇場・ホールでは、それぞれ専用の工房（木工場・金工場・画工場）に分けられる場合もあります。

　各材料の貯蔵・保管場所や、遮音や集塵、換気、排気のための設備が必要です。重量物を取り回すためのホイストクレーンを設ける場合もあります。また、工房から舞台や練習室に大道具などを移動させる動線（工房が分かれている場合には、その間の動線）を用意する必要があります。

　工房における工具の操作では、危険を伴うことから、専門的な技能を備えた技術者による管理が必要になります。特に、溶接や玉掛け、クレーン操作などでは、必要な資格の取得が義務付けられています。

　画工場が独立している場合には、床面に広げた背景幕などの出来栄えを確認できるように、上部にキャットウォークを設ける場合もあります。さらには、可燃

性の塗料や溶材を保管するための、危険物貯蔵庫の設置が必要になります。

◉ 衣裳工房

衣服、履物、帽子などのデザイン、製作、補修、保管などをおこなうための工房です。衣裳などの材料となる布や皮、フェルトなどの加工縫製に加えて、染色作業や衣裳を飾る鳥の羽や造花などの製作などもおこないます。また、使用された衣裳などの記録や修繕、クリーニングや保存・整理も重要な役割です。そのためには、衣裳などを効率よく収納できる保管庫を備えることも必要になります。

◉ 音響スタジオ

劇場・ホールで使用する音源を製作したり、編集・加工するためのスタジオです。音響スタジオは、コントロール室（ミキシングルーム）と演奏室（録音ブース）からなり、演奏や朗読などの録音・編集作業や、音響効果音、録音済み音源の編集加工作業をおこないます。音楽編集アプリケーションをインストールしたPCを備え、使用された音源などのアーカイブ機能も担います。

◉ その他

その他にも映像編集スタジオ、舞台照明器具庫、舞台音響器具庫、メイク（特殊メイクを含む）、小道具・武具製作などの工房などが併設されることがあります。

管理機能

◉ 劇場（ホール）事務室

劇場・ホール施設の管理や運営、企画制作、そして経営のためのスタッフが日常的な業務をおこなうための執務室です。ただし、その一部がロビーやホワイエなどに開かれていて、総合案内のための機能やチケット販売のためのカウンター機能を備えることがあります。

事務室内には、館長や芸術監督、プロデューサーなどのための個室が用意されることもあります。また、舞台技術者のための控室は、必要に応じて舞台に近い位置に設置されることも多く、スタッフのための更衣室や休憩室、シャワー室などが設けられることもあります。さらには、業務委託者（舞台技術・レセプショニスト・清掃・警備・設備運転など）やボランティアのための業務および控室なども適宜設けることになります。事務室の周辺には、観客や施設利用者が一時的に休むことのできる救護室や託児室を併設することがあります。

また、劇場事務室の一部には、空調や電気、非常設備などの監視盤や、その一部の遠方盤を設けることがあります。

◉ 会議室

劇場・ホールの施設管理や運営のためには、内部の様々な会議や、利用者やアーティストとの打ち合わせのための会議室・打ち合わせスペースが大変重要であり、多くの場合、事務室に隣接して設置されます。

◉ 中央監視室（管理室）、防災センター

中央監視室（管理室）とは、施設全体の空調、電気、水道、監視カメラ、非常設備など諸設備の管理運用を担う部屋です。施設内の管理情報が集まるところであり、舞台技術設備の運用に当たっても、空調運転の確認など、緊密に連絡を取り合う必要があります。また、防災センターは、消防法令により定められた、消火設備や非常放送等の防災設備を集中管理する場所で、個別に設置される場合と、中央監視室（管理室）と統合して設置される場合があります。防災センターは緊急時には司令塔を担い、劇場（ホール）事務室はその下に連携し対応に当たる場合があります。

その他の機能

◉ 情報資料室（アーカイブス）

舞台芸術や音楽芸術に関連する資料の収集や公開は、劇場・ホールにとって今日では基本的な機能として考えられるようになってきています。もちろん、当該施設で公演された作品に関する資料だけでなく、舞台芸術や音楽芸術に関連する情報を広く資料収集し、公開をおこなうことも求められています。

ストックする情報も、雑誌や書籍だけではなく、ポスターやチラシ、映像や音源など多種多様です。場合によっては、近隣の施設や類似施設での公演情報、舞台芸術や音楽芸術団体やサークルへの参加募集情報、必要とされる人材情報、ボランティアの募集情報なども情報の1つとして収集するとともに、紙媒体としてだけではなく、ホームページなどの電子媒体を活用した公開もおこなわれることがあります。

2章

実演芸術制作の現場

2-1では、劇場・ホール等での公演制作における安全衛生管理体制、職能別の役割と責任などの重要な項目を整理しています。2-2では、まず制作現場におけるプロセス全体において留意すべき「共通注意事項」を挙げ、続いて企画、稽古、搬入・仕込み、公演、解体・搬出までの一連の公演制作過程に沿って、安全のために注意すべき事項などを具体的に記しています。本章は『劇場等演出空間の運用および安全に関するガイドライン ver.3［2017］── 公演に携わるすべての人々に』からの抜粋となりますので、詳細はガイドラインをご参照ください。2-3では劇場・ホールの維持管理的側面について、2-4では緊急時対応を中心とした危機管理について述べています。

2-1

公演制作の組織と安全

なぜ安全管理体制が必要か

公演活動を取り巻く環境は大きく変わりつつあります。近年における劇場等の施設増加と大規模施設の出現に加え、設備の自動化、コンピューター化などの急速な高機能化が進む一方で、旧来設備も多く存在しています。さらに観客の素晴らしい時を過ごしたいとの思いを満たすため、演出家は技術部門に様々な要求を突き付けてきます。技術者はいかに応えるか。これまでにない多様な要請は公演制作の専門化と分業化を進める一方で、幅広い能力を備えた技術者も必要になって来ています。これに伴い多くの制作現場は、1つの組織では賄い切れず、多様な専門事業者、労働者が混在して進められる状況になっています。

　この状況は、制作作業全体を統括して安全確保を図る指揮系統が曖昧になりがちで、参加する事業者間の意思疎通が希薄化するなど、事故を誘発する要因ともなりかねなくなっています。さらに参加する事業者の安全に関する共通認識の不足、安全に配慮した技術教育のばらつきなど、作業者の技能格差に起因する問題も指摘されています。また、経済的な厳しさから公演制作における無理な制作スケジュールの下での作業など、複合的な問題が存在するようになってきました。

　このような状況に対応し、公演制作における安全確保を図っていくためには、以下の点が重要となります。

1) 制作現場の安全衛生を図るための責任と体制を明確にすること
2) 制作作業に参加する様々な分野の人々が安全に関し共通の知識を持ち、各人が安全な作業を実施すること。さらに安全に作業するための技術と意識の向上を図ること

2006年に公演制作現場での事故が続いたことを憂い、公演制作を担う関係者が立場を超えて集い、劇場等演出空間運用基準協議会（基準協）を創設しました。基準協は、劇場、屋内外の仮設舞台など劇場等演出空間での創造性あふれる自由な表現活動のさらなる発展に資するため、実演芸術に関わる人々の公演制作における安全を確保するための共通認識として、『劇場等演出空間の運用および安全に関するガイドライン ver.3［2017］── 公演に携わるすべての人々に』（以降、基準協ガイドラインとする）をまとめています。以降にその概要を紹介しますが、是非ともガイドラインを一読し、これまでの自分の仕事について再確認をしてください。

安全管理体制の考え方
責任体制の明確化
制作、技術スタッフ、施設の役割とコミュニケーション

公演は、主催者や制作者の企画発意に始まり演出家やデザイナーの参加、出演者および大道具・照明・音響など技術スタッフが加わっての稽古、プランニングを経て公演集団が劇場等演出空間へ入り、搬入、仕込み、稽古、上演、解体・搬出の流れでおこなわれます。

　この流れの中で参加者の役割と責任、全体の進行状況を掌握し、企画段階からの現場を想定しての安全計画を作成できる立場にいるのは制作者であり、現場での作業の安全を現実的に確保していくのは公演技術スタッフです。また、公演が実施される劇場等演出空間はそれぞれ固有な空間と設備を備えた施設であり、この施設における固有な情報が制作者、公演技術スタッフに適切に伝えられ、また施設の技術スタッフにより適切に運用されていなければ安全確保はおぼつきません。

　制作、公演技術スタッフ、施設の技術スタッフがそれぞれ異なる役割を果たし公演が実現します。それぞれが、密接なコミュニケーションを図り情報を共有することが安全確保の前提となります。その中で制作者は公演全体における指揮命令系統を明らかにし、異なる職種、職域を統括する安全衛生管理体制をつくる責任を負い、公演技術スタッフは公演制作のそれぞれの現場での安全を確保する責任を負い、施設はその技術スタッフを中心にその進行を支える責任を負う必要があります。

公演制作に参加する者が実施すべきこと

作業現場での事故を防止し、安全を確保するために労働安全衛生法が制定されています。この法律は、建設業、運送業などの業種、その事業所規模ごとに責任体制の明確化と管理組織の整備などを定めています。公演制作については業種として具体的に例示されていませんが、高所や開口部での作業による墜落、懸垂物の落下、暗所作業の危険性から意識的に安全を確保する必要があるため、基準協ガイドラインでは、法律で定める危険性の高い、多様な事業者等が混在して作業す

る現場の体制づくりに準じて表記されています。

　基準協ガイドラインの重要なポイントは、公演制作に関わる、事業制作、舞台、照明、音響などを分担するすべての事業者は、各部門の役割を十分認識した上で相互に連携し、それぞれの責任と義務を果たしていくことが重要との認識の下、公演制作の安全衛生管理面における全体の責任体制をつくり上げています。

　具体的には、制作事業者は、プロデューサー等を「統括安全衛生責任者」、制作担当者、演出家、等を「安全衛生管理者」として選任するなどの安全衛生管理体制を整備し、周知する責任を負うこととしています。

1 ｜ 劇場等演出空間における　安全衛生管理体制

劇場等演出空間での公演制作における安全確保と円滑な作業遂行のため、公演制作に関わるすべての事業者は、労働安全衛生関係法令の遵守に加えて、次の労働災害防止対策を講じることが必要である。豊かな創造性あふれる自由な表現活動を進めるには、参加する事業者全員が各部門の役割を十分認識した上で、分担し、連携し、それぞれの責任と義務を果たしていくことが重要である。

1. 安全衛生管理体制の整備

劇場等演出空間での公演制作は、実演芸術の分野、公演規模など公演制作ごとに多様だが、いずれにおいても複数の事業者［※1］が混在した状態で作業がおこなわれることが通常である。公演制作に関わる、事業制作、舞台、照明、音響などを分担するすべての事業者は、労働安全衛生関係法令の定めるところに加え、このガイドラインに基づき次の安全衛生管理者等を選任し、安全衛生管理体制を整備することが必要である。また制作事業者［※2］は、整備した安全衛生管理体制を文書にてすべての事業者に周知することが必要である。

① 統括安全衛生責任者の選任
制作事業者は、公演制作現場における制作業務を統括管理する者（プロデューサー等）を「統括安全衛生責任者」として選任し、安全衛生管理者を指揮させるとともに、安全衛生に努め、次の事項を統括管理させることが必要である。（p.032「公演制作における安全衛生管理体制の基本」を参照）

　a：制作作業における危険、および健康障害防止措置の実施
　b：部門間の連絡および調整と、安全衛生管理に配慮した適切なスケジュール作成
　c：公演制作現場の巡視
　d：事業者がおこなう安全衛生教育の指導および援助
　e：危機管理対策の策定
　f：その他労働災害防止に必要な事項

② 安全衛生管理者の選任
制作事業者は、プロダクションマネジメント、技術監督業務、舞台監督業務を担う者の中から、制作作業を指揮監督する者として「安全衛生管理者」を選任し、劇場等演出空間の施設管理者（仮設の場合は仮設舞台安全衛生管理者。以下同じ）の協力を得て、プロデューサー等の統括安全衛生責任者の指揮の下、前項に示された事項の実施についての管理をおこなわせることが必要である。

③ 安全衛生責任者の選任
実演、舞台、照明、音響、映像、電気などの事業者は、部門ごとに現場作業の責任者を「安全衛生責任者」として選任し、次の事項をおこなわせる必要がある。

　a：制作作業における当該部門に係る危険防止措置の実施
　b：安全衛生連絡協議会等への参加
　c：安全衛生連絡協議会等における連絡調整事項の周知徹底
　d：その他当該部門における労働災害防止に必要な事項

各施設においては、施設管理者は、自ら安全衛生管理者となり、あるいは劇場技術管理の統括をおこなう者を安全衛生管理者として指名して、劇場技術管理の各部門に安全衛生責任者、また施設全体を管轄する防火防災管理者を選任し、上記の各事項がおこなわれるよう、制作事業者と連携して管理監督指導することが必要である。

※1　ここでは主催者、制作事業者、舞台、照明、音響、映像、劇場などの企画から制作作業をおこなう者すべてを含めている。労働安全衛生法第2条では、「事業をおこなう者で、労働者を使用する者をいう」と定義されている。事業者は、その事業における経営主体であるため、個人企業であれば事業主個人であり、会社その他の法人の場合は法人そのものである。

※2　公演の企画から制作まで自らその一部または全部をおこなう事業者（複数存在する場合は企画をおこなっている事業者）、制作作業を自らおこなわず複数の事業者に委託している事業者、または公演制作の仕事のすべてを主催者から直接請け負っている事業者を制作事業者という。

2. スタッフ会議における安全衛生に関する協議

安全衛生連絡協議会

制作事業者は、統括安全衛生責任者（プロデューサー等）、安全衛生管理者（舞台監督、技術監督、プロダクションマネージャー、ディレクター等）、各部門の安全衛生責任者（舞台、照明、音響等）、および必要に応じ施設の安全衛生管理者、劇場技術各管理部門の安全衛生責任者からなるスタッフ会議（プロダクションミーティング）において、公演制作の企画、公演準備の各段階の必要な時期に安全衛生に関する事項を協議しなければならない。

①企画段階において本協議会で協議する事項
　a：制作計画の概要とスケジュール
　b：各事業者の業務の概要
　c：混在作業の概要
　d：危険予知とその対策
　e：劇場等演出空間の概要と安全上配慮すべき事項
　f：その他労働災害防止に必要な事項

②その他の段階において本協議会で協議する事項
　a：安全衛生管理に関する事項
　b：危険防止、および災害防止に係る事項
　c：その他必要な事項

③必要に応じ、本協議会に施設の安全衛生管理者、または劇場技術各管理部門の安全衛生責任者の出席を求め、制作作業をおこなう上での留意事項、使用する設備等情報、危険防止、および災害防止対策を協議すること
　a：舞台機構、設備、備品等の仕様の他、重要事項
　b：危険防止、および災害防止に係る事項
　c：その他必要な事項

④上記の協議の記録を作成し、保存すること

3. 安全衛生教育の実施

事業者は、事業場（ここでは、公演制作現場）における安全衛生水準の向上を図るため、当該労働者に次に挙げる時点において業務に関する適切な安全衛生教育をおこなうこと。また、職長または労働者の作業を直接指導・監督する者には随時、適切な安全衛生教育をおこなうこと。
　a：労働者を雇い入れた時
　b：労働者の作業内容を変更した時
　c：危険を伴う作業および行為につかせる時

4. 安全衛生活動の実施

制作事業者および施設管理者は、公演制作現場における安全を確保するため、本章2-2〜2-4に基づき、安全衛生活動を実施すること。その基本事項として、各部門の事業者に、特に以下の活動実施を徹底すること。

①作業開始前打ち合わせの実施
事業者は、毎日の作業開始前に自己の作業現場において従事する作業者と作業内容、作業中に予測される危険とその対策について打ち合わせをおこなうこと。また、必要に応じて統括安全衛生責任者、安全衛生管理者、各部門の安全衛生責任者、その他必要な者の間で当日の作業の安全に関する打ち合わせ、調整をおこなうこと。

②設備等の点検
事業者は、自己の制作作業で使用する設備、機材について始業前点検をおこない、異常等がある場合は、補修、改善等の措置を講じること。なお、使用する設備、

機材が施設所有である場合は、施設管理者に対し補修改善を要請し、それが終了するまでは使用しないこと。

③取扱要領の作成

事業者は、制作作業で使用する設備、機材のうち危険が生じる恐れのあるもの、並びに作業で取り扱う危険物および有害物については、危険防止のための取扱要領書を作成し、関係者に周知すること。

④整理整頓の励行

事業者は、自己の作業現場の整理、整頓、清掃および清潔（4S活動）を励行すること。

⑤安全衛生委員会の設置

事業者は、その規模に応じ、安全衛生委員会またはそれに準じる組織を設置し、作業の安全の確保に努めること。

⑥その他の安全衛生活動の実施

a：事業者は自動車運転に従事する者に法の遵守の指導をおこなうとともに運転者の疲労に配慮する等、交通労働災害の防止措置を講じること。

b：事業者は、フォークリフト、クレーン等の運転等政令で定める業務については資格を有しない者を就業させないこと。

5. 危機管理体制の整備

制作事業者および施設管理者は、公演制作の現場における自然災害、事故、騒動等による危機を想定し、本章2-3「危機管理」を参照し、その対応策を立案し、緊急時の公演中断、中止、その他の回避の対策、事態収束後の復旧対策等を指揮管理する体制を整備しなければならない。

①危機管理マニュアルの作成
②自然災害、事故発生時の緊急措置
③緊急連絡網の整備（所轄の警察署、消防署、保健所等を含むこと）
④マスコミへの対応

公演制作における安全衛生管理体制の基本 [※1]

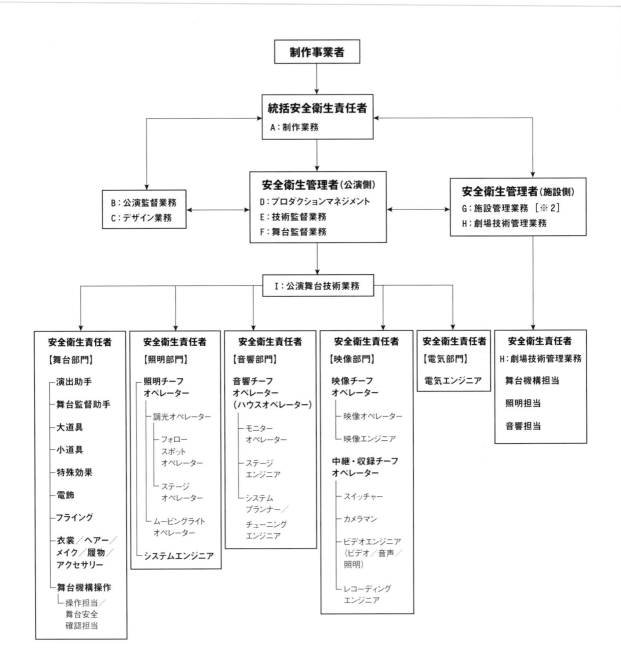

※1　ここでは安全衛生管理体制の整備の基本形を図示したが、演劇、音楽、舞踊、演芸、伝統芸
　　能など実演芸術の分野、大劇場から小劇場といった施設の規模、公演制作の方法によって様々
　　なバリエーションが存在する。安全衛生管理の体制を構築するための各部門の分担を明示す
　　るものであり、事故が起きた場合の補償責任体系を示したものではない。
※2　「G:施設管理業務」に防火防災管理者、「舞台部門」に火気取扱責任者が含まれるものとする。

2 │ 劇場等演出空間における 職能の役割と責任

公演制作は、限られた予算と時間、また物理的条件の中でおこなわれるため、安全衛生管理における役割と責任が明確にされないまま、そのプロセスが進んでいくことが多い。しかし、公演の成功と安全衛生の実現のためには、早い段階で公演制作過程における関係者の役割と責任を明確にすることが必要不可欠である。同時に、それらの役割にはそれに見合う権限が付与されるべきであり、公演制作現場に関与するすべての関係者がそのことを理解、協力し合って責任を持って実行できる体制を築くことである。

　公演制作の実施体制や安全衛生管理体制は、その分野や公演規模により様々であるが、ここでは共通の理解のために、各職能（業務）の役割と安全衛生管理における責任の概要を示す。ただし、公演規模によって、複数の役割を1人の人間が兼ねる場合もあり、反対に、1つの役割を分割する場合もある。大切なことは、それぞれの役割を持った業務において、その業務を担う者が必要な安全衛生管理をおこない、その責任が常に明確にされていることである。

A. 制作業務

制作とは、公演の企画を立案し、その実行を統括する業務である。従って、その任に当たる者は、公演制作における包括的な責任を持つ。制作者は制作事業者の指名により、統括安全衛生責任者としての任を負い、公演全体の安全衛生管理体制を整備し、労働災害防止措置を実施する必要がある。

　演出家、あるいは振付家、音楽監督その他、本節に列記する役割を負うにふさわしい者を選定し、彼らとともに公演制作過程における安全衛生に努める。具体的には、安全衛生管理のために次の事項を統括する。

　1. 制作作業における危険、および健康障害防止措置の実施
　2. 部門間の連絡および調整と、安全衛生管理に配慮した適切なスケジュール作成
　3. 安全衛生管理者の選任
　4. 事業者がおこなう安全衛生教育の指導および援助

　5. 危機管理対策の策定
　6. その他労働災害防止に必要な事項
公演制作過程全体の安全衛生のために、安全衛生管理者らがどのように役割を担うことが適切かを、自覚的に判断することが求められる。

　プロデューサー、企画制作者、あるいは団体や劇場の芸術監督等が担う。

B. 公演監督業務

公演監督は、公演の芸術面での責任を担うことがその役割であり、同時に統括安全衛生責任者および安全衛生管理者と協力して、稽古と公演に関する安全衛生の確保に努めなければならない。また、安全衛生管理者から、適切な安全衛生管理のための働き掛けがある場合には、公演監督は、芸術面での何らかの変更について協議・検討をおこなう。

　特に、高所での演技、飛び降り・フライング・暗所での演技、殺陣や群舞など多人数による演技や用具を使用する演技、火薬を取り扱うなどの危険を伴う演技の演出をおこなう場合は、十分なリハーサル、専門家の指導、有資格者の配置など必要な安全対策を講じることで、労働災害防止措置を実施する。

　演出家、振付家、ディレクター等が担う。

C. デザイン業務

各部門（美術、照明、音響、映像、衣裳、特殊効果等）においてデザインに関与する人々は、演出家およびプロデューサーの意図に沿い、上演効果を高める責任を負っている。（舞台美術家、照明デザイナー、音響デザイナー、映像デザイナー、衣裳デザイナー、特殊効果等）

　同時に統括安全衛生責任者および安全衛生管理者と協力して、各部門に関する安全の確保に努めなければならない。特に次のことに留意することが求められる。

　1. できるだけ早い段階で、そのデザインを明らかにする

2. デザインの安全性をプロダクションマネジメントを担う者とともに確認する

　3. そのデザインの安全確保が確認されない場合、デザイン変更も含めて安全衛生の確保について協議・検討する

D. プロダクションマネジメント

プロダクションマネジメントの主な役割は下記の通りである。

　1. 公演企画段階で、公演監督や各デザイナーと公演の安全衛生計画を立てる

　2. 公演制作過程で生じる危険を回避、または最小限にする

　3. 適性および能力のある技術、制作スタッフを制作業務担当者とともに選定する

　4. 各部門に適切な情報を与え、その安全衛生管理責任を果たせるようにする

　5. 制作業務担当者が立案した予算計画の技術面に関わる部門を検討し、制作過程を通じて、その実行を管理する

　6. 安全衛生管理に配慮した適切な制作スケジュールを立て、それを実行する

　7. 制作事業者の指名により、安全衛生管理者としての任を負う

規模や公演団体の構成に応じて、舞台監督、技術監督、あるいはプロダクションマネージャーが担う。

E. 技術監督業務

技術監督業務とは、公演制作の技術面における統括であり、芸術的な意図の技術的な実現の責任を担う。同時に、安全衛生管理においては、プロダクションマネジメントと協力して、技術的なリスクの回避と最小化に当たる。デザインが明らかになった時点で、出演者を含む関係者と施設側に対するリスクアセスメント（p.051）をおこなう。特に安全衛生管理が確保できないデザインやスケジュール等が明らかになった場合、その根拠と問題点を具体的に示し、自らの責任の下にそれらの変更を要求する権限を持つ。

　制作事業者の指名により、安全衛生管理者としての任を負う。

　技術監督業務は、舞台監督が担うことも多いが、規模に応じ技術監督が指名され、この業務を担う。

F. 舞台監督業務

狭義の舞台監督業務（ステージマネジメント）とは、下記のようにまとめられる。舞台監督が、これらの業務に加え、前述したプロダクションマネジメントおよび技術監督業務を一括して担うことも多い。

　1. 稽古開始前から公演終了までの間、出演者をはじめとする関係者の安全衛生管理をおこなう

　2. 稽古場も含め、リハーサルの手順について演出助手らとともにすべての関係者と協議し、危険のないように計画する

　3. 公演監督の構想する公演内容の的確な実現に向け、出演者および公演スタッフの統括をおこなう

　4. 安全かつ確実な公演をおこなうために、CUE（きっかけ）出しなどを含む、必要な進行管理をおこなう

　5. 制作事業者の指名により、安全衛生管理者としての任を負う

また、CUE（きっかけ）出しなどの舞台監督業務を、その助手らと分担することもある。

G. 施設管理業務

作品が公演される施設において、施設管理の役割は、関係者全員の安全衛生を確保することである。関係者とは、出演者、スタッフに加え観客も含まれる。次のような役割を担う。

　1. 施設管理者は、施設安全衛生管理者および安全衛生責任者を選任し、制作者に周知する

　2. 施設内の舞台機構、照明、音響、映像などの設備が安全に使用できるように整え、適切な保守点検を実施する

　3. 施設、備品の重要事項について、劇場技術管理者とともに制作者に事前に説明する

　4. 事前に制作者、公演制作側技術責任者とリスクアセスメントをおこなう

　5. ヘルメット、安全帯等の安全装備、飲料水、医薬品、AED などの緊急救命装置等を装備する

　6. 地震、火災や自然災害における避難計画や連絡体制などを作成し、周知・訓練をおこなう

H. 劇場技術管理業務

劇場技術管理の役割は、その施設における舞台機構、照明、音響、映像などの設備の適切な運用により、公演制作側技術者と協働して、作品制作における各作業および公演を的確かつ安全に遂行、またはそのための助言をおこなうことである。その前提として、次のような役割を担う。

1. 施設の危険箇所を把握し、公演制作現場に周知する
2. 必要に応じてヘルメット、安全帯等の安全装備を着用させる
3. 施設における舞台設備を理解し、的確に運用する
4. 事前に、公演制作側技術責任者とリスクアセスメントをおこなう
5. 禁止行為解除申請などが円滑におこなわれるように、制作者とともに所轄の消防署等との打ち合わせをおこなう
6. 地震、火災時などの緊急時の対策を計画する
7. 劇場技術管理の統括をおこなう者は、施設管理者の指名により、施設安全衛生管理者としての任を負う
8. 舞台機構、照明、音響、映像など各部門の責任者は、施設管理者の指名により、安全衛生責任者としての任を負う

※映像部門を持つ施設は現状では極めて少ない。映像機器設置に関わる安全衛生管理をどの部門が担うのか、施設の状況に応じた対応が必要である。

I. 公演舞台技術業務
舞台部門、照明部門、音響部門、映像部門、電気部門

【舞台部門】

舞台、照明、音響という大きな括りで表現すると、「舞台」という部門には演出助手、大道具、小道具、衣裳、かつら、メーキャップ、特殊効果、劇場技術管理の舞台機構操作など、広範囲が含まれ、公演形態の違いによっても異なる。舞台部門は、舞台監督が、安全衛生責任者として統括するが、規模の大きな現場においては、個別に安全衛生責任者を選任し、安全確保に当たらなければならない。

ここでは、演出助手、舞台監督助手、大道具、舞台機構操作を担当するスタッフについてのみ記述する。

◉ 演出助手

稽古場での稽古のスケジュールの管理・運営をおこなう役割である。出演者の様々な条件を考慮し、公演に向けてのスケジュールを組んでいく。その場合、出演者の健康管理はもとより、公演時に予想される様々なアクシデントに対する対策を講じることも要求される。

◉ 舞台監督助手

舞台監督の下で稽古場から公演において進行補助作業をおこなう役割である。公演形態により稽古場用大道具の製作や小道具の調達、調整などもおこなう。大道具の転換、衣裳、小道具のスタンバイおよびメンテナンス、音響補助作業や、照明補助作業をおこなう場合もある。演出部と呼称されることもある。

◉ 大道具

大道具［※1］の仕込み、バラシおよび公演中の大道具転換をおこなう役割である。仕込み、バラシに関しては搬入作業や、吊り込み、立て込みの作業をおこなう。大道具転換に関しては、公演内容により衣裳付きで舞台転換をする場合もある。高所および暗所での作業も頻繁にある。公演の種類によっては服装や仕込み用の道具、転換作業も幅広く変化する。

公演の規模および各施設の大きさ、スペックにより違いはあるが大きくは次のようにチームに分け、作業に当たる。

✚ 上手チーム、下手チーム

上手、下手にチーム分けをして、仕込み、公演中の転換作業をおこなう。各チームの代表としてチーフを置く。チーフは仕込み、転換などの打ち合わせに出席し、各チームに情報を伝達し、作業においてはチームの指示をおこなう。

✚ 綱元チーム

基本的には上記の上手、下手チームと同じ。ただし、公演規模によりチーフのみが存在し、上手または下手のチームが補助作業をおこなう場合もある。

また、仕込み時において、吊物チーム、台組チームな

ど大道具のパートごとにチームをつくり作業をおこなうケースもある。その場合も、各チームにチーフを置き、打ち合わせに出席し、情報の伝達と作業の指示をおこなう。また、搬入時において搬入されるすべての物の仮置き場を指示する「サバキ」や、搬出時に積み込みを指示するスタッフも選任する。鉄骨・アルミを使用した大道具や、盆や迫りなどの仮設の電動／油圧機構のためのチームを編成する場合もある。

◎ 舞台機構操作

✣ 操作担当
劇場舞台機構あるいは仮設舞台機構の操作運転をおこなう役割である。演出意図や作業意図に沿って、適切に機構を操作するために、その機構のスペックおよび特性をよく理解していることが求められる。

✣ 舞台安全確認担当
機構運転中および運転終了後に危険な状態が起こりうる場合の安全確保をおこなう役割である。公演側乗り込みスタッフから、複数の指示が同時におこなわれるケースや、施設の名称と違う表現の指示を受けるケースなどにおいては、舞台安全確認担当者が優先順位を考え、安全を確保しつつ操作担当者に指示を伝達することが非常に重要である。

※1 舞台上に飾られる物には木製のパネルや鉄骨、発泡スチロールなどの素材を使用した舞台装置や、幕などで構成される舞台装置がある。また、衣裳、小道具などもある。これらを総称して舞台美術という。ここでは上記の舞台装置を総称して大道具という。

【照明部門】
演出家およびプロデューサーの意図に沿った照明デザインを作成し、視覚的に補助するセクションである。職種としてデザイナーとオペレーターに分類される。照明部門におけるオペレーターは、デザイナーの意図を具体化するセクションである。仕込み作業に要する技術、経験と、仕込みの状況や照明機器の特徴を把握し、安全に使用するための知識が必要である。照明オペレーターは作業内容からチーフオペレーター、調光オペレーター、フォロースポットオペレーター、ステージオペレーター、ムービングライトオペレーターに分類される。仕込み時、フォーカス時、撤収、搬入出等の基本的な照明担当作業には全員が参加して全体作業をおこなうのが通例である。

照明部門全体の安全衛生責任者を選任して、制作現場の業務に当たらなければならない。

◎ 照明チーフオペレーター
照明デザインを基に仕込み図面を作成し、調光回路などホール設備の確認、機材リストの作成、作業手順の確認、作業の安全、仕込みに掛かる時間、必要人員等の計算、仕込み作業、および指示をおこなう役割である。

◎ 調光オペレーター
照明デザインに従い調光操作卓の操作をおこなう役割である。照明CUEの進行と緊急時の冷静な判断が求められる。プロダクションによってはチーフオペレーターが兼任することもある。操作卓のプログラミングは別のスタッフが担当する場合もある。

◎ フォロースポットオペレーター
出演者をスポットライトでピックアップしてフォローする。通常は客席後方かフォロールームからおこなうが、フロントサイド、ポータルタワー、ポータルブリッジもしくは照明ブリッジからおこなう場合もある。ガラス窓などで隔てられたフォロールーム以外でおこなう場合は自身の落下は勿論のこと、回りの物を落下させないように注意しなければならない。

◎ ステージオペレーター
ステージ回りに仕込まれた器具の管理、転換作業などをおこなう役割である。ステージフォロー、ギャラリーフォローなどをおこなう場合もあるが、ステージにおいては他のセクションとの連絡、出演者等の動線、客席からの見切れ、目的のフォーカスに適した仕込み位置、大道具、舞台機構などに留意が必要な作業をおこなう。大道具や幕類などとの接触による火災や、ケーブルの処理、袖中の作業灯の管理なども注意しなければならない。

◎ ムービングライトオペレーター
ムービング操作卓を操作するオペレーター、プログラミングを担当するプログラマー、仕込み・メンテナンスをおこなうテクニシャンに分類される。オペレーターがすべてを兼任するケースが多いが、大規模な公演においては、器具のメンテナンスが重要になるために、メンテナンス専門のテクニシャンが同行する場合があ

る。専用操作卓の操作技術、器具の構造についての知識、リギング技術などムービングライトシステム全般の技術を用いて、一般照明機器とは独立した運用をおこなうことが多い。

◉ システムエンジニア

近年では、新技術導入機器の開発が著しく、演出空間における照明デザインはより複雑な内容になってきている。デザイナーの照明演出全体をハード面でサポートするために、チーフオペレーターの指示の下、使用機器、伝送信号等の適切な照明システムの構築、仕込み方法のプランニング、および管理をおこなうのがシステムエンジニアである。照明デザインへの理解はもとより、各照明機器、コントロールシステム、電気工学、デジタル技術、光学機器などに精通している必要がある。

【音響部門】

演劇・舞踊の分野では、演出家・舞踊作者（振付家）やプロデューサーの意図に沿って音源を作成、その音を施設で再生、あるいは演奏や台詞を拡声して、聴覚で作品に関与する。

　コンサートPA（SR）の分野では音楽監督（音楽ディレクター）、アーティストやプロデューサーの意図に沿って唄や演奏の拡声に責任を持つセクションである。音響の場合、デザイナー、オペレーター、エンジニアの3種類に分類する。

　音響部門におけるオペレーターは、作業内容からチーフオペレーター（ハウスオペレーター）、モニターオペレーターに分類する。大規模なミュージカル等ではハウスオペレーターの中をワイヤレスオペレーター、音楽MIXオペレーター、SE（効果）オペレーター、に分割する場合もある。小規模の場合は1人ですべてを担う。コンサートPA（SR）系ではプランナー（デザイナー）をチーフオペレーターが兼ねる場合が多い。

　音響部門全体の安全衛生責任者を選任して、制作現場の業務に当たらなければならない。

　また、コンサートや大規模なミュージカルなどにおいては、楽器管理を担当するローディーや、コンピューター・シーケンスの操作を担当するマニピュレーターといった、実演家と技術スタッフの間に立つ役割も重要となっている。

◉ 音響チーフオペレーター（ハウスオペレーター）

全体の音響演出の具現化（音量・音質・バランス等）をおこなう役割である。下記に公演別の作業例を挙げる。

[演劇・舞踊の場合]

演劇・舞踊公演等で録音素材や音楽も含めた再生音の操作をおこなう役割である。少数のマイク系の操作も1人でおこなうのが基本だが、マイクPAが重要な場合、専任のオペレーターを必要とする。

[ミュージカル・音楽劇の場合]

台詞や歌のPA（SR）、演奏のPA（SR）、効果音の再生という役割を振り分けて担当することが多い。チーフがどこを担当するかは公演による。また操作だけでなく、出演者へのワイヤレスマイク等の取り付け方法などの指示をステージエンジニアにおこなう。

[コンサートPA（SR）の場合]

チーフオペレーターが客席をカバーするメインスピーカー（フロント・オブ・ハウス＝ F.O.Hともいう）で観客・聴衆への音のサービスを担う。

◉ モニターオペレーター

演奏家や歌手の舞台エリア内の音のサービスをおこなう。それぞれに必要な音のバランスを調整し、歌いやすく演奏しやすい音響環境を整える役割である。

◉ ステージエンジニア

ステージ上の場面ごとにマイクやモニタースピーカーの配置変更をおこなう。下記に公演別の作業例を挙げる。

[ミュージカルなどの場合]

衣裳などに取り付けたワイヤレスマイクの状態を最善に保つことや、マイクの受け渡し、休憩時の電池交換や防水処理のケアを任務とする。大道具の転換に伴う仕込みスピーカーやマイクの配置転換をおこなう。

[コンサートPA（SR）の場合]

楽器の持ち替えに対応する転換や、演奏者の指示をモニターオペレーターに随時伝達する。また、ステージ上の突発的なトラブルに対応する役割を担う。

◎ システムプランナー

デザイナーの音響演出をハード面でサポートし、システム構築を提言するとともに、仕込み方法等のプランをおこなう役割である。

◎ チューニングエンジニア

スピーカーシステムが会場に合致するように周波数特性の補正（イコライジング）やディレイ（音声信号の遅延）調整をおこなう役割である。チーフオペレーター（音響デザイナー）と協力しながら目的とする音のクオリティを実現する。

【映像部門】

演出家およびプロデューサーの意図に沿って、電子背景、電子ディスプレイなどの大型映像を中心とする映像装置をとりまとめ、これらにCG、実写などのコンテンツを適時表示させて、舞台・照明・音響部門と協力して、新しい分野の演出効果を具現化するセクションである。職種としては、デザイナー、エンジニア、オペレーターに分類される。この部門は技術革新の影響が著しいため、今後新しい職種などが生じるものと考えられる。

映像部門全体の安全衛生責任者を選任して、制作現場の業務に当たらなければならない。

大型映像装置を使用して効果的な演出（ハード、ソフト、運用の組み合せ）をおこなう際には、次の2つの方法に大別される。

- 自照型表示機器（映像モニター、LEDディスプレイ、電球など）を用いる方法
- 投映型表示機器（フィルム映写機、ビデオプロジェクターなど）を用いる方法

◎ 映像チーフオペレーター

全体の映像演出のとりまとめをおこなう映像部門の総括責任者であるため、映像部門の安全衛生責任者の任を負う。他の部門の担当者と映像内容について打ち合わせし、技術経緯の周知やスケジュール管理調整をおこなう。

◎ 映像エンジニア

映像演出を技術的にサポートする役割であり、台本、スケジュール表などを基に、デザイナーとともにソフトおよびハードの選択に関わる。この際、ステージの大きさ、電気系統、公演の内容などによって映像装置を使い分ける。

◎ 映像オペレーター

映像構成台本を基に、電子背景、プロジェクターなどの映像機器の操作をおこなう。出演者、舞台、照明、音響との協力、タイミングなどの他、ビデオ中継、録画などの業務にも的確、柔軟な対応をおこなう。

◎ 中継・収録チーフオペレーター

事前収録素材とライブ映像の投映に大別される。この部門に所属するカメラマン、スイッチャー、照明、音声の統括責任者であり、この部門の安全衛生責任者でもある。なお、映像の分野ではTD（テクニカルディレクター）とも呼ばれ、スイッチャーを兼ねる場合には、TDS（テクニカルディレクター／スイッチャー）と呼ばれる。

◎ スイッチャー

カメラマンが撮り、ビデオエンジニアが調整した映像出力を、演出意図に基づいてスイッチング（選択）をおこなう。スイッチングには、事前に決められたカット割によって切り替える方法と各カメラの役割に任せて任意に切り替える方法がある。

◎ カメラマン

カメラを操作して、必要な映像を切り撮る役目を有する。与えられた空間の中で、何をどのように出せるかを判断して、カメラのフレームの中に捉える作業をおこなう。被写体の動きの予測、その場で何が必要か瞬間的に見極めることが要求される。シングルカメラの場合、マルチカメラの場合と演出意図によって判断は異なる。

◎ ビデオエンジニア（ビデオ／音声／照明）

現場での映像システム、および画質管理責任者。必要な映像システムを構築するとともに、各カメラの調整をおこない、複数のカメラのバランスをとる。また、映像システムのメンテナンスも担当し、業務が円滑におこなえるよう技術的バックアップを併せておこなう。なお、ごく簡易な場合には、中継・収録時のカメラ撮影に伴う音声と照明も担当することがある。

◉レコーディング・エンジニア

映像および音声をバランスよく、正確、適切に収録を
おこない、必要に応じて簡単な編集も試みることがある。

【電気部門】

◉電気エンジニア

照明、音響、舞台、映像等の電源プランを基に、演出

空間仮設電気指針に沿って配線図を作成し、持ち込み
機器電源盤や仮設電源盤から電源供給をおこなう役割
である。幹線の配線、絶縁、過電流の監視等をおこな
う。安全担保の構築は、電気に精通した技術者がおこ
なう必要があり、電源方式、設備場所、電気容量、規
模に応じ対応する。

3 ｜ 公演制作過程における責任と役割

実演芸術の公演は、主催者や制作者が企画を発意し、
脚本家、作曲家への作品委嘱といった構想から始まる。
そして演出家をはじめ、大道具、衣裳などの舞台美術
のデザイナー、照明、音響、映像などの各デザイナー、
舞台監督といった主要スタッフが決まり、具体的な制
作作業が開始される。この創造プロセスで必要な各段
階において舞台、照明、音響、映像などの舞台技術者
も参加し、最終段階には公演をおこなう劇場の舞台ス
タッフも含め公演が実現する。初演を迎え、公演が繰
り返され、さらに巡回公演、時を経ての再演などがお
こなわれることも多い。

　この公演制作のプロセスを概括すると以下のように
なるが、この時間経過は実演芸術の分野、その公演規
模によって大きく異なる。

　演劇、ミュージカル、オペラ、バレエなどの新作は、
企画発意から作品委嘱、主要スタッフのスケジュール
確保、資金調達計画、会場押さえなど3年前くらいか
ら着手しないと間に合わない。一方、クラシック音楽、
能楽、歌舞伎、落語などの伝統芸能は、古典として作
品が完成しており、また、演者に作品がレパートリー
として定着している。例えば能の場合1日の申し合わ
せで公演を迎えるし、オーケストラは3日程度のリハー
サルで公演を迎えるなど分野によって時間は大きな
相違が存在する。

　また、公立文化会館や民間劇場では、自らが公演制
作をおこなう場合はそのプロセスは同じであるが、自
らが制作に関与しない貸し館や公立文化会館の買い取
り自主事業の場合、施設側からみると以下のプロセス
の3から6の繰り返しになる。

　公演制作は、専門職域／役割の異なる多様な舞台技
術者の相互の密接なコミュニケーションにより成立す
るものであり、その公演の質と安全確保は、個々の能
力だけでなく、その協働のありように大きく依存して
いる。その協働の基礎となるのは、公演制作に関わる
すべてのスタッフが基本的な知識と技能について理解
を共有していることであり、また前項で触れた制作者
から各セクションの舞台技術者までの全体でつくり上
げる職種、職域を超えた安全衛生管理体制である。以
下に、各プロセスにおける主要な役割とその安全衛生
管理に対する責任について列挙する。

　事故を防ぎ、安全に進行するためには、余裕を持っ
たスケジュールを組んで適切な作業環境をつくるこ
と、またどのような危険が潜んでいるのかを全体で共
有し、必要な措置を講じるリスクアセスメント
（p.051参照）の考え方が重要である。

公演制作と公演のプロセス

1. 企画
2. 公演準備
3. 搬入・仕込み
4. 舞台稽古
5. 公演
6. 解体・搬出

巡回や再演など公演のサイクル

公演制作の各段階における主要な役割とその安全衛生上の責任

	企画	公演準備
制作者	・公演監督、各デザイナー、舞台監督、技術監督、プロダクションマネージャーらを選定し、安全衛生計画における具体的な役割を示す。 ・企画に適切な施設、日程を決定する。 ・適切な予算、スタッフを確保する。また、予算に対して適切な計画を選択する。 ・施設や業者と責任を明確にした上で契約を交わす。	・公演監督、各デザイナーの計画が、予算や日程などの諸条件と合致しているかに注意を払い、安全に公演を実現するために、適切な助言あるいは指示をおこなう。 ・技術監督、プロダクションマネージャー、舞台監督らの安全確保の取り組みを理解し、その効果が最大限となるよう、適切な協力・助言あるいは指示をおこなう。 ・状況に応じ、予算や日程などの諸条件の調整を図る。
公演監督 (＝演出家、振付家などのクリエイティブリーダー)	・芸術面でのコンセプトを提示し、そこに想定されるリスクの概要を認識し全体に共有する。	・稽古中の全体の安全を確保する。
デザイナー	・予算、施設の条件を考慮したデザインをおこない、そのリスクを検討する。	・予算や日程、施設の条件を考慮してデザインを確定させる。
公演側作業監督者 (＝安全衛生管理者) ※舞台監督が兼ねる場合もある	・安全確保に留意した制作スケジュールを作成する。 ・公演監督、各デザイナー、公演側および施設側の技術スタッフの間のコミュニケーションが円滑に進むよう図る。 ・制作者、公演側および施設側の技術スタッフそれぞれの責任分担を明確にする。 ・各セクションの役割分担を明確にする。 ・デザイナーより提示されたデザインについて、リスクアセスメントをおこなう。	・安全に留意して、劇場入り以降のタイムスケジュール（プロダクションスケジュール）を作成する。 ・必要な情報をまとめ、施設と打ち合わせをおこない、仕込み、舞台稽古、公演が円滑かつ安全におこなえるよう図る。 ・仕込み内容全体に対し、最終的なリスクアセスメントをおこなう。 ・必要な機材、大道具などを安全に搬入する準備をおこなう。 ・関係公機関への届け出書類を準備し提出する。
舞台監督		・出演者の安全を確保する。 ・稽古スケジュールを作成・管理する。（演出助手が担う場合もある）
施設側 舞台技術管理統括 責任者 (＝安全衛生管理者)	・必要に応じて、施設の情報を提供する。 ・公演に関する特別な措置・手配の必要性を検討する。	・必要な施設の情報を提供する。 ・公演側からの情報によって、作業内容と公演内容を把握し、安全に作業および公演がおこなえるよう図る。 ・施設とその設備が上演可能な整備を施され、安全に使用できることの確認をおこなう。 ・公演側作業監督者（＝安全衛生管理者）に対し、施設の安全衛生に関わる取り決めを伝える。

公演制作を安全に進めるため、以下のように、役割ごとに安全衛生管理上の責任を果たす必要がある。

搬入・仕込み	舞台稽古	公演	解体・搬出
・公演監督、各デザイナーの計画が、予算やタイムスケジュールに則って実行されているかに注意を払い、安全を図るために、適切な助言あるいは指示をおこなう。 ・技術監督、プロダクションマネージャー、舞台監督らの安全確保の取り組みを理解し、その効果が最大限となるよう、適切な協力・助言あるいは指示をおこなう。			
・施設の条件やタイムスケジュールに則り、作業監督者の安全確保の取り組みを尊重し、計画の実現を図る。	・舞台稽古が、公演に潜む危険を把握し、対策を講じて安全を確保する貴重な機会であることを制作現場において明確に共有する。 ・施設の条件やタイムスケジュールに則り、作業監督者の安全確保の取り組みを尊重し、計画の実現を図る。	・公演内容の継続あるいは見直しを判断し提示する。それに伴う安全確保の措置の更新を、制作現場において明確に共有する。	
・施設の条件やタイムスケジュールに則り、作業監督者の安全確保の取り組みを尊重し、計画の実現を図る。			
・施設とその設備が上演可能な整備を施され、安全に使用できることの確認をおこなう。 ・搬入された大道具や機材が、目的に適い安全であることの確認をおこなう。 ・公演側および施設側スタッフが、適切な情報と適切なスケジュールの下で安全に作業をおこなえるよう図り、管理監督をおこなう。	・舞台稽古を計画し、実施する。 ・舞台稽古を通じておこなわれる技術的な変更・修正を、必要なセクションに周知する方策を講じ、また周知されていることの確認をおこなう。	・舞台装置、各セクションの機材・設備が、安全に使用されていることを確認する。それらのメンテナンスの機会を確保する。	・施設のルールを考慮しつつ、作業内容に沿ったスケジュールを立案する。 ・適切な情報と適切なスケジュールの下で、作業が安全におこなわれるよう図り、管理監督をおこなう。
	・舞台稽古スケジュールを作成・管理する。 ・施設や公演の安全衛生に関わる情報を出演者に提供する。 ・出演者の安全を確保する。	・出演者の安全を確保する。 ・公演期間中のスケジュールを作成・管理する。	
・施設および公演関係者の安全を確保する。 ・作業・舞台稽古・公演が安全におこなわれているか、随時確認をおこない、必要があれば、公演側に注意喚起をおこなう。			

2 - 2

公演制作過程の実際と
安全の取り組み

公演制作は、専門職域・役割の異なる多様な舞台技術者の相互の密接なコミュニケーションにより成立するものであり、その公演の質と安全確保は、個々の能力だけでなく、その協働のありように大きく依存しています。その協働の基礎となるのは、公演制作に関わるすべてのスタッフが基本的な知識と技能について理解を共有していることであり、また2-1で触れた制作者から各セクションの舞台技術者までの全体でつくり上げる職種、職域を超えた安全衛生管理体制です。

　事故を防ぎ、安全に進行するためには、余裕を持ったスケジュールを組んで適切な作業環境をつくること、またどのような危険が潜んでいるのかを全体で共有し、必要な措置を講じるリスクアセスメント（p.051参照）の考え方が重要です。

　2-1では、制作現場におけるプロセス全体において留意すべき「共通注意事項」を挙げ、続いて2-2においては、公演制作過程に沿って安全のために注意すべき事項を述べていきます。

　劇場入りまでの過程（いわゆる準備段階）においての企画立案や具体的な技術事項の整理に際しても、これら共通注意事項を念頭に置いて、作業を進めていかなければいけません。

1 ｜ 安全作業のための共通注意事項

■ 作業現場の基本

01. 監督責任の明確化

- 全セクションを統括し作業全体の進行を指揮監督する者は、その現場の安全を守るために、様々な配慮や働き掛けをおこない、また注意喚起に努めなければならない。

　時には、（安全衛生管理者としての安全衛生活動として）危険な作業の中断を指示し、作業方法の再検討を求める。
- 作業員は、誰が作業監督者（＝安全衛生管理者）なのかはっきりと認識し、その判断を共有する。
- 公演団体／施設利用者側と施設側の安全衛生管理者は、協働し、安全確保に当たる。
- 各施設各現場は、このガイドラインを基に、それぞれの固有の環境、各現場に沿った「安全基準」を策定し、安全衛生管理者の責任の下で運用する。

02. タイムスケジュール

- 作業監督者（＝安全衛生管理者）は、各セクションの作業内容やその関連性を十分に考慮し、事故を防ぎ安全に進行できるよう、関係法令も踏まえて、タイムスケジュール（プロダクションスケジュール）をまとめ、公演側スタッフ全体および施設側への周

知・共有を図る。
- 作業内容や作業人員に即した、また施設の環境やルールに沿った立案をおこなう。
- 現場においては、共有された全体のタイムスケジュールを尊重し、各セクションの作業を進行していく。（タイムスケジュールに則って、進行できるような準備をおこなう）
- 安全確保のために、適切な休憩をとる。
- 想定外の状況においてこそ、情報共有を図る。

03. 作業前ミーティング

- 安全かつ質の高い作業を円滑に進めるために、仕込み初日の作業開始時には、公演側および施設側の各セクションのスタッフによって、必ず作業前ミーティングをおこない、互いの紹介、指示連絡系統・スケジュールの確認、危険箇所、危険作業の確認、施設ルールの確認などを適宜おこなう。
- また、仕込み2日目以降においても、各セクション内、あるいは必要であれば全セクションによる作業前ミーティングをおこなう。

04. 作業に適した服装、装備

- 不慮の危険を招かない、適切な服装を身に付ける。
- 不慮の落下や挟み込みによる事故を防ぐために、安

全靴、もしくはそれに準じる靴を着用する。
- 保護帽（ヘルメット）は、作業の基本装備と考える。
- 高所作業において、ハーネス・安全帯の着用は必須である。

05.作業準備

- 機材・工具は、正しく使用し、日頃から点検をおこなう。
- 施設点検は日常的におこない、整理、整頓、清掃および清潔（4S活動）を励行する。
- 公演側スタッフは、必要な、施設の技術設備内容や運用ルールを知り、それを踏まえて作業に当たる。
- 施設側の作業監督者は、公演側スタッフに必要事項が十分に周知されているか注意を払う。

❗ 保護帽（ヘルメット）について

上空からの機材や工具などの落下や、構造物や設置中の部材への激突による頭部へのダメージを最小限に抑えるために、保護帽（ヘルメット）の着用が重要である。また、特に高所作業においては、万一の墜落時にも備え、必ずヘルメットの着用をおこなわなければならない。（JIS規格に基づく飛来物・落下物／墜落保護用を使用することが望ましい）

　頭部に合わせてサイズを調整し、また顎紐を締め、ずれないように着用する。ヘルメットは、各人が持参し作業に臨むことがあるべき姿勢であるが、一方、施設は、ヘルメットの用意のない乗り込みスタッフ（作業員）に備え、一定数のヘルメットを備えておくことが望ましい。

❗ 安全靴について

足先への重量物の落下や乗り上げ、また釘などの踏み抜きから作業者の足を守るため、作業内容に応じて安全靴の着用を推奨する。JIS規格を満たしたものだけが「安全靴」と呼ばれるが、履きやすさを考慮した「プロテクティブスニーカー」でも日本プロテクティブスニーカー協会（JPSA）規格に合致する製品であれば、JIS規格と同等の業界標準（JSAA規格）からの推奨を受けている。

　なお、労働安全衛生法・労働安全衛生規則では、作業内容・環境に合わせた安全靴着用の義務が定められている。

■ 舞台機構を使用する作業

06.吊物機構を使用する作業

吊物作業の基本

- 吊り込み作業をおこなう時は、必ず保護帽（ヘルメット）を着用する。
- 運転中の吊物機構の下には、立ち入らない。
- 手動電動にかかわらず、安全監視要員を配置し、運転開始時には、発声し周囲に注意喚起する。
- 作業中の吊物機構の運転は、十分な作業明かりの中でおこなう。また、異音に注意を払えるよう、運転中に大きな作業音を立てない。
- 適切な速度で操作／運転をおこなう。
- バトンなどの最大積載量を確認し、その範囲内でおこなう。
- 荷重が均等に掛からず局所的に掛かる場合には、施設側と十分協議しておこなう。
- 重量物を吊る場合、吊り物の吊り点位置とバトンワイヤーの関係に留意し、バトンに不均等に大きな荷重が掛からないよう、留意する。

バトン操作

- 手動バトン（手引きバトン）は、十分な経験を持つ技術者が操作し、アンバランスな状況は速やかに解消する。
- 電動バトンの場合、施設側技術者と作業手順を共有し、その指示を守って作業をおこなう。
- 常設吊り物の吊り替えは、施設側スタッフの了解の下でおこなう。

吊り物同士の干渉

- 吊り物同士の接触や干渉は回避するように計画し、現場で発生した場合、協議の上速やかに解決を図る。
- 昇降時には、揺れや前後のバトンなどとの干渉に十分注意を払い、問題があれば、公演に備えて必ず解消する。
- 吊り物同士の近接や干渉、バトンなどの固定・寄り引きに関しては、施設側・公演側双方で、昇降禁止（あるいは困難）であることを、必ず情報共有する。

器具・資材の選択

- 適切な吊り具を選択し、落下防止ワイヤーを必ず使用する。

- 吊り具、ワイヤー、ロープなどは、安全荷重の範囲内で選択し、視覚上の問題よりも安全を優先して使用する。
- 衝撃荷重を考えて余裕を見た器具・資材の選択をおこなう。
- 渡りケーブルの安全を確保する。
- 仮設リギングは、施設の条件に則り、計画する。

> ⚠ **安全荷重と破断荷重**
> 様々な用具や材料には、その製品ごとに荷重条件があるが、「安全荷重」と「破断荷重」という2つの表現の方法があり、混同してはならない。
> 「破断荷重」（≒切断荷重、破壊荷重）は、製品が破壊もしくは断裂する荷重である。それに対し、「安全荷重」（≒使用荷重、SWL、WLL）とは、安全を考慮した時の上限値である。

07. 床機構を使用する作業

- 機構の規模に応じて、安全監視要員を配置する。
- 大きな高低差を生じる際には、保護帽（ヘルメット）を着用する。
- 迫り下降時の開口部分には、監視員を配置し、開口部分を明示して注意喚起をおこなう。
- 運転に必要なクリアランスを必ず確認する。
- 床機構の許容荷重の確認をおこなう。

■ 高所作業

08. 高所作業

2mを超える位置での作業は、労働安全衛生法上、「高所作業」と位置付けられている。公演制作現場においても、これに準じて2mを超える高さでの作業は、高所作業と捉え、墜落事故および落下事故防止のため、安全対策を講じて万全な注意を払わなければならない。

- 作業監督者が事前に確認した安全な体制によっておこなう。
- 高所作業員は、必ずハーネスまたは安全帯と、保護帽（ヘルメット）を着用し、携帯物には落下防止対策を施す。
- 高所作業がおこなわれている区域は明示し、立ち入り制限する。周辺の地上作業員も、保護帽（ヘルメット）を必ず着用する。
- 体調不良の者は高所作業に従事しない／させない。
- 危険な事態が発生した際は、直ちに作業を中止する。

固定施設（フライギャラリー、照明ブリッジ、フロントサイド、バルコニー、シーリング）

- 施設は、手すりへのネットや巾木の設置をおこない、墜落や物の落下のリスクの軽減に努める。
- 施設は、照明ブリッジ等に、ランヤード（命綱）を外すことなく作業できる設備を設置する。
- 作業灯を確保する。
- 乗り込み前に携帯物を一時置きする場所を用意する。

仮設構造物上

- 安全なアクセスの確保と十分な転倒防止策を講じる。
- 仮設高所においても、ランヤード（命綱）を外さず作業できる設備を準備する。

大迫り下降時

オーケストラ迫り下降時

■イントレなど足場作業に従事する作業員は、法令で義務付けられた講習を受講する。

> ### ⚠ 墜落制止用器具について
>
> 高所作業においては、墜落事故が起きないよう努めると同時に、万一の墜落時に身体へのダメージを最小限に抑えるために、墜落制止用器具の着用が必須である。
>
> 　フルハーネス型は、胴ベルト型安全帯に比べて身体へのダメージが小さく、2019年2月の法令改正により、フルハーネス型の着用が原則として義務付けられた。（ただし胴ベルト型の方が万一の落下時の地面への激突の危険が少なく、相対的に安全な場合（高さ6.75m以下の場合）には、胴ベルトタイプも使用できる）
>
> 　使用に際しては、ランヤード（命綱）にはエネルギーアブソーバーを装備すること、ランヤードをフッキングするポイントを作業位置よりも高い位置に取ること（落下距離を最小限にするため）、などに留意すること。また、体型に合ったサイズを使用し、点検を怠らないよう、各作業員が持参し使用する姿勢が求められる。

09.スノコ作業

■作業内容について、必ず施設側の了解を得た上で、また施設側技術者の立ち会いの下、施設の諸設備に影響を与えないよう、配慮して作業をおこなう。

■スノコ作業を公演側・施設側双方に周知し、直下作業の回避に努める。

■スノコ作業中の吊物機構運転は、原則としておこなわない。

■携帯品には落下防止を施す。

10.大きな高低差

■高台の台端や切り穴開口部分などには、それが視認できるように明示し、墜落や転倒のリスクを軽減する。

■落下による大きなダメージが想定される場合、保護帽（ヘルメット）を着用する。

11.高所作業台を使用する作業

■使用時には、転倒防止策としてアウトリガーを必ず取り付ける。

■台上の作業員は、必ずハーネスまたは安全帯と、保護帽（ヘルメット）を着用する。

■直下での作業は基本的におこなわない。そこに近寄る可能性のある補助作業員は、必ず保護帽（ヘルメット）を着用する。

■危険を伴う作業員の乗った高所作業台が上昇したままでの移動は、おこなわない。

■移動の際、転倒に注意し、障害物のある床面、段差や傾斜上では、使用しない。

■高所作業者の指示を優先する。（ラダーコールを守る）

■組み上げ型の作業台（ローリングタワー等）に関して、作業員が乗ったままの移動は、禁じられており、おこなわない。また、墜落防止のため、手すり・巾木の設置、昇降経路に注意を払う。

■各種高所作業台の特性に応じた取り扱いをおこなう。

12.脚立を使用する作業

■脚立作業は高所作業であり、緊張感を持ち、十分に安全に配慮しておこなう。

■脚立の高さにかかわらず、作業員は保護帽（ヘルメット）を着用する。また、2mを超える高さにおいては、墜落制止用器具を使用し、墜落防止を図る。（フッキングポイントがなく墜落制止用器具が機能しない場合には、作業監督者の指示の下に、フッキングポイントの仮設、あるいは補完的な安全確保措置等をおこなう）

■複数名が同時に乗って作業をおこなわない。

■いわゆる6尺脚立以上の高さの脚立を使用しての作業においては、脚立を支える補助作業員とともに作業をおこなうこと。また、補助作業員も、保護帽（ヘルメット）を着用する。

■必要に応じて（目安として12尺以上の脚立使用の場合）、脚立を支える補助作業員を両側（2名）に増やして、リスクの軽減を図る。

■脚立の天板に立って作業＊をおこなわない。

■傾斜している床面では、水平面に準じた設置状況＊を確保する。（＊p.048写真参照）

天板に立っての作業　　　　傾斜している床面での作業

危険な作業状況例

が作業する。

■電源盤の負荷容量、配線ケーブルの許容容量に留意する。

■過電流遮断器の設置、コネクター、ケーブル、機器のメンテナンス等の運用に当たり、以下の指針等を遵守しおこなう。

　・劇場等演出空間電気設備指針（2014）
　・演出空間仮設電気設備指針（2006）

> **⚠ 電気火災**
>
> 誤配線、接続端子の緩み、傷付いたケーブルや不良機器機材の使用、絶縁が低下して漏電が発生した場合などにより、その欠陥箇所が加熱し、または短絡（ショート）して発火し火災発生の原因となる。

■ 危険回避に必要な配慮

13. 暗所作業

すべての作業は、十分な明るさを確保しておこなうことが基本であるが、舞台上や客席においては、照明あるいは映像演出実現のために、暗所での作業が必要になる場合がある。そこで、演出効果を妨げないように、しかし安全上必要な照度を確保する取り組みが必要となる。

■危険が察知された場合には、即座に作業灯が点灯できるよう図る。

■出演者・スタッフにとって危険な暗所には、必要な補助措置を講じて、注意喚起する。

■施設は、十分な作業灯のない状況で作業員が立ち入る可能性がある箇所には、危険を回避できるような措置を講じる。

■暗所の危険性の周知・注意喚起をおこなう。

14. 電気事故の回避

■使用するケーブルや機器・器具の確認点検をおこなう。（日常点検）

■短絡・過負荷・漏電防止策を講じる。

■感電事故防止策を講じる。

■適切なケーブル処理をおこなう。

■仮設用分電盤を使用する場合には、施設側の指示に従う。また、端子台のように電源部が露出している部分から電源を取り出す場合は、電気工事士資格者

15. 転倒防止策

■重心の高い、床に固定できない設置物（例えば、照明のハイスタンド、スピーカースタンド等）には、必ず転倒防止策を講じる。

■高い自立物は、床に固定されていても、上空から転倒防止策を講じる。

■スタッキングスピーカーは、転倒や落下の防止を万全に図る。

16. 重量物の取扱

■重量物（鉄骨大道具や大型機材）を扱う際には、不慮の事故を防ぐために、安全靴を着用する。

■適切な人員と機材をあらかじめ準備し、無理のない計画をおこなう。

17. 動線の確保

■搬入・解体・搬出時の仮置き計画は、全体で整理し共有する。

■仮置きであっても、非常用設備の機能を妨げないよう、配慮する。

■舞台袖への機材設置、ケーブル配線は、通行の安全や自由度に配慮し、おこなう。

■ケーブル配線は、空中配線、通線溝の使用、ゴムマット・ケーブルジャケットなどによるケーブル養生（カバー）などの適切な処置をおこなう。

- 舞台上および舞台袖では、必要に応じて、衝突防止策を取る。

18. 客席内での作業、機材設置

- 事前、仕込み作業中、仕込み完了時の各プロセスにおいて、施設管理者および公演制作者と、確認を取り合うこと。
- オペレートブースを設置する場合、近接する客席に配慮し、機器設置をおこなう。
- スタンドやイントレなどを利用し機材設置をする場合、転倒防止策、囲いの設置、監視員などを検討する。
- 配線ケーブルを設置する場合、観客動線（避難動線を含む）に十分な配慮をおこなう。
- 張り出し舞台や仮設客席を設置する場合、施設と十分な打ち合わせをおこない、火災予防条例等の関連法規を遵守し計画する。
- 使用できない座席が生じる場合、事前に公演制作者との情報共有をおこなう。
- 客席形状の変更をおこなう場合、所轄公機関への変更届等について、確認・対応する。
- 客席全体が暗所となる作業中には、安全のための配慮と注意喚起をおこなう。

客席上空での機材設置

- 客席上空での機材設置に際しては、入念に落下防止策を講じ、また必要に応じて揺れ止め措置を講じる。
- 施設は、客席の常設機材の点検を定期的におこない、注意を払う。

19. 非常用設備の尊重

- 許可なく避難誘導灯、足下灯を消灯しない。
- 防火シャッターの機能を損なう物品の設置はおこなわない。防火シャッターの機能に影響を与える可能性のある場合には、施設の舞台技術設備責任者の指導に従って措置する。
- 避難通路口、防火扉、消火栓、消火器の位置を把握し、その前を塞がない。
- スプリンクラーの機能を損なう物品の設置はおこなわない。
- 施設に定められた防火区画を確保するため、客席扉を常開で使用することは禁止されている。よって、

演出効果のため客席から登退場をするケースでも、必ず担当スタッフを配置し、防火区画を確保する。

■ その他の留意事項

20. 消防法における「禁止行為」

各自治体には、消防法に則って、火災予防条例が定められており、そこには、不特定多数の人が使う建物内において禁止されている行為（＝「禁止行為」）がある。
　演出効果上の理由により、その行為を舞台上でおこないたい場合には、必ず消防署に願い出て許可を得なければならない。（＝禁止行為解除申請）

- 「禁止行為」解除申請をおこなう際には、消防署への申請に先立って、必ず事前に施設の了解を得る。
- 当日現場においても、行為に先立ち、必ず施設側スタッフに申し出る。
- 舞台監督は、常に行為を把握し、防火措置を講じ、監視をおこなう。
- 大道具は、防炎性能の認められたものを使用する。
- 危険物は、必要最小限のみを持ち込み、火気のない場所で厳重に保管する。

21. 特殊効果、特殊資材

- レーザー演出をおこなう場合、レーザー機器は、人体（主に目）に危害を及ぼす可能性があり、適正な教育を受け確実な技術と豊富な経験を持つレーザー安全管理者の下、管理区域を設けて使用することが求められる。
- 本水や砂・土などを使用する際には、原状復帰できるよう、また不測の事態も考慮して最大限の配慮で養生をおこなう。

22. 車両の取扱

- 法令を遵守し、交通労働災害の防止に努める。また、運転者の労務環境に配慮し、交通労働災害の防止を図る。
- 車両の積載重量の範囲内で、積み込み・運搬をおこなう。

23. 屋外仮設舞台

■強風、雨、雪など気象状況の変化に対応し、作業と公演をおこなう。安全な作業あるいは公演が困難な状況となった場合、作業／公演の停止や中止など適切な処置を指示できる体制を整える。

■災害時の対応計画、連絡体制を整える。

⚠ 安全確保の用具

これまでに挙げられた安全確保のための用具をあらためて列挙する。公演側のみならず、各施設でも安全確保のためにこれらを備え使用することが望ましい。

- 墜落制止用器具（ハーネス、安全帯）
- 保護帽（ヘルメット）
- 安全靴
- パイロン（カラーコーン）とガードバー
- ケーブルジャケット
- セーフティブロック
- チューブライト
- 落下防止ネット

安全確保用具の使用例

ハーネス

セーフティブロック

安全帯

保護帽（ヘルメット）

安全確保用具の設置例

ケーブルジャケット

パイロン（カラーコーン）、ガードバー

チューブライト

落下防止ネット

❗ リスクアセスメントとは?

公演制作現場は、常に様々な危険＝リスク（人身事故の危険、設備・機材破損の危険、健康被害の危険など）を抱えており、そのリスクを把握し軽減して、より安全な現場としていくための考え方がリスクアセスメント（日本語にすると「危険性の評価」）である。

　リスクアセスメントは、「労働現場に潜在的にある危険性や有害性を見付け出し、労働災害が発生しないよう、あるいは万一発生した場合でも軽微になるよう、適確に安全衛生対策をおこなうもの」という定義で、労働安全衛生法において各業種各職場に努力義務として課されている。

労働安全衛生法に推奨されている
リスクアセスメントの手順
①「危険性」のリストアップ
②評価（危険の重大性、危険源への接近頻度、災害の発生可能性）
③リスク軽減の対策
④対策後の再評価

公演制作過程の実際と安全の取り組み

2 | 公演制作過程

ここでは、企画から仕込み、舞台稽古、公演本番、そして解体・搬出に至る、
一連の公演制作過程と、その各段階各作業において安全のために注意すべき事項を述べる。

1 企画

01. 構想立案

制作者は、公演監督（＝クリエイティブリーダー、演出家・振付家・音楽監督など）と作品のコンセプトを構想し、具体化していく上での骨格を定める。

公演監督の作品のイメージを基に、以下のような準備がこの段階でおこなわれる。

- 出演者のキャスティング
- 主要スタッフへの依頼
- 公演および公演に至る日程案、また公演をおこなう施設の決定
- 予算計画の策定

制作者は、この企画段階において、芸術的な側面や収益性の検討を進める中で、制作現場の安全衛生を損なわない日程案や、予算計画を想定しなければならない。

02. 契約

制作者は、企画を基に公演条件、報酬などを提示し、各デザイナーやメインスタッフと契約をおこなう。また、各セクションの経費見積もりのための情報を制作者と各デザイナー、メインスタッフで共有確認する。この段階で契約をおこなうことは実態としては多くはないと思われるが、相互の責任所在を明確にする上で、契約もしくはそれに準じる関係性の確認をおこなうことを考慮しなければならない。

03. 企画の具体化

企画された作品イメージは、継続的におこなうプロダクションミーティング（スタッフ会議）において、以下のようなプロセスで具体的に計画されていく。

1. 演出意図の共有

公演監督は、制作者とともに、各デザイナー・プロダクションマネージャー・技術監督・舞台監督に作品のコンセプトを提示し、共有を図る。

2. デザインの提案

各デザイナーは、そのコンセプトを基に、具体的なデザイン案を公演監督に提案する。多くの場合、最初に、舞台美術あるいは空間デザインの提案が、スケッチや模型を用いておこなわれる。提案されたデザイン案についてプロダクションマネージャー・技術監督・舞台監督を中心に具体化に向けた検討をおこなう。

公演監督は、それを受け、演出（創作）プランをより具体的にしていく。

3. 公演をおこなう施設の情報を収集する

施設から平面図・断面図をはじめとする諸情報を入手する。次ページの「施設から公演（プロダクション）側に提供し、共有しなければいけない主要な情報」を参照。

また、公演団体（プロダクション）側からは、施設側に、タイトルや公演の概要、主要キャスト・スタッフ名簿などの情報を提供し、共有する。

4. 舞台美術／空間デザインの具体化

舞台美術／空間デザイン案に基づき、平面図・断面図（客席含む）などの図面を作成し、各セクションと共有するとともに、安全に関わる検討をおこなう。

5. 制作スケジュールの策定および調整

企画初期段階での日程案を基に、稽古期間、劇場入りから初日、千秋楽から解体／バラシ（および旅公演／ツアー）にわたる具体的なスケジュールを策定する。演出プランや舞台美術／空間デザイン案と照らし合わせ、安全管理上無理のないものであるよう、検討および調整をおこなう。

6. 予算計画の調整・更新

公演に必要な予算と人員について、計画を調整・更新する。

　公演準備に際し、デザイン案が予算に見合わず調整が及ばない場合には、その乖離によって現場での安全の確保が困難となる。こうした事態をあらかじめ回避するために、予算計画とデザインの調整をおこなう。また、人員についての手配をおこなう。

施設から公演（プロダクション）側に提供し、共有しなければいけない主要な情報

- ☐ 劇場平面図・断面図（ともに、舞台エリアのみのものと、客席を含んだもの）舞台運用ルール
- ☐ 舞台機構（吊物機構、床機構）のスペック（速度、荷重条件など）および運転に際してのルール、舞台使用の運用ルール
- ☐ 照明・音響・映像の電源容量、回路図、基本仕込み（常設仕込み）図、運用ルール
- ☐ 大道具・照明・音響・映像・楽器などの各備品リスト
- ☐ 舞台技術設備および備品（付帯設備）の使用に関わる料金に関する情報
- ☐ 仮設機構用動力電源に関する情報
- ☐ 舞台連絡設備（インカム、映像モニターなど）に関する情報
- ☐ 客席内での機材設置に関する情報
- ☐ 搬出入条件、搬入経路資料
- ☐ 中継車・電源車の入構・駐車に関する情報
- ☐ 楽屋など諸室に関する情報
- ☐ 入退館のルール
- ☐ 施設の安全基準（緊急時を含む安全確保のためのルール）
- ☐ 施設の打ち合わせ担当者・進め方に関する情報

公演団体（プロダクション）側が施設と共有しなければいけない初期情報

- ☐ タイトル、公演の概要（ジャンル、出演者数など）
- ☐ 主催団体・代表者およびプロデューサー・制作統括者
  （制作現場における全体責任者＝統括安全衛生責任者）
- ☐ 施設使用期間（仕込み・上演・解体日程）
- ☐ 主要スタッフ名簿（コンタクトシート）

2 公演準備

稽古については、大きく分けて「稽古場での稽古」と「舞台での稽古（舞台稽古）」の2つに分けられる。

01. 稽古場における稽古（リハーサル）

稽古（リハーサル）は、大きく分けて「稽古場での稽古」と「舞台での稽古（舞台稽古）」とがあり、まず、「稽古場での稽古」がおこなわれる。

　公演団体（プロダクション）のジャンルや規模によって、稽古（リハーサル）の目的・期間・進め方は異なり、その形態は多岐にわたるが、仕込みから舞台稽古を経て公演に至るプロセスを安全かつより質の高いものとするために、稽古場において稽古（リハーサル）をおこなうことは、極めて重要なプロセスであり、その進捗に合わせておこなわれるプロダクションミーティング（スタッフ会議）によって、公演の内容が定まっていく。

　必要に応じて、稽古場仕込みをおこなう。大道具に関しては、本番用大道具を模した簡易な稽古場道具を使用、公演本番用大道具を使用、バミリ（マーキング）のみなどの場合がある。また、音響や、稽古用小道具、衣裳（本番用を使用する場合もある）の用意も必要に応じておこなう。

　舞台監督・プロダクションマネージャー・技術監督は、公演監督（＝クリエイティブリーダー、演出家・振付家・音楽監督など）の演出意図・劇場の条件等を踏まえ稽古場の大きさ・期間・使い方・使用時間などを制作者と協議し決定する。

- ■ 予算、稽古場の規模、稽古期間などの諸条件に合わせた稽古場を計画する
  舞台監督は、公演監督（＝クリエイティブリーダー、演出家・振付家・音楽監督など）の演出意図・劇場の条件等を踏まえ稽古場の大きさ・期間・使い方・使用時間など必要な説明を制作者におこなう。
- ■ 無理のないスケジュールを立て、稽古場における安全衛生管理に努める。
- ■ 安全確保のために、稽古場となる施設との打ち合わせが必要であること、無理のないスケジュールの立案と実行が不可欠である。

稽古場の進行例

ジャンルや規模によって異なる進め方について、代表的な例を挙げる。

[演劇の場合]
- ◎ 顔合わせ
- ◎ 本読み稽古
- ◎ 立ち稽古
- ・舞台監督より、大道具の説明（稽古場道具と本番用大道具との違いも含め）をおこなう
- ・稽古用の小道具、衣裳、置き道具、消え物なども必要に応じて用意する
- ・演出家が立ち位置や動きを付けながら稽古を進行していく
- ・音響、照明、映像、転換などのきっかけ（CUE）を決めていく
- ・立ち稽古以降適宜チーフオペレーターが参加する
- ◎ 通し稽古
- ・転換の段取り、早替えの検証などの問題を解決する
- ・ドレスリハーサルを条件に応じておこなう
- ・各セクションのCUEなどを確認する

[オペラの場合]
- ◎ キックオフ
- ・メインスタッフ、歌手の紹介、演出家によるコンセプト説明
- ◎ ピアノ稽古
- ・舞台監督より、大道具の説明（稽古場道具との違いも含め）をおこなう
- ・稽古用の衣裳、置き道具、消え物なども必要に応じて用意する
- ・演出家が立ち位置や動きを付けながら稽古を進行していく
- ・転換の段取り、早替えの検証などの問題を解決する
- ・各セクションのCUEなどを確認する
- ◎ オーケストラ稽古
- ・指揮者とオーケストラの稽古をおこなう（オケ合わせ）
- ・歌手も参加して稽古をおこなう

[コンサートの場合]

◉ **バンドリハーサル**

- 楽曲のリハーサル
- 曲順、演奏楽曲ごとの具体的な演出の検討をおこなう
- 通しリハーサル

◉ **ステージング**

- 曲順、演奏楽曲ごとのステージング（転換を含む）を決定する

◉ **ゲネプロ（仮組み）**

※実際のステージと同じようにセット、照明、音響、映像他をセットしてリハーサルをおこなう

- バンドまたは歌手の曲ごとの音づくりのリハーサルをおこなう
- 全体の流れに沿ったリハーサルをおこなう
- 曲順による登退場、楽器の持ち替え等を確認する

02. 情報の整理・共有・発信

安全に作業を進めるためには、公演団体の各セクション間での情報共有、また上演施設側との情報共有が必須である。稽古場における稽古と、その進捗に合わせておこなわれるプロダクションミーティング（スタッフ会議）において、様々な図面・表などの書類にまとめ、公演団体内での情報共有と公演をおこなう施設との打ち合わせのための資料とする。

1. 安全衛生管理に関する主要な役割を誰が担うのか、公演側（プロダクション）全体で確認・共有する。
2. 大道具平面図・断面図を作成し、舞台デザインに則った大道具レイアウトが、演出の意図に沿い、かつ安全に上演をおこなえるか検証する。
3. 照明、音響、映像などセクションごとにラフ仕込みプランを検討する。
4. 平面図・断面図の検討を経て、予算の最終的調整がおこなわれ、道具帳を基に大道具の発注内容を確定する。予算上の制約から安全上の問題を軽視していないか、仕込み時に予想される作業時間や作業人員と見合う内容のものか、最終確認をおこなう。
5. 照明、音響、映像などセクションごとの仕込み図を作成し、大道具平面図・断面図と総合し、全体平面図・断面図を作成する。全セクション

の吊り物が一覧できる、施設の設備に即した吊り物表（バトン割り表）を作成する。
6. 喫煙など本火の使用や、危険物の持ち込みなど、特殊効果などの有無について検討をおこない、手続きおよび対策を計画する。
7. 公演の内容と仕込み作業の中に、どのような危険が潜んでいるのか検討をおこなう。危険を軽減するために必要な措置を講じるよう協議し、全体で共有する。（＝リスクアセスメント）
8. 公演の進行について、場面転換、各セクションのきっかけ（CUE）、早替わりの段取りなどを含め、最終的な進行打ち合わせをおこなう。
9. 搬入・仕込みから公演初日まで安全に進行できるよう、余裕を持った計画を立案し、タイムスケジュール（プロダクションスケジュール）としてまとめる。
10. 各セクションにおいて、また各セクション間で、搬入車両、作業内容、仕込み手順、舞台稽古の段取りなどについて、細かく打ち合わせをおこない共有する。

03. 公演団体と施設との打ち合わせ

公演団体は、施設側と密接に情報共有をおこなわなければならない。上演内容と仕込み内容を具体的に説明し、危険の予測とその対策を共有する。その情報共有は、最終情報だけでなく、稽古やデザインの進捗に合わせ、必要に応じて随時おこなわれることが望ましい。施設側は、公演団体からの内容を把握し、安全について再検証をおこない、また、必要に応じて安全な公演制作のための支援・助言・指導をおこなう。地震・火災などの緊急時の対応についても、共有する。

公演団体（プロダクション）側から施設側に提出し、共有しなければいけない主要な資料と情報

☐ 各セクションの仕込み内容、手順
　　→　全体平面図・断面図、各セクション仕込み図／回線図、道具帳など

☐ 全セクションを総合した吊り物の情報
　　→　吊り物表（バトン割り表）（重量情報は必須）

☐ 各セクションの持込機材、使用備品の情報
　　→　使用・持込機材リスト

☐ 各セクションの仮設電源設備使用の情報（電源車・発電機の使用含む）
　　→　（必要書類・資料）

☐ 仮設リギング、フライング演出の有無
　　→　（必要図面・資料）

☐ 客席変更／使用の有無（張り出し舞台、機材設置、操作ブース設置、登退場など）
　　→　（書類が必要な場合）防火区画変更届、催物開催届など

☐ 本火使用や危険物持込の有無、内容と安全対策
　　→禁止行為解除申請書の提出が必須

☐ 他　特殊効果（レーザー、本水など）の有無
　　→　（必要書類・資料）

☐ 上演の進行に関わる情報
　　→　場面転換表、CUEシート（キューシート）、使用する施設の舞台連絡設備
　　　　（インカム、映像モニター、CUEライトなど）など

☐ 収録・中継の情報
　　→　（必要書類・資料）

☐ 全体スケジュール
　　→　スケジュール表（プロダクションスケジュール）、公演日程表など

☐ 搬入出情報
　　→　搬入出車両リスト、必要な届け出書類（所轄への提出など）

☐ 人員情報
　　→　スタッフ名簿（コンタクトシート）、作業員名簿、出演者名簿

❸ 搬入・仕込み：

劇場入り～出演者が入るまで

搬入と仕込みは、限られた時間の中で複数の作業が同時におこなわれ、公演に至る過程の中で最も危険なプロセスである。どのような危険が潜んでいるのかを全体で共有し、必要な措置を講じる必要がある（＝リスクアセスメント）。ここでの確実な作業が公演の安全に直接結び付くため、十分な準備と配慮が必要である。

01. 搬入：

大道具や機材などを搬入する

作業開始時

■ 仕込み初日の作業開始時には、公演側・施設側各セクションスタッフによって、作業前ミーティングをおこなってから、作業を開始する。
  • 各セクションのスタッフ紹介
  • 作業監督者を中心にする指示連絡系統の確認
  • 仕込みスケジュールの概要の説明危険箇所
  • 危険作業の確認・施設側からのルール説明など

搬入作業全般

■ 事前計画に則り、作業監督者の指示の下におこなう。
■ 各施設のルールを尊重する。
■ 施設を傷付けないよう配慮が必要である。
■ 必要な場合はシート等を持ち込んで養生をおこなう。
■ 搬入した物品で、避難通路口、防火扉、消火栓、消火器などを塞がない。
■ 各セクションの大道具や機材の置き場・仮置き場など全体を考えて整理し動線を確保する。

リフト／エレベーターや迫りによる搬出

■ 荷崩れに注意し積載荷重内に収める。
■ 昇降の際には施設側の許可を必ず得る。
■ 迫りを使用する搬入については、開口部分を明示する措置（パイロンやガードバーなど）をおこない、必要に応じた人数（複数名）の安全監視要員（保護帽着用）を配置し、床機構上に十分なクリアランス（隙間）を取る。

サシアゲ、サシオロシによる搬出

■ 作業中は上下間の連絡を密に取り、落とさないよう十分注意する。
■ 施設側・公演側の作業監視委員の指示に従う。
■ 高所作業である事を認識し、保護帽を着用の上、必要のない物品を携帯せず、注意して作業をおこなう。

02. 舞台機構・大道具仕込み

大道具仕込み作業全般

■ 作業人員を適切に配置し、十分な作業空間・作業時間を確保する。
■ 作業中に不安定な状態にならないように作業の段階に合わせた安全措置を講じる。
■ 工具・資材を適切に準備する。
■ 電動工具は、電源容量をオーバーしていないか確認する。また、使用の際に粉じんが出るものや、火花が出るものは必ず適正な養生をして使用する。
■ 大道具は、基本的に防炎性能が認められたものを使用する。

大道具吊り込み作業

■ 作業中は保護帽を着用する。
■ バトンなどの最大積載量を確認し、その範囲内でおこなう。
■ 使用するワイヤーは適切な破断荷重を持つ径のものを使用する。
■ 軽量な幕地であっても、安全第一で取り扱い、簡単に解ける結び方は避ける。
■ 吊り上げる直前には前後の吊り物に干渉しないか等、安全の再確認をおこなう。
■ 重量物を扱う際には、安全靴を着用し、必要な人員、スペース、器具など、無理が生じないよう配慮する。

バトン操作

■ バトンの昇降時には動作がよく見えるよう配慮し、安全監視員を配置し周囲へ注意喚起をおこなう。
■ 昇降運転中は吊物機構下に立ち入らない。
■ 電動バトンの昇降は運転速度に十分注意する。
■ 手動バトンの操作は、十分な経験を持った者がおこなう。

仮設吊り物作業

■ チェーンブロックやウインチなどを使用した仮設バトンやトラス仮設には、十分な知識と経験が必要である。

- スノコ作業は保護帽を必ず着用し、作業がおこなわれる区域（舞台面）にパイロンやガードバーなどを明示し、立ち入り制限をし作業をおこなわない。
- スノコ作業中は、吊物機構運転を原則おこなわない。
- スノコ作業中は必要のない物は携帯せず、必要な工具は落下防止対策を施す。

高所作業
- 高所作業をおこなう際には、施設側・公演側の作業監視者の指示に従って作業をおこなう。
- 高所作業員は、保護帽、墜落制止用器具、作業に必要な工具は落下防止策を施した物を着用する。
- 高所作業がおこなわれる区域はパイロンやガードバーなどで明示し、立ち入り制限をおこない直下での作業はさける。

脚立を使用する作業
- 脚立作業は高所作業であると考え、脚立の高さにかかわらず、作業員は保護帽を着用し、6尺以上の脚立を使用する時は補助作業員（保護帽着用）とともに作業をおこなう。12尺以上は補助作業員を2名でおこなう。
- 脚立の天板に立っての作業はおこなわない。傾斜している床面では水平面に準じた設置状況を確保しておこなう。

床機構にかかわる作業
- 床機構（迫り・走行床）を使用する際は、開口部分を明示する措置（パイロンやガードバーなど）をおこない、必要に応じた人数（複数名）の安全監視要員（保護帽着用）を配置する。
- 迫りや盆のなどの床機構には、十分なクリアランス（隙間）を取る。

重量物の取扱
- 重量物を扱う際には、安全靴を着用し、必要な人員、スペース、器具など、無理が生じないよう配慮する。
- フォークリフト、クレーンの運転操作などは、法令で定める資格を持つ者のみがおこなう。

施設・非常用設備への配慮
- 床への固定方法は、各施設において許可する内容が違う（釘打ち、ビス打ちなどについて）ので、事前に確認をおこなう。

- 客席内での作業では、床面・椅子など施設を傷付けないよう留意し、必要に応じて養生をおこなう。
- 防火シャッターの機能を損なう固定大道具・固定機材の設置はおこなわない。
- 避難通路口・防火扉・消火栓・消火器の使用の妨げになるような物品の設置はおこなわない。
- 施設各所に設置されたスプリンクラーの機能を損なうような設置はおこなわない。

その他の注意事項
- 高低差のある場所は明示して墜落や転倒のリスクを軽減し、作業時には保護帽を着用する。
- 可動大道具の転倒防止・ストッパーに十分留意する。
- 仕込み中にグラインダーなど火花が出る場合は、不燃材などで周囲を養生し火災に注意する。

仮設電動機構／油圧機構
- 演出上予定される動作に対し、機器のスペックが十分に余裕を持ったものであることを確認する。
- 適切な設置方法を選択すること。駆動部分の固定には、特に注意を払う。
- モーターの制御などでインバーターを使用する場合、音響機器に影響を及ぼしノイズの原因となるケースがあるため、十分な打ち合わせと、現場での検証をおこなう。
- 油圧を利用した装置の場合は、作業中の油こぼれなどに注意して養生をする。
- ケーブル類の配線は、出演者・可動大道具・スタッフ・観客などの動きや安全を考慮して、適切な対策（ゴムマット・ケーブルジャケットでの養生など）を、舞台稽古開始前におこなう。

電源作業
- 200V以上の電源を使用するに当たり、電源部が露出した端子盤での結線をおこなう場合には、電気工事士資格者が作業をおこなう。
- 短絡・過負荷・漏電・感電、それらに起因する電気火災などの電気事故を回避するために、電源盤の負荷容量、配線容量などの確認、過電流遮断器（ブレーカー）・漏電ブレーカーの設置、コネクター・ケーブル・機器・器具のメンテナンスなどの事故防止策を講じる。（3章3-6「電気の安全事項」を参照）

03. 照明仕込み：
照明機材の吊り込み・設置

照明仕込み作業全般

■ 器具本体およびアクセサリー類に、必ず落下防止対策を講じる。

■ 幕地などとの接触や、近距離からの照射などは火災の原因になるので、注意し避ける。

■ バトン／ブリッジなどを上昇させる際には、吊り込み機材の締め付けや落下防止措置の再確認をおこない、前後の吊り物に干渉しないように十分注意する。

■ ムービングライトの可動域と周囲設置物との関係や接触に注意する。

照明ブリッジやサスペンションライトバトンへの吊り込み作業

■ バトンの昇降時には動作がよく見えるよう配慮し、安全監視員を配置し周囲へ注意喚起をおこなう。

■ 作業中は保護帽を着用する。

■ 昇降運転中は吊物機構下に立ち入らない。

■ バトンなどの最大積載量を確認し、その範囲内でおこなう。

■ 手動バトンの操作は、十分な経験を持った者がおこなう。

■ 電動バトンの昇降は運転速度に十分注意する。

■ 荷重が均等に掛からず局所的に掛かる場合は、施設側と十分協議しておこなう。

客席側（シーリング、フロントサイド、バルコニーなど）への吊り込み作業

■ 吊り込み作業の際には、施設側・公演側の作業監視者の指示に従って作業をおこなう。

■ 吊り込み作業員は、保護帽、墜落制止用器具を着用し、作業に必要な工具には落下防止策を講じる。

■ 吊り込み作業がおこなわれる区域は、立ち入り制限をおこない直下での作業はさける。

■ 客席に直接落下する恐れがある場所は、機材・ケーブルなど特に注意を払い落下防止策を講じる。

■ 施設側は、客席に直接落下の恐れのある箇所の常設機材の点検を定期的におこない経年劣化による破損が起きないように注意を払う。

床面への設置

■ ハイスタンドなど、重心の高い設置物は必ず転倒防

止策を講じる。

■ 照明ブームトラスなど、数メートルを超える自立物にはスノコなど上空からワイヤーで転倒防止策を講じる。

■ 舞台袖・客席における機材設置やケーブル類の配線は、出演者・可動大道具・スタッフ・観客などの動きや安全を考慮して、適切な対策（ゴムマット・ケーブルジャケットでの養生など）を、舞台稽古開始前におこなう。

電源作業

■ 仮設電源盤を使用する場合は、適切な機材を用い、施設側の確認の下に作業をおこなう。

■ 短絡・過負荷・漏電・感電、それらに起因する電気火災などの電気事故を回避するために、電源盤の負荷容量、配線容量などの確認、過電流遮断器（ブレーカー）・漏電ブレーカーの設置、コネクター・ケーブル・機器・器具のメンテナンスなどの事故防止策を講じる。（3章3-6「電気の安全事項」を参照）

脚立を使用する作業

■ 脚立作業は高所作業であると考え、脚立の高さにかかわらず、作業員は保護帽を着用し、6尺以上の脚立を使用する時は補助作業員（保護帽着用）とともに作業をおこなう。12尺以上は補助作業員を2名でおこなう。

■ 脚立の天板に立っての作業はおこなわない。傾斜している床面では水平面に準じた設置状況を確保しておこなう。

客席における機材設置

■ 客席にオペレートブースを設置する場合、卓などを載せる台は重量・寸法を考慮し適切なものを使用する。

■ 客席内での作業では、床面・椅子など施設を傷付けないよう留意し、必要に応じて養生をおこなう。

■ 観客に近いため騒音・光・ファンからの排出熱などに十分に注意する。

04. 音響仕込み：
音響機材の吊り込み・設置

音響仕込み作業全般

■ スピーカーの配置は、現場判断や試行錯誤に頼らず、

事前にプランシミュレーションをおこなう。

■ 音響機材には重量物が多く、扱う際には、安全靴を着用し、必要な人員、スペースを確保して、無理が生じないよう配慮する。

スピーカーの吊り込み作業

■ バトンの昇降時には動作がよく見えるよう配慮し、安全監視員を配置し、周囲へ注意喚起をおこなう。

■ 作業中は保護帽を着用する。

■ 昇降運転中は吊物機構下に立ち入らない。

■ バトンなどの最大積載量を確認し、その範囲内でおこなう。

■ 手動バトンの操作は、十分な経験を持った者がおこなう。

■ 電動バトンの昇降は運転速度に十分注意する。

■ 荷重が均等に掛からず局所的に掛かる場合は、施設側と十分協議しておこなう。

■ 十分な安全率（耐荷重）を見込んだ、適切な吊り具を使用し、落下防止対策を講じる。

■ すべての部材・金具に強い衝撃が掛かる危険性の高い「ダウン」操作を避け、極力「アップ」操作で調整する。

■ ケーブル束の重量と引っ張りによる荷重の偏重や障害に注意する。

スピーカーなどの床面設置

■ スピーカースタンドなど、重心の高い設置物は必ず転倒防止策を講じる。

■ スタッキングスピーカーは、設置床面の強度（耐荷重など）に注意し、スピーカー同士の結束と劇場固定部分への結束をおこない転倒や落下防止を図る。

■ メインスピーカーのスタック作業をおこなう際は、高低差による墜落に注意する。

■ 舞台袖・客席における機材設置やケーブル類の配線は、出演者・可動大道具・スタッフ・観客などの動きや安全を考慮して、適切な対策（ゴムマット・ケーブルジャケットでの養生など）を、舞台稽古開始前におこなう。

電源作業

■ 仮設電源盤を使用する場合は、適切な機材を用い、施設側の確認の下に作業をおこなう。

■ 短絡・過負荷・漏電・感電、それらに起因する電気火災などの電気事故を回避するために、電源盤の負

荷容量、配線容量などの確認、過電流遮断器（ブレーカー）・漏電ブレーカーの設置、コネクター・ケーブル・機器・器具のメンテナンスなどの事故防止策を講じる。（3章3-6「電気の安全事項」を参照）

脚立を使用する作業

■ 脚立作業は高所作業であると考え、脚立の高さにかかわらず、作業員は保護帽を着用し、6尺以上の脚立を使用する時は補助作業員（保護帽着用）とともに作業をおこなう。12尺以上は補助作業員を2名でおこなう。

■ 脚立の天板に立っての作業はおこなわない。傾斜している床面では水平面に準じた設置状況を確保しておこなう。

客席における機材設置

■ 客席にオペレートブースを設置する場合、卓などを載せる台は重量・寸法を考慮し、適切なものを使用する。

■ 客席内での作業では、床面・椅子など施設を傷付けないよう留意し、必要に応じて養生をおこなう。

■ 観客に近いため騒音・光・ファンからの排出熱などに十分に注意する。

05.映像仕込み:
映像機材の吊り込み・設置

吊り込み作業

■ バトンの昇降時には動作がよく見えるよう配慮し、安全監視員を配置し、周囲へ注意喚起をおこなう。

■ 作業中は保護帽を着用する。

■ 昇降運転中は吊物機構下に立ち入らない。

■ バトンなどの最大積載量を確認し、その範囲内でおこなう。

■ 手動バトンの操作は、十分な経験を持った者がおこなう。

■ 電動バトンの昇降は運転速度に十分注意する。

■ 荷重が均等に掛からず局所的に掛かる場合は、施設側と十分協議しておこなう。

床面への設置

■ 重心の高い設置物は必ず転倒防止策を講じる。

■ 重い機材・器具は劇場固定部分への結束をおこない転倒防止、落下防止を図る。

- 舞台袖・客席における機材設置やケーブル類の配線は、出演者・可動大道具・スタッフ・観客などの動きや安全を考慮して、適切な対策（ゴムマット・ケーブルジャケットでの養生など）を、舞台稽古開始前におこなう。

電源作業

- 仮設電源盤を使用する場合は、適切な機材を用い、施設側の確認の下に作業をおこなう。
- 短絡・過負荷・漏電・感電、それらに起因する電気火災などの電気事故を回避するために、電源盤の負荷容量、配線容量などの確認、過電流遮断器（ブレーカー）・漏電ブレーカーの設置、コネクター・ケーブル・機器・器具のメンテナンスなどの事故防止策を講じる。（3章3-6「電気の安全事項」を参照）

客席における機材設置

- 客席にオペレートブースを設置する場合、卓などを載せる台は重量・寸法を考慮し適切なものを使用する。
- 客席内での作業では、床面・椅子など施設を傷付けないよう留意し、必要に応じて養生をおこなう。
- 観客に近いため騒音・光・ファンからの排出熱などに十分に注意する。

脚立を使用する作業

- 脚立作業は高所作業であると考え、脚立の高さにかかわらず、作業員は保護帽を着用し、6尺以上の脚立を使用する時は補助作業員（保護帽着用）とともに作業をおこなう。12尺以上は補助作業員を2名でおこなう。
- 脚立の天板に立っての作業はおこなわない。傾斜している床面では水平面に準じた設置状況を確保しておこなう。

06．タッパ合わせ／各場飾り確認

各セクションの仕込みの終わった段階で、全セクション揃って、「タッパ合わせ」をおこなう。これは、吊り物大道具、文字幕、照明バトン、スピーカー、映像機材などの高さ（タッパ）を決める作業である。

事前に計画した平面図・断面図を基に、袖間口、文字高さ、および各吊り物が、相互の関係において、演出効果／デザイン上機能し、かつ安全確保に支障のな

い配置（＝吊り位置／バトンの前後関係）、高さを決定する。

基本の吊り物高さを決定したのち、各場（各シーン）の大道具・必要に応じて、小道具・他各セクション機材の位置・高さを確認・決定する。

- 上演中に昇降運転、開閉運転のある吊り物について、どの位置においても安全確保に支障がないか確認をおこなう。
- 客席内の各所から、見切れによる問題、演出効果／デザイン上の問題がないか確認をおこなう。
- 各場（各シーン）の各吊り物の高さ（タッパ）・小道具の位置などの確認・決定ができたらバミリを付ける。

07．照明フォーカス（シュート、あたり合わせ）

照明機材を目的用途に応じた照射状態に調整する作業全般を指す。タッパ合わせ／各場飾り確認で決定した場面の状態に合わせて、大道具などを転換しながらおこなうため、照明セクションだけの作業ではなく、他のセクションとの協働が必要となる作業である。

照明フォーカス作業全般

- 指示者と作業者の明瞭なコミュニケーションを確保する。
- 他のセクションは、大きな音の出る作業をおこなわないよう努める。
- 施設に設置されている照明設備を使用する場合は、施設管理者に使用方法等を確認し、状況に応じて協力を依頼する。
- 客席内での作業では、床面・椅子など施設を傷付けないよう留意し、必要に応じて養生をおこなう。

暗所作業

- 暗所での作業となるため、危険性の周知・注意喚起を図る。特に、舞台上での高低差、舞台面と客席との高低差および客席内段差には、十分に注意を払う。（作業員同士の注意喚起が必要である）
- 作業の区切りごとに、作業灯を点灯し、安全確認をおこなう。また、非常時には直ちに作業灯を点灯する。
- 作業前に作業箇所を確認し、作業手順・作業環境を考慮した人数によって、周囲の状況に注意しながら

作業をおこなう。

高所作業

- 高所における作業の際には、施設側・公演側の作業監視者の指示に従い、十分に注意を払って作業をおこなう。
- 吊り込み作業員は、保護帽、墜落制止用器具を着用し、作業に必要な工具には落下防止策を講じる。
- 吊り込み作業がおこなわれる区域は、立ち入り制限をおこない直下での作業はさける。

高所作業台を使用する作業

- 使用時は、転倒防止策としてアウトリガーを必ず取り付ける。
- 台上の作業員は、必ず保護帽、墜落制止用器具を着用する。
- 直下での作業は基本的におこなわず、近寄る可能性のある補助作業員は、必ず保護帽を着用する。
- 危険を伴う、高所作業台・ローリングタワーなどに作業員が乗ったままでの移動はおこなわない。
- 作業台の移動は、作業灯をつけ、明るい状態でおこなう。

脚立を使用する作業

- 脚立作業は高所作業であると考え、脚立の高さにかかわらず、作業員は保護帽を着用し、6尺以上の脚立を使用する時は補助作業員（保護帽着用）とともに作業をおこなう。12尺以上は補助作業員を2名でおこなう。
- 脚立の天板に立っての作業はおこなわない。傾斜している床面では水平面に準じた設置状況を確保しておこなう。

08. 映像調整

暗所作業

- 暗所での作業となるため、危険性の周知・注意喚起を図る。特に、舞台上での高低差、舞台面と客席との高低差および客席内段差には、十分に注意を払う。（作業員同士の注意喚起が必要である）
- 作業の区切りごとに、作業灯を点灯し、安全確認をおこなう。また、非常時には直ちに作業灯を点灯する。
- 作業前に作業箇所を確認し、作業手順・作業環境を

考慮した人数によって、周囲の状況に注意しながら作業をおこなう。

高所作業

- 高所における作業の際には、施設側・公演側の作業監視者の指示に従い、十分に注意を払って作業をおこなう。
- 吊り込み作業員は、保護帽、墜落制止用器具を着用し、作業に必要な工具には落下防止策を講じる。
- 吊り込み作業がおこなわれる区域は、立ち入り制限をおこない直下での作業はさける。

高所作業台を使用する作業

- 使用時は、転倒防止策としてアウトリガーを必ず取り付ける。
- 台上の作業員は、必ず保護帽、墜落制止用器具を着用する。
- 直下での作業は基本的におこなわず、近寄る可能性のある補助作業員は、必ず保護帽を着用する。
- 危険を伴う、高所作業台・ローリングタワーなどに作業員が乗ったままでの移動はおこなわない。
- 作業台の移動は、作業灯をつけ、明るい状態でおこなう。

脚立を使用する作業

- 脚立作業は高所作業であると考え、脚立の高さにかかわらず、作業員は保護帽を着用し、6尺以上の脚立を使用する時は補助作業員（保護帽着用）とともに作業をおこなう。12尺以上は補助作業員を2名でおこなう。
- 脚立の天板に立っての作業はおこなわない。傾斜している床面では水平面に準じた設置状況を確保しておこなう。

09. 明かり合わせ
（明かりつくり、プロット、プログラム）

演出意図および照明デザインに沿って、各場面（各シーン）における照明を実際に出力して調整し、調光操作卓に記憶／記録していく。映像の使用がある場合には、映像のプロット／プログラムも同時におこなう。

他、電飾、特殊効果（煙）なども含めて調整をおこなう必要があり、決められた通りに各場面（各シーン）の大道具・小道具などを配置しておこなう必要がある

ために、他のセクションとの緊密な協働が必要となる作業である。

　非常に時間の掛かる作業であるため、仕込みに先立ち仮組をおこない、あるいはシミュレーションソフトによって、事前にプログラムをおこなう場合もある。

■暗所での作業となるため、危険性の周知・注意喚起を図る。特に、舞台上での高低差、舞台面と客席との高低差および客席内段差には、十分に注意を払う。（作業員同士の注意喚起が必要である）
■作業の区切りごとに、作業灯を点灯し、安全確認をおこなう。また、非常時には直ちに作業灯を点灯する。
■演出効果のために避難誘導灯などの消灯が必要となる際には、必ず施設の了解の上でおこなう。（以降、舞台稽古、上演においても同様）
■舞台監督は、この作業の中で、各場面における危険の予測・再確認をおこない、各セクションとともに、その危険を軽減する対策をおこない共有する。

10. 音響システムチェックと調整

機材の吊り込み・設置を終えた後、舞台稽古に入る前に必要な音響作業（サウンドチェック）は、次のように進める。

1. 回線チェック
・計画通りに接続されているか、アウトプット回線とインプット回線について、各々おこなう。
2. システムチューニング
・目的とする音（音質・音量）をつくり出すため基礎的な作業として、スピーカー（メイン、モニター等）を調整する。
・測定システムやマイク、調整用音楽を使用する。大音量を必要とし、また周囲の静粛性が求められる。
3. インプットチャンネルの調整（個々のマイク、再生音等）・場面や楽曲ごとの記録／記憶
・コンサート、ミュージカルの場合には、演奏家や歌手、俳優を交えておこなう。

■大音量の音響調整作業は、タイムスケジュールに則り、舞台を占有する時間を設ける。
■他の作業との並行する場合には、舞台監督・他セク

ションへの事前確認と周知をおこなう。
■大きな音を出す時には、会場内に声掛けをおこなって、注意喚起する。
■吊物機構あるいは床機構の運転中に、大きな音を出さない。
■カットリレーが働かないシステムを組んでいる場合には、緊急時に非常放送が機能するよう、対策する。

11. 転換稽古（ドライテック）

舞台稽古に先立って、技術セクションのみで、場面から場面への転換のリハーサルをおこなう。舞台監督の指示の下、大道具・小道具・照明・映像・音響・映像などの各セクションが参加し、演出的・技術的な問題がないか、安全が十分に確保されているかの確認をおこなう。

　基本的には、出演者は参加しないが、舞台監督は、出演者の動線などを想定し、危険の予測・再確認をおこない、各セクションとともに、その危険を軽減する対策をおこなわなければならない。

転換稽古（ドライテック）の必要がない（＝おこなわない）場合

舞台装置・小道具などに大きな変化がなく、複数のセクションが合同して転換稽古（ドライテック）をおこなわない場合でも、出演者が舞台に入る前に、各セクションおよび舞台監督は、上記のように安全の確認・共有をおこなわなければならない。

4 舞台稽古：
出演者入り以降

公演側スタッフは、施設側スタッフと協働して、公演準備から公演終了・退出まで、安全確保に留意しなければならない。

　舞台機構のオペレートなど施設側スタッフが直接公演に関わる場合には、施設側スタッフも公演の当事者として関わることが求められる。

01. 出演者が舞台に上がる前の
最終安全確認

■大道具の角・ステージスポット・ステージスピーカーなど、危険箇所には養生やテーピングなどをおこ

ない、安全確認を兼ねた清掃をおこなう。

■ 大道具置き場や転換なども考慮しながら、出演者の動線を確保し、暗いエリアには足下灯を設置する。

■ 袖中を含む舞台上に設置された機材、特に転倒しやすいスタンド類やケーブル類が危険を招かないよう措置が講じられていることを確認する。

■ 舞台や客席などの危険箇所に注意喚起がなされているか確認する。

■ 暗所（舞台袖・ホリゾント裏・大道具構造物内など）・危険箇所（段差・衝突の可能性のある構造物・設置物など）には、蓄光テープや足下灯などを設置して注意を促す。

■ 袖中を含む舞台上に設置された機材（特に転倒しやすいスタンド類）に、転倒などの危険を招かないよう措置が講じられていることを確認する。

■ 舞台袖・客席に設置されたケーブル類の配線が、出演者・可動大道具・スタッフ・観客などの動きや安全を考慮し十分に対策されていることを確認する。

02. 出演者への舞台説明（オリエンテーション）

出演者が初めて舞台に上がるタイミングで、舞台監督は、必ず出演者に対しての舞台説明（オリエンテーション）をおこなうことが、安全に舞台を使用し公演をおこなうために極めて重要である。

■ 出演者が登退場するための動線について説明をおこなう。（誘導線を付けることもある）

■ 袖中も含む舞台上で、特に危険の予測される場所について説明をおこなう。

■ 大掛かりな舞台転換は実演を交えて説明をおこなう。

■ 暗転での登退場がある場合は、暗転状態にして出演者とともに確認する。

■ 大きな地震が起きた場合に、どこに一時避難するかなど、その対処について説明をおこなう。

舞台稽古の進行例

ジャンルや規模によって異なる進め方とその目的について、代表的な例を挙げる。

[演劇の場合]

◎ 場当たり・小返し

• 舞台装置の中で、演技の位置、登退場の位置や動線を確認する。（稽古場との違いを確認する）

• 大道具、小道具の位置、立ち位置などを必要に応じて、マーキング（バミリ）をおこなう。

• 場面から場面への転換が出演者の動きも含め、安全におこなえるよう確認をおこなう。

• 演技と照明・音響・映像のきっかけ（CUE）の調整をおこなう。照明・映像のデザインや明るさ、音量・音像などを、演技と合わせて調整する。照明や効果音が加わることで、危険が生じないかにも留意する。

• 舞台装置の中で、衣裳や履き物で危険が生じないか確認する。

◎ サウンドチェック

• ミュージカルなど音楽要素の多い公演の場合には、舞台稽古の冒頭に、俳優が装着したワイヤレスマイクのチェックをおこなう。場面稽古（テクニカルリハーサル、ヌキ稽古）

• 場面ごとに、場当たりで確認したすべての技術要素を合わせておこなう。

◎ 通し稽古

• すべての場面を連続しておこなう。

◎ ゲネプロ

• 衣裳やヘアメイクを付け、また開場開演の段取りなども含めて、本番通りにおこなう通し稽古。

[オペラの場合]

◎ ピアノ稽古

• まず、ピアノ演奏のみで、演出家の演出意図を中心に、演技の位置、登退場の位置や動線を確認し（稽古場との違いを確認）、場当たり、場面稽古、通し稽古をおこなう。

◎ オーケストラ付き稽古

• ピアノ稽古の後に、オーケストラが加わり、指揮者の演奏意図を中心に稽古をおこなう。

◎ ゲネプロ

5 公演

公演側スタッフは、施設側スタッフと協働して、公演準備から公演終了・退出まで、安全確保に留意しなければならない。また、舞台機構のオペレートなど施設

側スタッフが直接公演に関わる場合には、施設側スタッフも公演の当事者として関わることが求められる。

01. 公演（本番）準備

客席担当スタッフによる客席開場準備の時間も考慮に入れ、その現場で定めた時間までに、以下の安全チェックとプリセット（セットバック）をおこなう。

■ 危険が予測されている箇所について、危険を回避もしくは最小化する措置が機能しているかを確認する。
■ 新たな危険要素がないように注意を払う。
■ 施設側とともに、公演中に動く吊物機構、床機構の動作チェックをおこなう。シーン記憶がおこなわれている場合は、CUEをランニングさせて確認をおこなう。
■ 可動の大道具や機材について、正常に機能することを確認する。
■ 照明・映像の点灯チェックおよび制御系統のチェックをおこなう。また、シーン記憶がおこなわれている場合は、CUEをランニングさせて確認をおこなう。
■ 音響機材および回線のチェックをおこなう。
■ 安全確認を兼ねた清掃をおこなう。
■ 正確なプリセット（セットバック）をおこなう。
  • 大道具、小道具を開演の状態に戻す。
  • 照明・音響・映像など各セクションは、必要なチェックの後、開場の状態（開場CUEの実行状態）とする。
  • 客席開場準備
  • 客席に機器などが設置してある場合には、事前に講じた安全のための措置に支障がないことを確認する。
  • 観客動線、非常口誘導灯などに、支障がないことを確認する。

02. 公演

開場から終演までの公演進行の責任者は舞台監督である。何らかの理由で、公演が意図した進行から逸脱し、安全確保が保証できなくなった場合、舞台監督には速やかに中断などの対応を取ることが求められる。

　公演時のアクシデントに際しては、なんとか公演を続行しようとする意識が働き、的確な判断が難しいため、公演側の制作責任者（主催者）・舞台監督は、状況に合わせた対応を事前に協議・共有し、中断の判断を的確におこなうよう、準備する。

■ 緊急時における公演側と施設側の連携について、事前に協議・共有する。
■ 緊急時（地震・火災・事故など）対応をマニュアルやフローチャートとして具体的に計画策定し、出演者・スタッフに周知する。

公演期間中の点検
■ 仮設電動機構、フライングなどを使用する公演で、公演が1週間以上にわたり続く場合には、公演前に動作チェックだけでなく、随時機構の点検をおこなう。また、重量物の吊り物、高い設置物がある場合にも、その吊り点、あるいは転倒防止点の点検を随時おこなう。

公演記録の作成
■ 再演準備などの必要に応じて、各セクションは、危険回避のための留意事項や措置なども含めて、公演記録資料の作成をおこなう。

03. 終演後、退館時の確認事項

■ 大道具・機材などに、破損や不具合がなかったか確認し、対応する。
■ 本火・火薬などの最終消火処理を確認する。
■ 可動物（大道具等）については、無人時に地震等によって破損が起きないよう、必要に応じて仮固定をおこなう。
■ 施設内で確保すべき通路など、施設側の定めるルールに従う。
■ 技術諸設備電源のOFFを適切におこない、確認する。（データ記憶の確認、クーリングの必要な機器などに留意する）
■ 防火シャッターなどの防火設備の動作に障害がないことを確認する。
■ 楽屋などの諸室についても、アイロンや手元明かりなどの電気器具がコンセントから抜かれていることを確認する。
■ 灰皿は所定の位置に返却し、火気などが放置されていないか確認する。

6 解体・搬出:

公演終了～劇場退館まで

01. 解体（バラシ）打ち合わせ

安全なバラシ・搬出作業進行のために、公演側スタッフ、施設側スタッフの全セクションの代表者が参加し、解体（バラシ）・搬出作業の打ち合わせを事前におこなう。

- ■手順やエリアのすみ分け・危険箇所の確認を全セクションで共有する。
- ■作業員全体への、共有事項（バラシの段取り・さばき場所・搬出の順番・積み込みの段取りなど）を書面にし周知を図る。
- ■各セクションは、それぞれのセクション内で、より具体的な手順を打ち合わせる。
- ■解体（バラシ）のみのスタッフに、短時間で作業の流れを説明できるように準備をしておく。

02. 解体（バラシ）作業

解体（バラシ）作業開始時

- ■終演後すぐに作業を開始するケースが多いが、事前の解体（バラシ）打ち合わせが十分でないセクションは、作業前ミーティングをおこない、作業手順や危険箇所の確認をおこなってから、作業を開始する。
- ■大勢の作業補助員がいる場合などは、作業前ミーティングをおこない、全体に危険箇所などの周知を図る。

解体（バラシ）作業全般

- ■バラシ・搬出の時間帯はハイテンションになりがちで、特に事故が起きやすいので、十分に注意を払い、安全作業に徹する。
- ■公演側・施設側双方ともに、安全な作業が最優先であることを共有し、退館時間に間に合わせるために無理な作業をおこなうこと、過度に急かすことを避ける。退館時間に作業が終えられるような日程・作業人数などを、事前に計画することが必要である。
- ■各セクションとも、他のセクションとの連携を図り、全体の作業がスムーズに進行できるよう、お互い配慮する。
- ■多数の意見が出やすい作業時間なので、作業監督者

の指示の下、事前の打ち合わせに則り作業を進める。
- ■作業中は保護帽を着用する。
- ■施設のルールを尊重する。
- ■構造物の解体が速やかに進むよう、構造物に絡む機材（照明・音響など）の撤去を優先する。
- ■各セクションとも、機器の電源の遮断を確認してから、作業をおこなう。
- ■搬出動線の確保を最優先する。大道具をはじめ各セクションの仮置き場などを調整・整理し、導線を確保する。

吊物作業

- ■バトンの昇降時には動作がよく見えるよう配慮し、安全監視員を配置し周囲へ注意喚起をおこなう。
- ■昇降運転中は吊物機構下に立ち入らない。
- ■電動バトンの昇降は運転速度に十分注意する。
- ■手動バトンの操作は、十分な経験を持った者がおこなう。解体（バラシ）時には、アンバランスな状況が生じやすいので、特に注意を払い、周囲に注意喚起しながら作業をおこなう。
- ■前後の吊り物に干渉しないか等、安全の再確認をおこなう。

仮設吊り物作業

- ■チェーンブロックやウインチなどを使用した仮設バトンやトラス仮設には、十分な知識と経験が必要である。
- ■スノコ作業は保護帽を必ず着用し、作業がおこなわれる区域（舞台面）にパイロンやガードバーなどを明示し、立ち入り制限をし作業をおこなわない。
- ■スノコ作業中は、吊物機構運転を原則としておこなわない。
- ■スノコ作業中は必要のない物は携帯せず、必要な工具は落下防止対策を施す。

床機構にかかわる作業

- ■昇降機構は、施設側と協働し運転し作業をおこなう。
- ■床機構（迫り・走行床）を使用する際は、開口部分を明示する措置（パイロンやガードバーなど）をおこない、必要に応じた人数（複数名）の安全監視要員（保護帽着用）を配置する。
- ■迫りや盆などの床機構には、十分なクリアランス（隙間）を取る。

高所作業

- 高所作業をおこなう際には、施設側・公演側の作業監視者の指示に従って作業をおこなう。
- 高所作業員は、保護帽、墜落制止用器具、作業に必要な工具は落下防止策を施した物を着用する。
- 高所作業がおこなわれる区域はパイロンやガードバーなどで明示し、立ち入り制限をおこない直下での作業はさける。

脚立を使用する作業

- 脚立作業は高所作業であると考え、脚立の高さにかかわらず、作業員は保護帽を着用し、6尺以上の脚立を使用する時は補助作業員（保護帽着用）とともに作業をおこなう。12尺以上は補助作業員を2名でおこなう。
- 脚立の天板に立っての作業はおこなわない。傾斜している床面では水平面に準じた設置状況を確保しておこなう。

電源作業

- 短絡・過負荷・漏電・感電、それらに起因する電気火災などの電気事故を回避するために、電源盤の負荷容量、配線容量などの確認、過電流遮断器（ブレーカー）・漏電ブレーカーの設置、コネクター・ケーブル・機器・器具のメンテナンスなどの事故防止策を講じる。（3章3-6「電気の安全事項」を参照）

重量物の取扱

- 重量物を扱う際には、安全靴を着用し、必要な人員、スペース、器具など、無理が生じないよう配慮する。
- フォークリフト、クレーンの運転操作などは、法令で定める資格を持つ者のみがおこなう。

施設・非常用設備への配慮

- 避難通路口・防火扉・消火栓・消火器の使用の妨げになるような物品の設置・サバキはおこなわない。
- 客席内での作業では、床面・椅子など施設を傷付けないよう留意し、必要に応じて養生をおこなう。

その他の注意事項

- 大道具の内部や下部など暗所作業になる場合は、必要に応じて十分な作業灯を準備して作業をおこなう。

- 高低差のある場所は明示して墜落や転倒のリスクの軽減し、作業の時は保護帽を着用する。

03. 搬出作業

搬出作業全般

- 事前計画に則り、作業監督者の指示の下におこなう。
- 各施設のルールを尊重する。
- 施設を傷付けないよう配慮し、必要な場合はシート等を持ち込んで養生をおこなう。
- 積み忘れなどを防止するために最終点検をおこなう。

リフト／エレベーターや迫りによる搬出

- 荷崩れに注意し積載荷重内に収める。
- 昇降の際には施設側の許可を必ず得る。
- 迫りを使用する搬入出については、開口部分を明示する措置（パイロンやガードバーなど）をおこない、必要に応じた人数（複数名）の安全監視要員（保護帽着用）を配置し、床機構上に十分なクリアランス（隙間）を取る。

サシアゲ、サシオロシによる搬出

- 作業中は上下間の連絡を密に取り、落とさないよう十分注意する。
- 施設側・公演側の作業監視委員の指示に従う。
- 高所作業である事を認識し、保護帽を着用の上、必要のない物品を携帯せず、注意して作業をおこなう。

解体・搬出後

- 公演側スタッフは、搬出後の大道具・小道具などの（再演・再使用に向けての）保管、あるいは廃棄、レンタル機材の返却の計画を事前に立案し、それを踏まえて解体・搬出をおこなう必要がある。
- 廃棄に当たっては、必要な分別をおこない、専門の廃棄業者に委託して廃棄をおこない、必要な書類は保管する。
- 倉庫での保管の作業（荷下ろし、格納作業）は安全に留意しておこなう。

04. 原状復帰

搬出を確実におこなうとともに、施設の各設備および機材を元の状態に復帰することで、公演側スタッフの

解体・搬出作業は終了する。（＝原状復帰）

　施設側スタッフは、公演側スタッフが確実かつ迅速に原状復帰をおこなえるよう、必要な指示をおこない、またその原状復帰後の状態確認をおこなう。

- ■照明・音響などの機材、大道具備品などを、所定の配置（＝基本仕込み状態）、あるいは所定の格納場所に戻す。
- ■各所へのバミリ、名称・合い番の仮表示などは、きれいに剥がして元に戻す。
- ■安全装置（カウンターウエイトの復帰、綱場止め具等）の状態確認をする。
- ■文字、袖幕など吊り位置を変更した施設の吊り物を元の吊り位置に戻す。
- ■取り外した客席など、施設の可動設備を元の位置に戻す。
- ■施設側は、各機材の数量の確認、形状や機能に異常がないか確認をおこなう。（＝日常点検）

2 - 3

施設の舞台技術管理

劇場・ホール等の実演芸術の公演施設は、単なるハード（器）ではなく、専門スタッフがより良い上演を求め安全に運営することで、初めてその役割を果たすことができます。

どのような公演も、利用者、つまり公演団体やその技術スタッフの力だけでは成り立たず、施設のスタッフ、特に舞台技術スタッフとの協働があってこそ実現できます。ともにより良い舞台表現を実現しようという意識を持った、施設舞台技術スタッフの能力・知識・経験は、大いに公演スタッフを助け、上演の質を高めます。単なる調整、立ち会い、設備の運用にとどまらず、利用者が求める表現をどのように可能にするか適切な助言をおこなって、要望に応えていかなければいけません。また同時に、専門的な舞台技術の提供だけでなく、地域のアマチュアや子どもたちとの交流（会話）ができ、地域文化の活性化をも担うことも求められます。

施設の舞台技術スタッフ＝舞台技術管理者は、公演側技術スタッフと同様に、公演制作過程や安全への取り組みについての知識や理解を求められる上に、各々の施設の舞台技術設備への理解と習熟はもちろん、自分の専門分野以外への理解や関連する法令の知識、施設スタッフとしての幅広いコミュニケーション能力も必要とされています。

1 ｜ 舞台設備の運用と維持管理

舞台機構設備（床・吊物）、舞台照明設備、舞台音響設備、舞台連絡設備、舞台映像設備は、施設の設備の中でも、舞台技術設備あるいは舞台特殊設備と呼ばれる、極めて専門性の高い設備である。これらは、各施設の条件・目的に合わせて設計・設置されており、安全な状態で利用者に提供するためには、一般的な舞台技術の知識のみならず、その施設設備に習熟した技術者による運用、特に点検と整備が必須となる。

運用に当たっては、各施設の「運用マニュアル」に則り、必要な業務をおこなう。「打ち合わせ表」や「業務日報」、「事故（あるいは故障・異常）報告書」、「予防処置策」、各種記録などの文書を作成し、情報の共有・保管をおこなうことが大切である。

点検業務には、日常的におこなう点検と、年間で計画的におこなう定期点検とがある。

日常点検

日々の業務の中で、設備の操作・使用を注意深くおこなうこと、また正常な状態を把握し、それを基準に聴音および目視によって異常の有無を感知することが、最も重要な日常点検である。以下のように日常点検をおこなう機会を設け、その内容は業務日報に記録する。また、定期的に大規模清掃をおこない、安全な作業環境を整えることも大事な日常点検の1つである。

①始業前点検

公演側スタッフによる作業が始まる前に、各技術設備に異常や不具合がなく、正常に使用できることを確認する。

②随時点検

次のような場合には、施設の運営スケジュールの中で作業時間を調整確保し、まず施設の技術スタッフによって、随時点検をおこなう。その結果、設置業者あるいは保守点検委託業者による点検や修理が必要と判断された場合には、速やかに連絡を取る。

舞台機構

- 動作に異常を感じる場合
- 過積載で衝撃荷重が作用した場合
- 定格限界の積載量で稼働率が高い場合
- 稼働率の低い設備・機器を使用する場合（慣らし運転、動作チェック）
- 大きな地震の後（震度6を超える地震の場合には、点検といえども運転はおこなわず、業者に連絡を取り、その点検を待つことが望ましい）

※起動、停止時の機構動作、停止レベルが正常か、また動作中に異音、振動がないか確認する。

照明

- 照明器具による落下・発火などが起こった場合
- スポット、ケーブル、コネクター等の破損などを発見した場合
- 大きな地震の後

※正常に機能しているか、また各表示および計器の状態が正常であるか確認する。必要に応じて、テスター、メガテスターなどの計測機器を使用し、異常の有無、あるいはその原因を確認する。

音響

- 過大音量でスピーカーを鳴らした場合
- マイクケーブル、スピーカーケーブル等の被覆の傷みを発見した場合
- 大きな地震の後

※正常に機能しているか、また各表示および計器の状態が正常であるか確認する。ノイズを生じていないか確認する。必要に応じて、テスター、メガテスターなどの計測機器を使用し、異常の有無、あるいはその原因を確認する。

［突発的な異常・不具合への対応プロセス例］

- 運転（動作）中止→原因調査→原因特定（除去、修理）→復旧確認→運転再開
- 随時関係者各部署への連絡（舞台監督、各セクションチーフ、主催者側制作責任者、施設管理責任者など）
- （復旧できない場合）設置業者あるいは点検業者への緊急対応依頼
- 代替機材・設備への変更切替
- 設置業者または点検業者による点検・調整・修理

定期点検

定期保守点検は、日々の運用による設備の消耗や劣化を最小限とするため、また放置すると重大な問題になる恐れがある事象をチェックし、可能な限り健全な状態に戻すためのもので、安全に施設を運用していくために、不可欠な取り組みである。原則的には、保守点検委託業者（設置業者あるいは点検業者）がおこなう点検であり、必要な点検内容とその頻度については、協議をおこない、そのための予算と時間を確保し点検をおこなうよう図る必要がある。

　保守点検は、各部品各機器のその特性に応じた耐用年数を延長するものではない。保守点検の有無にかか

わらず、耐用年数に応じた定期的な部品・機器の交換は、予防保全の立場から必須と考えられる。定期保守点検に関し、施設の技術スタッフが留意すべき点を以下に挙げる。

- 日常業務において軽微な不具合や異常を発見した際には、保守点検委託業者にあらかじめ報告をおこない、保守点検時の対処を依頼する。
- 点検の内容を把握し、必要に応じて立ち会いをおこなう。
- 点検実施後に、試運転等の確認をおこなう。
- 定期保守点検における部品交換について把握し、支出の措置をおこなう。
- 点検報告書の確認をおこなう。

危機管理 （詳しくはp.075を参照）

（詳しくはp.075を参照）

以下のような、緊急事態への備えをおこなわなければならない。

- 各業者、施設の他部署、また公演団体（施設利用者）との緊急連絡体制の確認
- 「危機管理マニュアル」の整備（舞台上で起きうる緊急事態やトラブル、および自然災害に対しても行動規範の作成）
- 舞台機構設備については、ファイナルスイッチ作動時の簡易復旧等、応急措置の習熟
- 非常放送システム（カットリレーを含む）の確認

備品管理

利用者からの要望に応えていつでも貸出しができ、安全に使用できるように管理することが求められる。収納場所を定め、在庫および使用状況を把握するためのリストを作成・運用し、それを基に随時、数量の確認と点検をおこなう。また、備品に付随する消耗品についても在庫の確認が必要である。

- 利用者への貸出時と返却時には、数量の確認をおこなう。
- 頻繁に使用しない備品は、使用日以前の適当な時期に数量や状態の確認をおこなう。
- 簡単な補修をし、修理を要する際は、費用の確認（見積もりを取り、組織の決裁権者の了解を得る）をおこなった上で、速やかに修理を依頼する。
- 利用者の使用中、不適切な使用方法であれば、注意喚起し、事故や故障が起きないよう図る。

中長期整備計画

中長期にわたる改修整備計画は、耐用年数に応じた定期的な部品・機器の交換や設備全体の更新について、施設の設置者（所有者）が、計画を立案し予算措置を講じて実行していくべきものである。施設の技術スタッフとしては、その計画が常に施設の現状を反映したものであるように、施設の設置者（所有者）に対して、施設の現状を随時報告し、計画の立案と実行が適切におこなわれるよう、働きかけなければいけない。設備に異常を来たし機能が損なわれる前に、計画を策定・実行し、安定的に、施設を安全に利用できるようにすることが重要である。

実際の改修に当たっては、開館しながらの改修なのか、閉館を伴う改修なのか、考慮する必要がある。また、現状の機能を維持するための改修なのか、技術の変化に合わせ、より高機能で利便性の高い設備を目指すのかを考慮して、改修計画の策定をすすめる。

劣化は、「経年劣化」「機能劣化」「性能劣化」に分けることができる。故障の要因として、よく「経年劣化」が挙げられるが、使用年数や使用頻度、使用場所の環境によっても差違があり、使用頻度が少ないからといっても「劣化」が少ないということではない。「機能劣化」は、アナログからデジタルへの方式の転換などにより部品供給ができなくなる場合や、録音・再生の方式が進化することにより、従前の機器では対応ができなくなる場合を指す。「性能劣化」は、耐震工事とかユニバーサルデザインの採用など、現状と「法」との間での違いが生じることに起因し、時代の要求についていけないことなどで起こるものである。

2 ｜ 一般設備管理との連携

施設の円滑な運営、そして安全な作業および公演のためには、施設の一般設備（空調、一般電灯、セキュリティ、駐車場など）の運用・管理との連携が不可欠であり、次のような事項に留意しなければならない。

- 舞台上および客席内の空調状態（設定温度や吹き出し風量）や相互の温度差によって、吊り物の幕地類が押され、昇降に影響が生じる場合がある。そのため、常に空調設備の運転状態に注意を払う。場合によっては、観客の健康や快適さに影響を与えない範囲で、空調設定の調整をおこなえるよう、連携を図る必要がある。
- 観客や出演者が危険なエリアに立ち入らないよう、必要な箇所に適切な施錠をおこなう。
- 固定客電灯具は、維持管理は一般設備の管理担当者の手に委ねられていても、点滅あるいは調光を舞台調光操作卓でおこなう場合が多い。断球などの場合に、適切な連携を図る。
- 搬入出経路が、施設に付随する駐車場などを経由する場合には、安全に搬入出をおこなうために、駐車場などの運用との調整を十分に図る。
- 搬入出に使用する専用リフト／エレベーターについても、舞台技術設備に準じて、日常点検および定期保守点検をおこなう。
- 施設では、舞台で発生する様々なゴミは、各施設で定められた分別をしてから廃棄をおこなう。大道具の廃棄などは、廃棄専門業者に委託して廃棄処理をおこない、必要な書類（マニフェスト）は保管する。

3 ｜ 公演制作のための支援

施設情報の提供

利用者あるいは利用を計画している団体が、施設全体および舞台技術設備の概要を知ることのできる、資料（全体平面図・断面図、機材リスト他）を用意しなければならない。（p.053を参照）

　また、利用者からの問い合わせがあった場合には、必要に応じてさらに詳細な情報を提供できるように、施設の技術スペックや危険箇所などの注意点を整理し準備しておく必要がある。

事前打ち合わせ

事前打ち合わせは、作業当日の土台となり作業の流れの成否を左右するので非常に大切な業務である。当日起きる事柄をあらかじめ想定しながら、打ち合わせをおこなう。

　本来は、公演側の各セクションの技術スタッフと施設の各セクションの技術スタッフが集まりおこなうべきものだが、実際には、一堂に会しておこなうことは難しいことが多く、作業内容と公演内容に関する技術的な打ち合わせは、当日までのあいだに個々のセクションごとにおこなうことが多い。メールや電話・FAXを用いた打ち合わせになることが多いが、図面や資料を読み解く力を十分に働かせて、危険因子を排除することに努めなければならない。しかし、安全面だけを重視するあまり、利用に制限を加えて利用者の表現活動を損ねるようなことにならないよう最大限に配慮する。つまり引き算にならないように、「危ないからできない」、ではなく、「どうすれば安全に実現できるのか」、という視点で助言・提案をおこなう。（p.051「リスクアセスメント」を参照）

　禁止行為解除申請や防火区画変更届などが必要な場合には、消防署などに書類が提出される前に、施設管理者の立場で、その安全について確認をおこなう。また、ヘルメットやハーネス／安全帯の着用などの施設の安全確保のルールは、仕込みに入る前の打ち合わせで、利用者に周知する。

立ち会い業務

搬入、仕込み、舞台稽古、本番、解体・搬出という限られた時間で、安全に効率よくより良い上演を実現しようとする公演側技術スタッフに対し、施設側の技術スタッフは、その実現を助ける責務を負っている。作業前には、KYミーティング（危険予知活動）の意味を持つ顔合わせミーティングをおこない、作業に潜む危険因子について共有することで、安全管理の徹底を図る。公演側が施設の技術スペックの概略や安全確保のための運用ルールを理解しているのか、また施設側が公演側の技術情報を十分に得られているのか、常に考えながら、現場に臨まなければならない。仕込み作業・舞台稽古・公演が安全におこなわれているのか、随時確認をおこない、必要があれば、公演側技術スタッフに注意喚起をおこなう。

　演出空間における作業では、現場で判断をおこなう部分も多く、打ち合わせの段階で決定事項であったものが、変更となることも頻繁に起こる。それらは、上演成果をより良くしようとするため、またより安全に作業を進めるためのものであるので、事前の決定事項に固執することなく、丁寧に対応し、新たな状況に応じて、迅速に判断することが求められる。

自主制作事業における役割

施設が自主制作する事業においては、施設の舞台技術スタッフは、公演側のスタッフとしての参画が求められる場合もある。

　自主制作事業においては、従来から多くおこなわれていた鑑賞機会創出のための買取型公演に加え、市民参加型の公演や、施設が自ら制作（プロデュース）する自主制作型の公演が増えている。買取型公演では貸館業務としての対応で済むことが多いが、自主制作公演では、企画の早い段階から、技術的なアドバイスをおこなったり、場合によってはデザイン・プランニング、オペレート業務や舞台監督業務まで手掛けることが必要となる場合もある。

4 ｜ 市民利用と安全管理

市民利用の催しにおいて、施設の舞台技術スタッフは
あらゆる分野に精通していると考え、助けを求める利
用者に対し、自分の担当技術分野についてだけ対応す
るのでは十分な対応とはいえない。他の技術分野の内
容にも興味を持ち、知識・技能を習得すること、また
舞台技術だけでなく施設の機能全体の情報を持つこと
が求められる。

　また、多くの市民利用者は、舞台の常識や安全確保
のための基本を知らないため、施設側の技術スタッフ
の常識だけで判断しないで危険因子を除去するように
心掛けなければならない。専門用語は用いず、分かり
やすい言葉を選んで丁寧に説明し、利用者の要求を的
確に理解して、その表現活動の良きサポーターとなる
意識を持つことが求められる。技術スタッフにとって
は日常業務の1コマであっても、市民にとっては一世
一代の晴れ舞台かもしれない。

5 ｜ 人材育成、スキルアップ

施設の大型化・複雑化、各技術の急速な進歩、求め
られる多様な演出などに対応していくために、舞台
技術者の担う役割は専門分化し多様化する時代にな
りつつあり、施設の舞台技術者も、より高い技術力
や専門的知識、そして経験を求められている。様々
な研修会などへの参加や、最新の機器や技術の情報
を入手する努力を怠ってはいけない。また、施設同
士の連携を図り、情報の共有を図ることも重要であ
る。

　「足場の組立等作業主任者技能講習」、「玉掛技能
講習」、「普通救命講習」などは基本的な知識を身に
付ける講習であり、また責任者として勤務する者に
は、「職長・安全衛生責任者」「防火管理者甲種」な
どの資格を取得することが有益である。

2 - 4

危機管理

公演中のアクシデントや、地震などの自然災害、また火災などの緊急事態に直面した時の対応は、作業中、リハーサル中、公演中など、状況によって異なります。各現場（カンパニー）は、施設が備えているマニュアルやフローチャートなどを確認した上で、それぞれの場合について、緊急時の対応を事前に準備し共有します。

現場に何かアクシデントが起きた際には、常に、公演の進行や作業の続行ではなく、観客、出演者、スタッフの安全確保を最優先に考え対応しなければいけません。また、大切なのは、公演に参画している一人ひとりが、緊急時に適切な行動をとれるよう、心の備えを持つことであり、そのためには各公演制作現場の準備する緊急時対応をしっかり理解しておかなければいけません。

ここでは、状況に応じて特に留意すべき項目を挙げていきます。

---

1. 緊急時への備え

- 施設内の緊急連絡体制を確認し、消防署、警察署などへの連絡体制について関係者間で共有する。
- 火災に備え、通報・初期消火・避難誘導・救護の役割分担を踏まえた緊急時対応（自衛消防隊の組織）を準備する。
- 緊急時において判断をおこなう者を明確にする。一般論として、公演中の緊急事態においては、被害や混乱を最小限にとどめるために、舞台監督は公演を中断する権限を持つ。（主催者がその責任の下、公演中断の権限を舞台監督に委任し、その結果には主催者自らが責任を持つ）
- 上演が何らかの理由で中断された際に、公演を再開するか否か等の協議をおこなう場所、協議に加わる者について、事前に協議し、施設とも共有する。
- 施設内の救急搬送動線、備えられたAED・担架などの位置について事前に調べ、把握する。
- 近隣の病院について調べておく。また救急箱を備える。
- 医療者に適切に引き継ぐための準備と対処（応急的な止血措置やRICE措置［アイシング］）を学んでおく。
  参考：「公演救急ガイド」（芸術家のくすり箱発行）
  http://www.artists-care.com/
  performance99guide_html/

- 施設の音響システムには、緊急時には非常放送が機能するように、回線がミュートされる機能（カットリレー機能）が備わっている。しかし、仮設した音響システムの場合には、カットリレーが働かない場合があり、その際には、施設の非常放送が機能するよう、対策しなければならない。
- 上演を中断した場合など、速やかに状況説明がおこなえるよう、エマージェンシーマイクを袖中に準備する。

2. 火災発生時の対応

- 上演中や舞台稽古中に、火災の発生が認められた場合、またそれを知らせる非常放送が入った際には、即座に上演や舞台稽古を中断し、客電を点灯する。避難誘導灯は、上演中一時消灯している場合でも、火災発生時には、非常設備の発報に連動して自動的に点灯する。（上演中一時消灯をおこなう場合には、開場中に観客に周知することが求められる）
- 事前に取り決めた自衛消防隊の役割分担（通報・初期消火・避難誘導・救護）に則り、行動する。避難の際には、観客や出演者、スタッフが安全に避難できるよう、パニック防止に留意して行動する。

3. 地震発生時の対応

- 上演中、大きな揺れを感じた際に、公演中断の判断を誰がおこなうのか、制作責任者（主催者）と舞台監督は、施設側スタッフと事前に協議し、取り決めておく。中断した場合には、上演再開あるいは中止、または避難を、施設のマニュアル、フローチャートを基に判断し対応する。避難の際には、観客や出演者、スタッフが安全に避難できるよう、パニック防止に留意して行動する。
- 中断した際には、速やかにエマージェンシーマイクにより、観客に状況説明をおこない、その後も中断

中は、観客に対して、分かりやすく頻繁に情報提供
をおこない、不安を和らげる配慮をおこなう。

- 舞台上に出演者やスタッフがいる場合には、袖中や
楽屋などの、機材・大道具の落下や転倒の危険のな
いエリアに一時待避をおこなう。

- 上演が大きな揺れによって中断された際には、照明
オペレーターは速やかに客電と避難誘導灯を点灯す
る。

- 仕込み／解体作業中に、大きな揺れを感じた際には、
作業は即座に中断し、袖中や楽屋などに一時待避を
おこなう。

- 上演や作業の再開に当たっては、施設の設備や大道
具・照明音響映像の機材などに、大きな揺れによる
異常や損傷がないかを、カンパニースタッフと施設
スタッフが連携し、安全確認をおこなった上で判断
する。

- 安全確認作業は、二次災害が起きないよう配慮して
おこなう。特に、高所などでの安全確認作業は、余
震の可能性も考え、必ず複数名でおこなう。

- 稽古場においては、仮設的簡易的な設営や設置がお
こなわれることが多いため、その状況も踏まえ、上
記と同様に安全への配慮が必要である。

4．けが人・急病人時の対応

- 消防署への救急車依頼、搬送のための施設内動線の
確保、応急処置など、出演者あるいはスタッフの場
合、観客の場合、それぞれの対応フローに則り行動
する。

- 医療者に適切に引き継ぐための準備と対処（応急的
な止血措置やRICE措置［アイシング］）をおこなう。

- 事故によるけがだった場合には、その原因を調査し、
記録を共有して、安全作業への理解を周知徹底する
ことで、再発防止を図る。

次ページ以降に、状況に応じたフローチャートの一例
を挙げる。（これらは、あくまで一例であり、実際に
は各施設・各公演制作現場の環境や条件に合わせた具
体的な行動指針を作成するよう努める必要がある）

5. 施設の緊急時対応フローチャート例

前述の事柄に留意したフローチャートの例［※1］を挙げる。

　これらは、あくまで一例であり、各施設・各公演制作現場は、その環境や条件に合わせた具体的な行動指針となるフローチャートを作成し、共有すること。

フローチャート例① 火災発生時

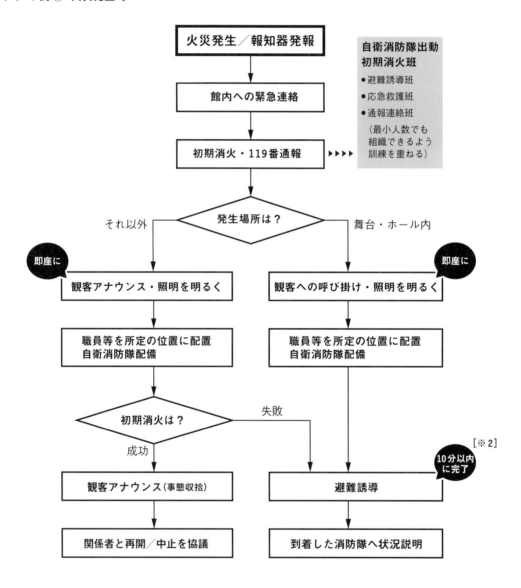

※1　公益社団法人全国公立文化施設協会　発行
　　　『公立文化施設のリスクマネジメントハンドブック』（2008年）参照のもと作成

※2　時間経過は目安として記載

フローチャート例② 地震発生時

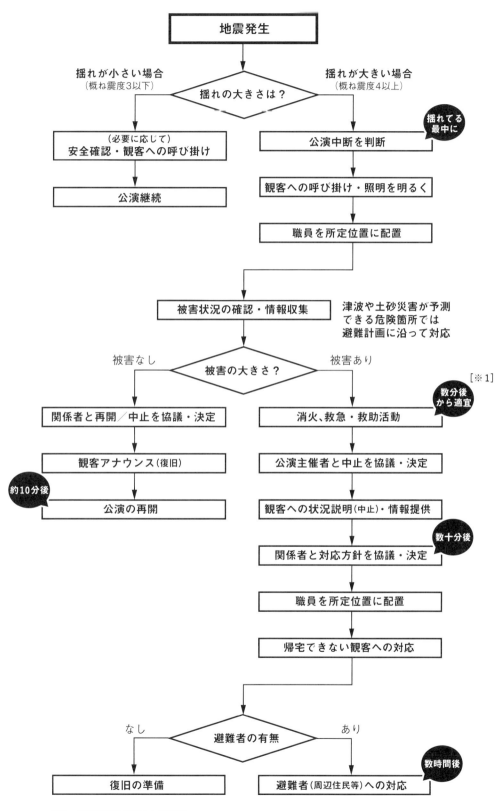

```
                         地震発生
                            │
                            ▼
  揺れが小さい場合                         揺れが大きい場合
  （概ね震度3以下）    ◇ 揺れの大きさは？ ◇  （概ね震度4以上）
         │                    │
         ▼                    ▼            ┌揺れてる┐
  （必要に応じて）          公演中断を判断    └最中に┘
  安全確認・観客への呼び掛け      │
         │                    ▼
         ▼            観客への呼び掛け・照明を明るく
     公演継続                  │
                              ▼
                      職員を所定位置に配置
```

被害状況の確認・情報収集　　津波や土砂災害が予測
　　　　　　　　　　　　　　できる危険箇所では
　　　　　　　　　　　　　　避難計画に沿って対応

被害なし　　◇ 被害の大きさ？ ◇　被害あり

［※1］

関係者と再開／中止を協議・決定　　　　消火、救急・救助活動　　［数分後から適宜］

観客アナウンス(復旧)　　　　　公演主催者と中止を協議・決定

［約10分後］公演の再開　　　　観客への状況説明(中止)・情報提供

　　　　　　　　　　　　関係者と対応方針を協議・決定　［数十分後］

　　　　　　　　　　　　職員を所定位置に配置

　　　　　　　　　　　　帰宅できない観客への対応

なし　　◇ 避難者の有無 ◇　あり

　　　　　　　　　　　　　　　　　　　［数時間後］

復旧の準備　　　　　避難者(周辺住民等)への対応

※1　時間経過は目安として記載

フローチャート例 ③　けが人・急病人発生時

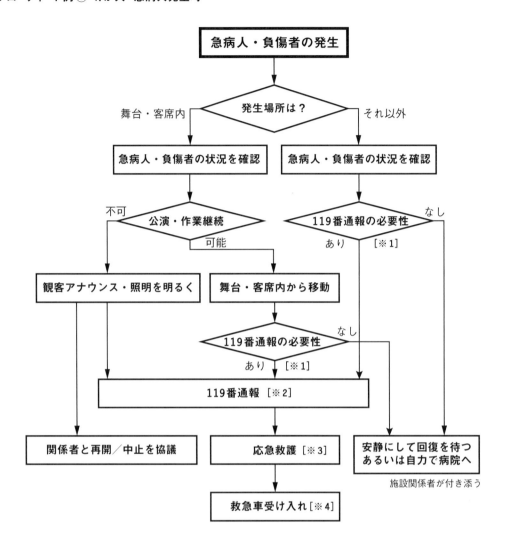

※1　救急車要請判断
◎意識・呼吸がない　◎頭・胸・腹部を強打　◎大出血している等
◎急病の徴候（例：脂汗・冷や汗が出る、背中が痛い）
[総務省消防庁HP　救急車利用リーフレット参照]
http://www.fdma.go.jp/neuter/topics/filedList9_6/leaflet.html

※2　救急車の呼び方
①救急であることを伝える　②救急車に来て欲しい住所を伝える
③具合が悪い人の症状を伝える（誰が／どこで／いつから／どんな状態なのか）
④通報者の名前と連絡先を伝える

※3　応急救護
◎止血　◎AED　◎気道確保　◎人工呼吸　◎骨折箇所の固定（応急救護の講習受講必須）

※4　救急隊員に伝えること
①事故や具合が悪くなった状況　②救急隊が到着するまでの変化　③おこなった応急手当の内容
④具合が悪い人の情報（持病、かかりつけの病院やクリニック、普段飲んでいる薬、医師の指示等）

3章

劇場・音楽堂
その設備と運用の実際

3-1から3-4では、機構・照明・音響・映像の分野での劇場・ホールの舞台設備と機材について、イラストや写真とともに解説しています。3-5では、劇場・ホール全体の連絡設備について、3-6では電気の基礎的な知識について記しています。

舞台設備の運用を考えるための要素

多額の資金を投入して建てられる劇場・ホールですから、外観のデザイン、ロビー、客席の機能、そして舞台設備についても、利用者の意見を十分に考慮した物でなければいけません。舞台設備の良し悪しを判断するのは、次の3つの要素になります。「建築的な要素」「電気的な要素」「演出的な要素」この3つの要素がバランス良く満たされていなければ、優れた舞台設備とはいえません。

建築的な要素

備品の倉庫やスタッフの動線など劇場・ホールとしての最も基本的な要素です。舞台の間口と奥行きがバランス良く取れているか、設備や備品の量に対して十分な保管場所があるか、またその動線が確保されていることや、調光操作室、音響調整室などから舞台が見やすく聴きやすく、十分な広さを持っているなどが主な要素です。とかく舞台設備そのものに目を向けすぎて、倉庫や動線などは検討が少なくなりがちです。

　下記には各セクションでの代表的な要素を取り上げます。

(1) 舞台機構設備と関わる要素
吊物バトンを有効に使う場合、スノコの高さが十分確保されていることが重要な要素となります。また、舞台転換をおこなう上でも袖の広さを十分に確保することは大事なことです。奈落がある場合は、そこへの動線なども重要な要素となります。

(2) 舞台照明設備と関わる要素
シーリング投光室、フロント投光室やバルコニーなど、舞台照明設備として十分検討されてつくられていることが重要な要素となります。その内容としては、スポットライトの光が客席の天井や壁などに当たらずに舞台まで届くことや、その場所での作業が適切かつ安全におこなわれるか、などです。

(3) 舞台音響と関わる要素
スピーカー設備が適切な場所に設置されていることが重要な要素となります。音響調整室には設置場所の条件とともに、静寂が求められます。音響システムを持

ち込む場合の搬入動線や、設置場所での転倒防止策なども重要な要素となります。

電気的な要素

その劇場・ホールが何を上演する目的で設置されたのか、その目的に沿った電源容量が確保されているか、が重要な要素となります。

(1) 舞台機構設備と関わる要素
同時に起動することができるバトンの数に見合う電力量の確保が重要な要素になります。

(2) 舞台照明設備と関わる要素
調光装置の量と質、負荷回路の数などが重要な要素となります。

(3) 舞台音響と関わる要素
ノイズ対策が取られている音響専用の電源回路が重要な要素となります。

演出的な要素

ここでの演出的な要素とは上演される演目について、十分な配慮があるかということです。音楽を上演する目的でも、クラシックコンサートとポップス、ロックコンサートでは明らかに重要な要素が違います。また、オペラ、バレエ、演劇や歌舞伎などの伝統芸能の上演で重要な要素もそれぞれ異なります。先に述べた建築的な要素や電気的な要素がハードの領域であるのに対し、演出的な要素とは「そこで上演される演目のために舞台設備がある」、いわゆるソフトの領域です。例えば、理想的な客席空間内の残響特性は、主におこなわれる演目のジャンルによって異なります。このソフトの領域を軽視して舞台設備をつくっても、本来の目的は達成できません。

補足として、このテキストは現在使われている舞台用語を使用しています。従って、舞台間口などを表現する場合においても、尺貫法で表記している部分があります。

3 - 1

機 構

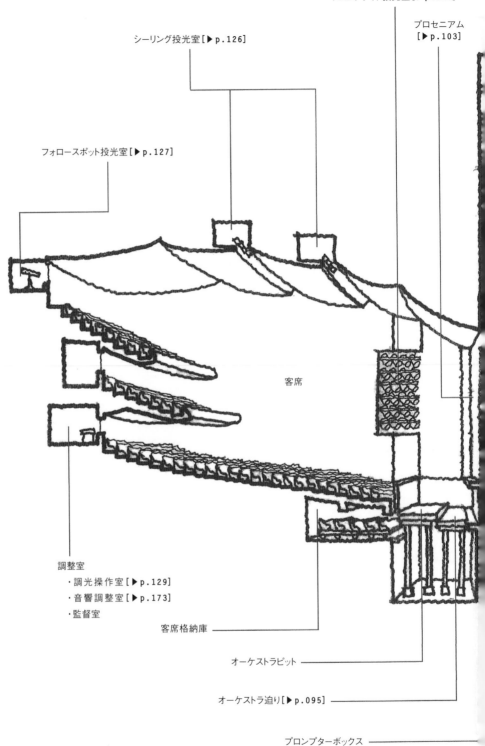

フロントサイド投光室[▶p.126]

プロセニアム
[▶p.103]

シーリング投光室[▶p.126]

フォロースポット投光室[▶p.127]

客席

調整室
　・調光操作室[▶p.129]
　・音響調整室[▶p.173]
　・監督室

客席格納庫

オーケストラピット

オーケストラ迫り[▶p.095]

プロンプターボックス

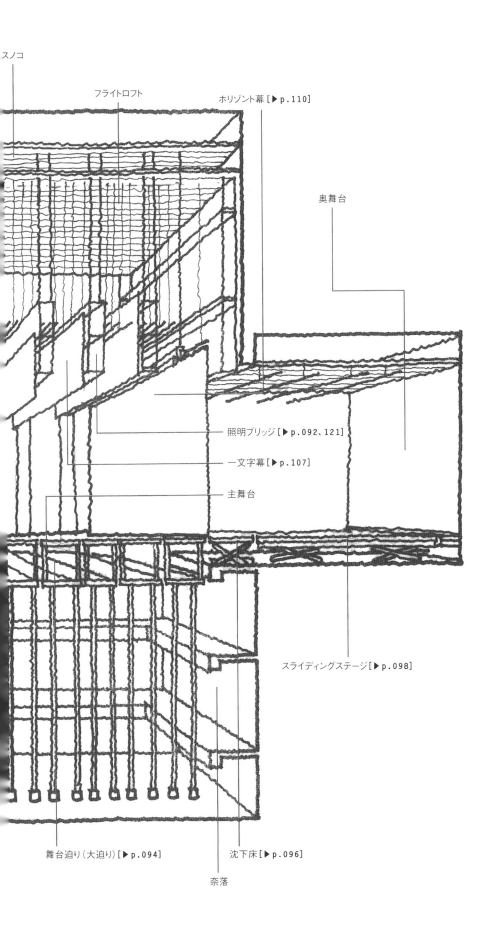

スノコ

フライトロフト

ホリゾント幕［▶p.110］

奥舞台

照明ブリッジ［▶p.092、121］

一文字幕［▶p.107］

主舞台

スライディングステージ［▶p.098］

舞台迫り（大迫り）［▶p.094］

沈下床［▶p.096］

奈落

舞台機構設備概論

演出の多様化に伴って、舞台設備にも高性能・高機能化が求められてきました。舞台機構の分野でも、高機能が求められています。巨大化する大道具を吊り上げるために、バトンの荷重が大きくなったり、素早い舞台転換に応えるために、バトン昇降には高速化が求められ、一方で、安全な作業をおこなう観点からは超低速度の運転も求められます。

　コンピューターを使用した機構操作には、新たなリスクも伴います。また、保守点検や改修工事も設備が高性能、高機能になった分、費用や日数が必要になります。日々進歩する技術を取り込んで、新しい演出効果に取り組んで行くことも我々の課題です。

舞台機構設備のイメージ図

舞台機構設備は大きく分類して、吊物機構と床機構の2つに分類されます。吊物機構とは、大道具や幕などを吊る「バトン」が代表的なものです。床機構とは、出演者や大道具などを乗せて昇降させる「迫り」が代表的なものです。また、その他の項目として、舞台の幕類や音響反射板なども項目として取り上げました。

電源から舞台機構設備、そして客席へ

舞台機構設備は、電源を利用した動力で動作する機構設備です。その動力を得るために動力機（モーター）が必要になります。電源は、制御盤を経由して動力機へ伝わります。また、操作信号は操作盤から制御盤へ伝わります。

電源

住宅の玄関などに各部屋で使うためのブレーカー盤があります。また、使用できる電気容量が契約により30A（アンペア）や50Aと決められています。

　舞台機構で家庭の分電盤（ブレーカー盤）に相当するものとして、電源盤があります。また、使用できる電気容量も家庭と同じく契約で決められています。バトンや迫りなどを起動させる時、瞬間的に使用する電力量が多くなるので、この電気容量によって同時に起動できるバトンや迫りの台数が決まってきます。従って、劇場・ホールの運用内容によって電気容量を決める必要があります。

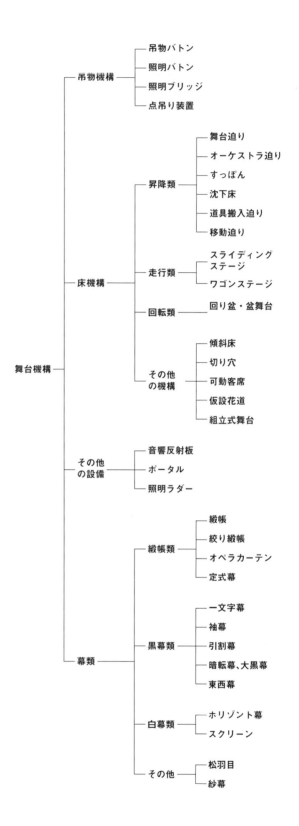

舞台機構設備イメージ図

操作盤

自動車には速度をコントロールするアクセルペダルがあります。アクセルの動きをエンジンに伝えることで、速度をコントロールすることができます。また、前進後退はギアを入れ替えて、停止する時はブレーキを踏んでコントロールします。

　同じように舞台機構では操作盤で速度、動作方向、停止位置などをコントロールします。

制御盤

自動車のアクセルペダルは踏み込むと速く走り、戻すと遅くなるように運転者が指示を出します。自動車の制御部分はその速度のイメージをエンジンに指示を出して、速度の調整をします。

　舞台機構も操作員が操作盤から舞台機構に出した指示を、制御盤が動力機をコントロールする信号に変換して指示を出します。

　舞台機構の制御には、大きく分けて、直入制御とイ

ンバータ制御があります。直入制御とは、起動と停止、つまりONとOFFだけをコントロールするもので、定速運転の舞台機構となります。インバータ制御とは、電源の周波数をコントロールすることで運転速度の可変をおこなうものです。可変速の吊物バトンの場合、例えば、周波数が50Hzの地域で25Hzにコントロールして運転した場合、50Hz時に比べ50%の速度で運転していることになります。

動力機

自動車でエンジンに当たる部分です。舞台機構においてはモーターに相当し、このモーターが動力を生み出します。この動力を何に使うのか、バトンの昇降なのか、迫りの昇降なのか、盆の回転なのか、それぞれの動作に変化させて舞台機構を動作させます。（一部には、油圧を動力とする舞台機構もありますが、その場合には、電動の油圧ポンプがそれに当たります）

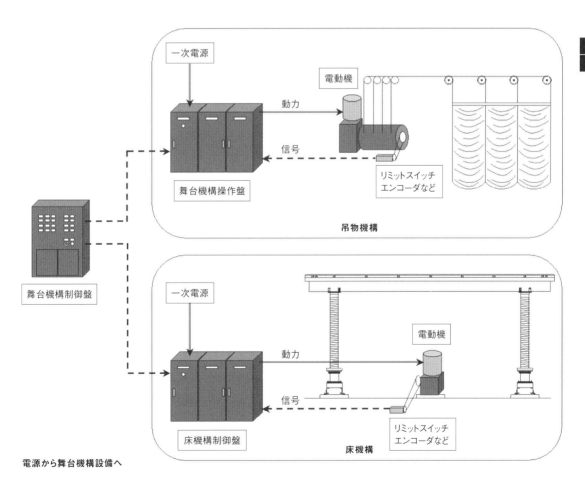

電源から舞台機構設備へ

1 | 吊物機構

大道具や舞台幕、照明器具などを吊り、昇降させる機構。吊物機構の種類には「吊物バトン」「照明ブリッジ」などがあり、動作方法には手動または動力のシステムがある。

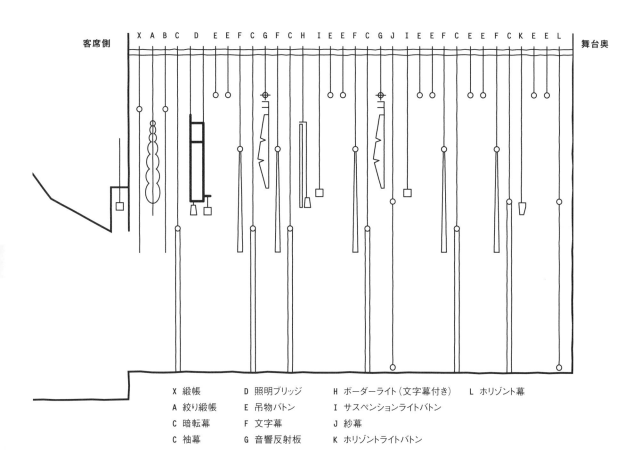

X 緞帳	D 照明ブリッジ	H ボーダーライト（文字幕付き）	L ホリゾント幕
A 絞り緞帳	E 吊物バトン	I サスペンションライトバトン	
C 暗転幕	F 文字幕	J 紗幕	
C 袖幕	G 音響反射板	K ホリゾントライトバトン	

■1 吊物バトン

舞台空間に大道具や幕、照明器具などをワイヤーロープなどで吊り下げて、昇降させる目的に使用する。大道具の仕込み作業で使用したり、また舞台公演中に場面転換をして演出効果を高めることができる。吊る物の種類によって、「美術バトン」や「道具バトン」、「照明バトン」などと呼ばれる。

吊物バトンの積載質量によって、バトンパイプの形状は異なる。吊る物が重くなるほどバトンパイプが変形しやすくなるため、パイプの形状を変えて対処する。またパイプの太さは形状にかかわらず、「ヨン・パー・ロク」と呼ばれる外径φ48.6mm、厚み3.2mmの鉄管が一般的である。

単管バトン

ラダー型

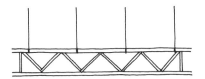

トラス型

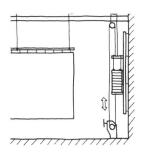

手動カウンターウエイト式

❶ 使用上の留意点

- 通常は1本のバトンに1種類の大道具などを吊って使用するが、2本以上のバトンを使って大道具などを吊り込む場合もある。その場合はそれを吊るワイヤーロープの角度や、バトンの積載量に注意が必要なため、十分な経験と能力を持った作業員がおこなう必要がある。

- 幕類（幕類の詳しい記述はp.104）を吊る場合は、幕の上部に付いているチチヒモと呼ばれる固定用のヒモをバトンパイプにしっかりと結ぶ。バラシを考慮して簡単に結んだり、チチヒモを間引いて縛ることは、事故につながるので注意が必要である。

- 大道具のパネルなどを吊る場合は、ワイヤーロープを使ってバトンパイプにパネルを吊るのが基本である。舞台床で大道具を寝かせて組み、吊り上げながら起こし、その後吊り上げているワイヤーロープの長さの調整をおこなう。

[バトンの種類]

◉ 単管バトン（シングルバトン）

外径φ48.6mmの鉄管に吊物機構のワイヤーロープを直接取り付けたものである。ワイヤーロープ間に重量物の吊り点を取るとバトンパイプが変形する場合がある。

◉ ラダー型、トラス型

ラダー、トラスの両型とも上下の2本のバトンパイプから構成されている。上下のバトンパイプをつなぐ方法が、鉄板や鉄パイプなどで垂直に構成されているものをラダー型、斜めに構成されているものをトラス型と呼ぶ。単管バトンに比べて重量物を吊った時の、縦方向の変形に強くなる。

[駆動方式の種類]

◉ 手動カウンターウエイト式

「カウンターウエイト」をバトン側と同じ質量に調整し、引綱ロープを使って人の力で昇降させる方式。吊り物とカウンターウエイトの質量のバランスを取ることで、比較的少ない力で吊り物を昇降させることができる。

美術バトンの積載質量は概ね300kgまでだが、ライトバトンでは600kg程度のものもある。バランス調整は均等か、わずかにウエイト側を重めにして使用する。

舞台袖などの「綱元」と呼ばれる操作スペースで、引綱の操作をおこない、「ロープロック」で高さを固定する作業をおこなう。また、吊り込み、吊り替え、バラシの際には、必ずウエイトの積み降ろしが必要であり、舞台面でおこなう他、より安全に作業するためにテクニカルギャラリーなどで積み降ろしができるようになっている場合がある。

◉ 動力カウンターウエイト式

カウンターウエイトを使用するが、手動方式と違い動力の力で昇降させる方式。カウンターウエイトを使用するため、後述の巻取り式に比べモーターを小さくできる利点がある。モーターの力で昇降し、ブレーキで静止させているため、ある程度のアンバランス状態でも使用することができる。しかし、アンバランスが大きくなるとワイヤーロープが駆動部分で滑ることがあるため、ウエイト調整をする必要がある。

強い地震時にカウンターウエイトが揺れて、ガイドレールを変形させるなどの被害報告があり、地震による損傷を受けやすいことが分かっている。

❗ 使用上の留意点

- 照明器具を照明バトン以外の場所に吊り込む場合には、電源ケーブルなども一緒に吊り込むため、ケーブルの処理やバトンの昇降などに注意が必要である。

- 演出空間内で仮設物を吊り上げる場合は、吊り上げる重量の10倍以上の破断強度を持っているロープなどを使用し、針金など切れやすいものは吊り込み作業に使用しない。また、傷や形くずれのあるロープ材は使用できない。
　軽くて強度があり、自由な長さに切って使えるワイヤーロープは、吊り込みでよく使われる。ワイヤークリップなどを使い確実に結束し固定する。ケブラーロープなど比較的強度のある繊維ロープもあるが、綿ロープやマニラロープは、強度が小さく比較的軽い物を吊る時に使用する。

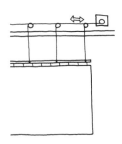
動力巻取り式

◉ 手動巻取り式

バトンを吊り下げているワイヤーロープを、手動のウインチで巻き取る方式。ウエイトでバランス調整をする必要はないが、吊り物の全質量をそのまま巻き上げる力が必要なため、昇降速度は速くない。

◉ 動力巻取り式

バトンを吊り下げているワイヤーロープを、動力ウインチで直接巻き取る方式。カウンターウエイトでバランス調整をする必要がないため、荷重変動が大きい吊り物に適している。「綱元」や「カウンターウエイト」を設置する必要はないが、大きな容量のモーターが必要となる。

解説

▶ 積載量について
バトンパイプには吊り込み昇降可能な重さ（積載質量）が表記されている。例えば積載質量500kgとあれば、500kgの物を吊り込んだ状態での昇降が可能であるが、速度との関係で積載質量が変化する場合もある。許容積載質量がバトンパイプの端に表示されている場合も多い。

▶ 動力バトンの昇降速度について
吊物機構の昇降速度は通常m/sec（秒速）またはm/min（分速）の単位で表記される。m/secとは1秒間に昇降する距離をメートルで表している。例えば、1.0m/secであれば1秒間に1メートル昇降できる吊物機構ということになる。実際の移動距離を計算する場合は、加速や減速に掛かる時間を考慮する必要があり、もう少し複雑な計算が必要となる。

▶ 停止位置について
機構の制御システムにより停止位置が任意に設定できる動力バトンもある。通常、動力バトンは「リミットスイッチ」というセンサーを使って「上限」と「下限」で停止させている。また、機器の故障などにより上限・下限で停止できなかった場合に備えて「ファイナルスイッチ」が設けられており、このスイッチが作動すると装置の電源を強制的に遮断し停止させる。上記のような機械的なリミットスイッチを「ハードリミット」と呼ぶこともある。また、「ハードリミット」に対し、電気制御的なリミットを「ソフトリミット」と呼ぶこともあり、これは操作盤の電気制御プログラムで停止させる上下限の限界点を指す。

▶ テクニカルギャラリー
主舞台を取り囲むように高所に設置される作業面である。カウンターウエイトの積み降ろしの他にも、照明ブリッジへの乗り込み、照明音響器具などの設置や吊物バトンの固定などに使用される。

② 照明バトン

照明器具を取り付けるための専用バトンのことである。吊物バトン同様の機構で昇降するタイプが基本だが、固定式のものもある。照明器具を吊り込む目的の設備であるが、仕込みの内容によっては大道具などを吊り込む場合もある。

　照明器具の種類や照明バトンの設置位置によって名称が変わる。照明等を吊り込むもののうち、作業員が乗り込めるタイプのものを照明ブリッジと呼ぶ。

照明ブリッジ（フライブリッジ）

❶ 使用上の留意点

基本的な仕込み方法としては、舞台面まで降ろして照明器具を吊り込み、作業が終わったら所定の高さまで上げ、その後の調整は舞台床から高所作業台などを利用しておこなう。高所での作業となるため、安全な環境を整える必要がある。

◉ サスペンションライトバトン

専用のコンセントダクト（フライダクト）が取り付けられている照明バトン。

◉ ボーダーライトバトン

ボーダーライトが取り付けられている照明バトン。

◉ ホリゾントライトバトン

アッパーホリゾントライトが取り付けられている照明バトン。

3 照明ブリッジ（フライブリッジ）

照明器具を取り付けるための設備である。照明バトンと違い、作業員がブリッジに乗りこむことができ、吊り込んだ照明器具を公演の時に使用する高さと同じ高さで調整することができる。設備の違いにより、固定タイプから昇降するタイプまで様々な設備がある。施設は、作業員が安全に高所での作業がおこなえるように墜落防止のための設備を備える必要があり、また作業員は、それを利用し十分な墜落防止措置を講じ、適切な態勢で作業をおこなう。仕込みの内容により、大道具などを吊り込む場合もある。

❗ 使用上の留意点

[舞台面から作業員が乗り込む方法]

作業員はハーネスなどの墜落制止用器具とヘルメットを装着する。舞台面まで降ろした照明ブリッジに設置されているハシゴなどで乗り込み、墜落制止用器具のランヤードをブリッジ内にフッキングし、ブリッジを使用する高さまで上昇させ、機構が停止したら、作業に入る。

[テクニカルギャラリーから作業員が乗り込む方法]

作業員はハーネスなどの墜落制止用器具とヘルメットを装着する。ブリッジ側またはテクニカルギャラリー側に設置された渡り橋などを利用して照明ブリッジ内へ乗り込み、ランヤードをブリッジ内にフッキングし、作業に入る。

数メートル上空での作業となるので、墜落事故等に十分注意して作業をおこなう必要がある。また、暗所での作業となる場合もあるので、必要最小限の作業明かりを確保する必要がある。

◎ 固定式

舞台上部に固定されているため、作業員はテクニカルギャラリーなどから乗り込む。

◎ 走行式

テクニカルギャラリーなどに設置されている走行レールに取り付けられている。

◎ 昇降式

動力により昇降する。作業員が乗り込む場合、舞台面から乗り込む場合とテクニカルギャラリーから乗り込む場合に対応できるように、設備が整えられている。動作速度は非常に遅く、また一定速での制御が一般的である。

◎ 取り外し式

取り外して移動し、設置位置を変えて昇降式として使用する。

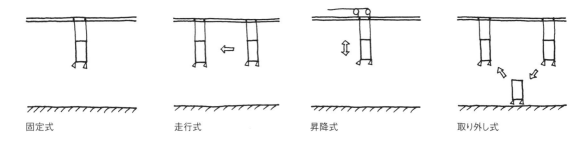

| 固定式 | 走行式 | 昇降式 | 取り外し式 |

4 点吊り装置

スノコ上などで移動して運用する吊物装置で、演出に応じて配置し使用する。バトンを使用することができない場合や、シャンデリアのように一点で吊り上げたい時、複雑な形状の大道具を吊り上げる時など、幅広い用途に使われ、自由な吊り物の配置が可能になる。ワイヤーロープ1本で大道具などを吊り上げる装置であるので、積載質量は250kg程度、運転速度もバトンに比べて遅いものが多い。ワイヤーロープは、非自転性のタイプが使用されることが多くなっている。

　施設側の設備として常設されている点吊り装置には、次のような種類がある。

❶ 使用上の留意点

点吊り装置に吊り込みをおこなう際は、吊物バトンと違い、ワイヤーロープの緩み・弛みや上下限のリミッターの確認など注意する点が多い。また、複数の点吊り装置を使用して大道具を仕込む場合などは、各装置の動作速度不一致の問題や、停止位置不一致の問題などもあり、十分に注意が必要である。

また、ワイヤーロープの端末に吊り具が装着されていない場合は、吊り込む大道具などの荷重に十分耐えるよう、適切な方法で端末の処理をおこなう必要がある。

◉ 移動式点吊り装置

・ウインチ移動タイプ

点吊り装置（ウインチ）自体を、吊り点位置に移動して使用する。

・枝滑車移動タイプ

ウインチ自体は固定されているが、ワイヤーロープを展開するための枝滑車をスノコ上で移動し、吊り点にワイヤーロープを降ろし、大道具などを引き上げるタイプ。

◉ レール式点吊り装置

スノコ下（スノコの床の裏側）に付けられたレールのランナーに滑車が取り付けられており、その滑車を移動させてワイヤーロープを降ろし、大道具などを引き上げるタイプ。

◉ 固定式点吊り装置

吊り点の位置が固定されたタイプの点吊り装置。

移動式点吊り装置
（ウインチ移動タイプ）

移動式点吊り装置
（枝滑車移動タイプ）

レール式点吊り装置

解説

▶ チェーンモーター（チェーンホイスト）

広い意味での点吊り装置として、チェーンモーター（チェーンホイスト）がある。速度調整が限られる反面、耐久性があり、また単体での積載質量が大きいため、常設の吊物機構では対応できない吊り物作業のために、持込機材とし

て以前より広く使われていたが、近年、施設に常設の移動式装置として装備されることも増えている。

いわゆる動力電源（200V三相3線）で駆動するものが多く、運用には専用の制御盤と操作盤が必要になる。設置作業は、熟練した作業員がおこなう必要がある。

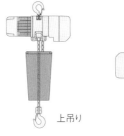

上吊り

下吊り

チェーンモーター（チェーンホイスト）を使用してトラスなどを吊る時によく使われるスリングベルトは、しなやかで軽く高強度な吊り具で、シャックルなどとともに、荷重条件に合わせて使用する。鉄骨の角と触れる部分は養生をして、スリングが損傷するのを防ぐ。

2 | 床機構

舞台床に設置された昇降、走行、回転をおこなう機構である。スピーディーな舞台転換、効果的な演出、立体的な舞台を構成するために使用される。また、大道具等の搬入・搬出に使用する場合もある。

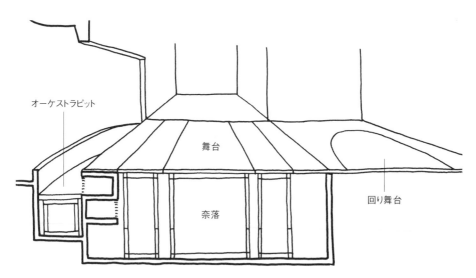

オーケストラピット

舞台

奈落

回り舞台

床機構の断面イメージ

1 昇降類

大道具や出演者を乗せて迫り上げることで、ダイナミックな演出が可能になる。使用するには十分なリハーサルなどが必要となる。

❗ 使用上の留意点

- 出演者や大道具などを乗せて昇降させるためには、十分な安全措置を講じる必要がある。そのためには、十分な打ち合わせ、十分なリハーサルと施設側の専門性に優れたスタッフが必要となる。

- 搬出入に使用する場合も落下防止などの安全措置が必要である。機構として「落下防止板」や「落下防止ネット」が設置されていても、昇降動作中は使用できないため、迫り開口部周囲の安全対策は不可欠である。

◎ 舞台迫り

出演者の登場や、大掛かりな大道具を仕込んで迫り上げるなど、様々な演出効果として使用する。また、大道具などの搬入・搬出用に使用する場合もある。

　舞台中央付近に配置される大型の迫りを「大迫り」、舞台の前方に配置される小型の迫りを「小迫り」、主舞台面全面が迫りとなっている場合には「主舞台迫り」と呼ぶことがある。舞台面より高く上がる迫りや、床が二重構造になっている迫りもある。

　舞台迫りは、一定速のものから、可変速のものまで動作速度は設備によって様々である。ただし、吊物バトンと違い自重も重いため高速運転時でも30cm/秒程度になる。また加速および減速もバト

ンより遅いことが多いので、バトンとの同期運転は容易くない。

　積載重量については様々だが、静止時積載荷重と運転時積載荷重が違うことがあり、注意を要する。静止時積載荷重とは機構が停止している状態で迫りに載せられる荷重のこと、また、運転時積載荷重とは、迫りに載せて動作できる最大荷重のことである。

　安全対策に関しては施設に拠るが、迫りを下げた時に生じる開口部からの墜落防止策がその重点である。

◉オーケストラ迫り

オペラ、バレエやミュージカルなどでオーケストラが入って演奏する場所を「オーケストラピット」または「オケピ」と呼ぶ。そのオーケストラピットが昇降できる迫りとして構成されたものを「オーケストラ迫り」という。

　専用のオーケストラピットとして設備されたタイプと、客席と併用するタイプがある。また、オーケストラの大きさによって使い分けできるように、分割されている迫りもある。

　オーケストラ迫りと客席部は客席手すり（動力昇降式のものが多い）で仕切られている。舞台と同じ高さまで上昇できて前舞台として使用できるオーケストラピットもある。また、客席と併用するタイプでは、客席床レベルでの停止が可能で、客席を設置・収納できるように客席収納庫を備えている。

◉すっぽん（花道迫り）

主に歌舞伎公演において、役者が乗った状態で昇降させ、演出効果を高める目的で使用される。花道部分に設置されるので、花道迫りとも呼ばれる。花道の全長を10とした時に、舞台側から客席後方に向かって3の所に設置される。（その位置は「七三」と呼ばれる）

　通常は3×6尺程度の、1名の出演者が登退場できる程度の大きさであり、狭い空間での昇降なので動作時には注意が必要である。

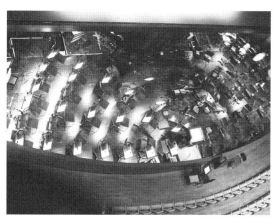

オーケストラピットを上部から見下ろしたところ

すっぽんを客席奥から見た例（ⓒ松竹）

⊙沈下床

走行機構の動作のために、この迫りを昇降させて使用する。走行式の床機構の動作前と完了後に主舞台付近に段差ができないように、舞台床の高さを揃えるための迫りである。走行式の床機構を格納限から出限まで動作させる場合、主舞台と沈下床を下げた後、走行式床機構を走行させ、そして出限到達後に沈下床を上げる。こうした手順により、走行時に段差があった部分が移動後にフラットとなる。

　演出効果として使用するものではないので、速度は一定速が多く、運転時積載荷重も舞台迫りに比べると小さい。沈下床の昇降距離は、上を走行する装置の厚みによって決まり、通常のストロークは0.2～1m程度と短いため、駆動方式にはクロスレバー式などが使用される。

⊙移動迫り

舞台床の切り穴を利用して床下に設置し、出演者や大道具などを昇降させる小迫りとして使用する。固定設備として設置されている前述の迫りと違い、任意の位置で使用するための迫りである。そのため、演出効果に対し柔軟な応対が可能であるが、小型のものが多いため、大掛かりな転換には向かない。

　使用の際には、ガイドレールを切り穴付近に固定し、揺れを最小限にする。また、二重床式の迫りでは上段の床に切り穴を設け、下段に移動迫りを設置して使用する。

　駆動部分は移動迫りの下部に組み込まれている場合が多く、操作も迫り近くでおこなう場合が多い。昇降速度、荷重などの仕様は目的によって様々である。昇降距離が固定された押し上げ式の物が一般的だが、ガイドレールを継ぎ足して昇降距離が変えられるワイヤーロープ昇降式などのタイプもある。

⊙大道具搬入迫り（運搬迫り）

大道具などの搬出入のための迫りである。演出効果に対して設計されたものではないため、速度は一定速のものが多く、舞台迫りに比べると動作音も大きい。

　各施設の状況により、奈落から舞台面までを昇降させるタイプや、舞台面よりも高い位置まで昇降させるタイプがある。舞台奥や袖などに設置される場合が多い。昇降の駆動方式は舞台迫りと同様の方式の他に、スノコからワイヤーロープで吊って昇降させる方式もある。

❗ 使用上の留意点

落下防止用の柵などが設置されている場合もあるが、積載物の落下防止には注意を要する。また、中間で停止させてサシアゲ、サシオロシなどの作業をおこなう場合もある。

解説

▶迫り機構の駆動方式

① ラックピニオン式

垂直に立てたラックに沿って、ピニオン（歯車）を回転させて昇降する方式。積載量が変わっても床が沈みにくい利点があるが、ラックが沈下するだけの床下スペースと、施工に高い精度が必要となる。

舞台床に設置されたラック

② スクリューナット式

スクリューとナットを組み合わせて、スクリューを回転させることで昇降する方式。積載量が変わっても床が沈みにくい利点があるが、高速運転では音が大きくなる。

③ ワイヤーロープ式

ワイヤーロープを使用して迫りを昇降させる方式。カウンターウエイトを使って迫りの自重および積載量とバランスさせたものを巻き取る方式もある。運転音は静かだが、積載量によってワイヤーロープが伸びるためロック機構が必要となる。

④ スクリューアーム式

沈下床のように昇降行程が短く、低速で小型の迫りに用いられる方式の１つ。浅いマシンピットに駆動装置が収まる。

⑤ クロスレバー（シザース）式

ハサミのようにレバーが開いて迫りを押し上げる方式。昇降距離は長くできないが、小さく折りたたむことができるためピットを浅くできる利点がある。

⑥ スパイラルジャッキ式

螺旋状にプレートを組み合わせながら迫りを押し上げる方式。運転音は大きくなるが、長い昇降距離でもピット深さを浅くできる利点がある。

⑦ ローラーチェーン式

ローラーチェーンを用い、マシンピットに設置したスプロケットギアで駆動する。伸縮性のあるワイヤーロープに比べて機械的精度は高くなるが、動作音は大きくなる。積載量によってチェーンが伸びるため、ロック機構が必要となる。

▶オーケストラ迫りの機能

オーケストラピットに求められる機能としては、以下のものがある。

- ・ピットの床に譜面灯の電源供給用コンセント
- ・プロンプターボックスとボックス内部の連絡設備
- ・指揮者用のモニターカメラ
- ・客席側の手すりに照明器具を吊り込む設備
- ・ピットを拡張して使用できる掘り込み部分
- ・ピット付近の楽器庫および楽器動線

劇場の規模、オーケストラの編成にもよるが、およそ50名から100名程度のオーケストラが入るようになっており、100㎡のピットであれば80名程度のオーケストラが収容できる。

オーケストラが入っても客席からの視界に入らないような高さに下げて使用する。音量の関係から大編成の時はやや深めに、小編成の時はやや高めに設定される。ステージ上でのコンサート形式と違い、指揮者から近い奏者を高く、遠い奏者を低くセッティングする場合もある。

❷ 走行類

舞台床の一部を水平移動させる機構である。大掛かりな装置をスライディングステージなどに仕込み機構的に移動することで、スピーディーな舞台転換が可能になる。

　ここでは、主舞台迫りの上でフタをするタイプをスライディングステージ、主舞台迫りの上をキャスターで走行するタイプをワゴンステージと称して解説する。

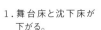
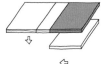

1. 舞台床と沈下床が下がる。

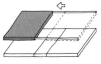

2. 袖の舞台がレールに沿って動き舞台上へ移動する。

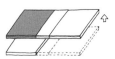

3. 袖の下にあった舞台と沈下床がともに上昇しフラットになる

スライディングステージの仕組み

◉ スライディングステージ

大掛かりな大道具を立て込んだ引き枠を手動で押し出すのではなく、電動で転換を可能にするための機構である。人力では不可能な大掛かりな転換もスライディングステージを使用することで可能になる。

　前述のように、沈下床と迫りを下降させ使用する。回り舞台が内設されている大型のものもあり、演出で回り舞台を回転させながら走行させる使い方もある。

　走行の駆動方式にはラックピニオン式やチェーン式、フリクションローラー式、自走式などがある。移動距離・移動時間・スピードなどを設定して運転する。運転時に、車輪は両サイドの床下にある鉄製のレール上を走行し、床面が舞台床と同じ高さで走行する。走行速度は概ね60cm/秒程度である。

　運転時積載荷重は、静止時積載荷重に比べて少ない場合がある。例えば、舞台床のスペックが500kg/m²で、間口奥行きが10間四方のスライディングステージの場合を考えると、舞台床の面積は約330m²。500kg/m²で計算すると舞台全体で165tの重量が載る計算になり、これを動作させる機構は非常に大きいため、運転時積載荷重を静止時積載荷重とは別に考慮し設計することになる。

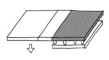

1. 舞台床と沈下床が下がる。

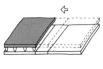

2. 袖の舞台が下がった沈下床と舞台床の上を車輪で移動する。

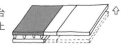

3. 袖の下にあった舞台と沈下床がともに上昇しフラットになる。

ワゴンステージの仕組み

◉ ワゴンステージ

スライディングステージと同様に、舞台転換のために大道具を載せて移動するための走行床であり、沈下床や主舞台迫りを下げて使用する。移動距離、移動時間、スピードなどを設定して運転する。動作速度は60cm/秒程度であり、木床の上を走行するのでスライディングステージと比べると走行音が大きくなる場合もある。走行駆動装置をワゴンから切り離して主舞台迫りに載せて昇降させることもでき、またワゴンステージの上にワゴンステージを重ねて収納できるシステムもある。

3 回転類

回転により舞台装置の転換をおこなう機構である。歌舞伎などを主に上演する劇場では大きな回り舞台が主舞台に設置され、その中に大小の迫りが組み込まれるケースもある。

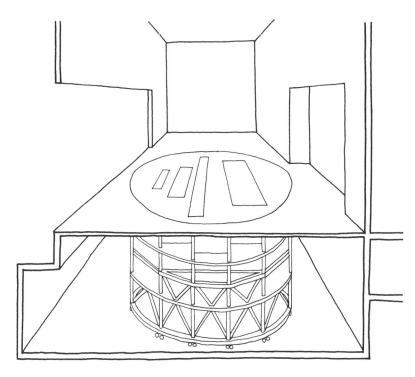

回り舞台

◉回り舞台（盆舞台）

回り舞台は「盆」とも呼ばれる。回り舞台の上に大道具を飾り、演出に合わせて回転させて使用し、独特の舞台転換を実現する。演出に合わせて、暗転で回転させたり、観客に見せながら回転をおこなう。左右どちらにでも回転させることができ、その呼称は、上手側を舞台前側に出す回し方（時計回り）を「上出し」と呼び、反対回りを「下出し」と呼ぶ。

速度の表記は1分間の回転数で表す。例えば、1分間に2回転する盆であれば、2rpm（round per minutes）と表す。

回転の駆動方式にはラックピニオン式やチェーン式、フリクションローラー式、ワイヤードライブ式などがある。また、固定常設のものの他に、舞台床上に組み立てて使用する仮設のものもある。

大道具を回り舞台上に正三角形状で三面配置することを「三杯飾り」、表裏二面で配置することを「二杯飾り」、舞台一面に飾ることを「一杯飾り」などと呼ぶ。

4 その他の床機構

公演中に演出として動かすものだけではなく、劇場・ホールの使い方を大きく変化させる要素を持つものを、この項で解説する。

❗ 使用上の留意点

これらの設備は、いずれも各施設において操作方法は様々であり、操作手順や危険箇所などを熟知した施設側のスタッフとともに、十分な打ち合わせの上で、操作・作業をおこなう必要がある。

◉ 傾斜床

舞台床を演出意図に沿って、前奥方向で傾斜できるシステムである。舞台上に遠近感を出すためや、観客から出演者の足元が見えるようにするために傾斜させる。海外では主舞台が傾斜している劇場もあり、そこでつくられた作品に対応する目的もある。駆動は、電動シリンダーなどで床の舞台奥側を押し上げる方式である。傾斜できる角度は最大で10°程度が一般的である。

　舞台前から奥に向かって高くなる傾斜を持つ床を、機構による傾斜に限らず一般に、「開帳場」あるいは「やおや」と呼ぶ。また、この場合をプラス傾斜、逆に奥側が低い傾斜をマイナス傾斜と呼ぶこともある。

◉ 切り穴

床下から舞台上への演出効果に対応するために、舞台床の一部分を開口できるようにしている設備である。奈落と舞台上をつなぐ開口部として、移動迫りを設置して小迫りとして使用、あるいは階段を設置して出演者や道具などが出入りできるようにする。
切り穴には下記の種類がある。

　　① 舞台床（固定床）に切り穴がある場合
　　② 主舞台迫りに切り穴がある場合
　　③ 組立式床で舞台が構成されている場合

①と②は、舞台床の一部が切り穴の設備として構成されており、切り穴のフタを外すことにより、①であれば奈落へ、②であれば二重床へアクセスが可能となる。また、③は組立式床の部分すべてが切り穴と考えてもよいので、①と②より柔軟な演出への応対が可能になる。

❗ 使用上の留意点

客席の形状が変更される場合には、チケット発券との事前の調整確認が必要である。

◉ 可動客席

多様な演出や催し物に合わせて客席の配置を換えるための装置である。客席迫りを使ってワゴン型の客席を床下に収納する方式や、客席を折りたたんで客席後方の壁に収納する方式（ロールバック式）、舞台床下に収納する方式などがある。また、客席の勾配を変更して劇場の客席形状を変化させる施設もある。

　客席椅子の移動方法には、手動式や電動走行式、エアーで浮上させて動かす方式などがある。

◉ 仮設花道

花道とは、客席後部から舞台までを縦断して設置される通路で、歌舞伎公演などで出演者の登退場などのために、舞台の一部として使用される。客席を一部撤去して組み立てるタイプや、客席の上に組み立てるタイプなど、施設それぞれの方法により設置される。

花道には、「鳥屋」と呼ばれる客席後部の登退場の時に使う小部屋や、すっぽん、フットライトも必要な機能となるが、仮設の場合、十分な機能を装備できない場合もある。オーケストラ迫りや客席の床下のすっぽんに当たる部分に、あらかじめ迫り機構が設置されている劇場もある。

◉ 組床式舞台

主舞台が平台のような定形のユニットで構成されている舞台である。「組立床」とも呼ばれる。

演出に合わせて自由に舞台床の形状や高さを変えることができ、また開口を設けることにより、奈落からの動線をつくることも可能である。ユニット寸法は3×6尺や6×6尺が一般的で、スチールフレームの上に平台を載せているタイプや、スチール製の床ユニット（デッキ）がスチール脚で立ち並んでいるタイプがある。固定された舞台床に比べて、平米荷重や強度、揺れなどの部分でデメリットは多いが、演出空間をつくる上での自由度は高い。

組立式舞台の場合、本来は固定である本ケコミ（本舞台が客席に面する立ち上がり面）や化粧框（本ケコミ上部に渡る横木で、高級材が使われることが多く、釘やビスを打つことは禁じられることが多い）も取り外すことが可能になる。

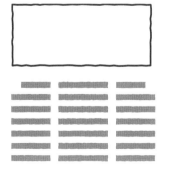

組床式舞台　床下構造の例

解説

▶舞台形状と客席の関係

舞台形状と客席の関係を表す呼称として、エンドステージ、スラストステージ、センターステージ、アリーナステージなどがある。

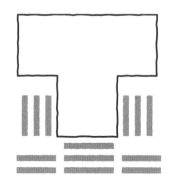

エンドステージ

スラストステージ

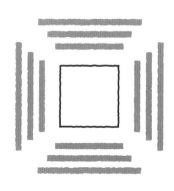

センターステージ

3 │ その他の舞台機構設備

この項では、音響反射板やポータルなど、機構設備の分類だけにとらわれずに幅広い設備を解説する。

■1 音響反射板

プロセニアム形式の多目的ホールを、コンサートホール形式に変えるための舞台機構設備である。舞台上のオーケストラの演奏音を客席側へ反射させて、また同時に演奏者自身にも音を返し、演奏に適した音質の空間をつくる。

天井部分の「天井反射板」(通称「天反」)、舞台奥側の「正面反射板」(通称「正反」)と両サイドの「側面反射板」(通称「側反」)で構成される。反射板表面の形状や材質は、音響的な性能によって決められる。また、天井反射板には照明器具が設置されている。

反射板の組み合わせによって大編成や小編成といった使い分けができるものもあり、また、その編成によって雛壇を組んで使用する場合もある。音響反射板を設置する際には、他の吊物バトンなどは干渉しない高さまで上げておく。

音響反射板の格納方式には様々な種類があり、以下はその代表例である。

◉ 吊物式

天井、正面、側面の反射板をそれぞれ分割し、舞台上空に吊り上げて格納する方式。舞台上部に格納スペースが必要となるため、吊物バトンの位置や台数に影響する。しかし、比較的少人数かつ短時間で設置できる利点がある。

◉ 走行式

反射板を門形のまま数分割し、舞台奥に格納する方式。走行するためのレールを舞台床下へ設置するケースが多く、走行時には舞台床の一部開閉作業が必要となる。舞台後方には格納スペースが必要となるが、舞台上部の吊物スペースを邪魔しない利点がある。

◉ 併設格納式

正面反射板に天井反射板や側面反射板が併設されており、折りたたんで舞台奥に格納する方式。舞台上空のレールから吊り下げて走行する方式や、スノコからワイヤーロープで吊る方式、舞台床を走行する方式などがある。舞台後方に格納スペースが必要であるが、舞台上部の吊物スペースを邪魔しない利点がある。

◉ 仮設組立式

仮設的に組み立てて使用する反射板で、取り外して倉庫や奈落に格納、あるいは舞台後方の吊物バトンに吊り下げて保管される場合もある。設置に手間が掛かるが専用の機構が必要なく、簡易的な反射板として使用される。

2 ポータル

舞台と客席の境界にあり、客席から舞台を見た時の開口部分（額縁）は「プロセニアム」と呼ばれる。そのすぐ奥にあり、プロセニアムの間口と高さを調節するための装置が、ポータルである。上演される演目に合わせて、上部の昇降と両袖部分の開閉によって、適切な開口（プロポーション）に調整して使用する。日本の古典芸能などで使用する場合には、高さが低く幅が広い開口に調整して使用し、一方、オペラでは高さを高くとって使用する。

開口の上部にあり作業員が乗り込めるものを「ポータルブリッジ」、両袖で開閉する部分を「ポータルタワー」と呼ぶ。ポータルブリッジの昇降方式には、動力カウンターウエイト式と動力巻取り式が、またポータルタワーの走行方式には、動力式と手動式がある。ブリッジとタワーが重なる部分は、伸縮式や取外し式のパネルの設置で対応する。

ポータルブリッジとポータルタワーを合わせて「ポータル」、「インナーポータル」あるいは「インナープロセニアム」と呼ぶ。背面には照明などの仕込み作業エリアとしての機能も合わせて持つ場合も多い。

フレームに幕を張り込んだパネル状の設備がポータルの機能を果たす場合もあり、その場合、上部を「ティーザ」、左右を「ウイング」と呼ぶ。また、ポータルの存在しない施設も多く存在する。

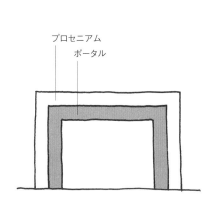

客席側から見たポータル

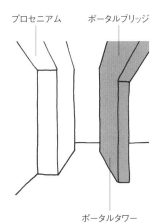

舞台上から袖方向を見た時のポータルの見え方

解説

▶プロセニアム内の機構

プロセニアム内（直下）に、照明バトン（サスペンションライトバトン）や、メインスピーカーフレームなどの吊物機構が設置される場合がある。また、プロセニアムの背面に、照明器具を仕込めるサイドラダー状の設備を備えることがあり、「トーメンター」と呼ばれる。

3 照明ラダー

舞台間口のやや袖側に照明器具を吊り込むための設備で、舞台袖から投光する場合に有効である。ラダーを昇降させたり、走行させたりすることで、転換を補助し、大掛かりな舞台転換を可能にすることもできる。例えば、サイドスポットをスタンドで仕込むと袖からの出入りに邪魔になるが、上部に吊り上げることで解消することができる。また、高い位置に照明器具を仕込みたい場合、スタンドなどよりも高い位置に仕込むことが可能になる。

機構の種類として、固定設備としてワイヤーロープで昇降させるタイプや、仮設タイプとして使用する時に仕込むタイプ、また、舞台袖上空のギャラリーに固定し、ラックピニオンで昇降するタイプなどがある。

荷重としては照明器具十数台分が吊り込める程度で、運転速度はあまり速くないが、公演中に昇降する可能性もあり、運転音は小さいことが望まれる。

4 ｜ 幕類

舞台で使用する幕には常設で備品として装備してあるものと、各公演で持ち込まれるものとがある。この項では、常設の備品としての幕類について解説する。幕類の目的には、観客の目を楽しませるためや、観客の視線を遮るため、映像や照明を映すためなどがある。幕類を昇降させたり開閉させたりするための機構が備わっているものもあり、その装置は吊られる幕の名前で呼ばれる。

1 緞帳類

舞台と客席を仕切る幕である。舞台の一番前に吊られており、開演時、終演時および休憩時などに使用する。緞帳の前のエリアを演技などで使う時もある。

緞帳類には、緞帳、絞り緞帳、オペラカーテン、定式幕がある。演目により使う緞帳の種類は違うが、基本的に同じ目的を持っている。また、劇場の顔として語られることもある。

昇降式緞帳（板緞帳）

◉ 緞帳 （どんちょう）

本緞帳または織緞帳などと呼ばれることもある。布地の種類として綴織、フック織、ジャガード織などがある。

通常は専用バトンに吊り昇降させるが、設置の条件により三つ折りの昇降や、巻取り式、開閉式もある。

・三つ折昇降タイプ

スノコが低く緞帳が飛び切らない（収納し切れない）場合に、2本のバトンを利用し、前側のバトンに緞帳の上部を吊り、後側のバトンに緞帳中段に仕込んだパイプを吊って昇降させるタイプ。

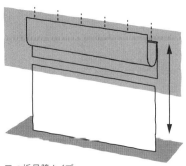

三つ折昇降タイプ

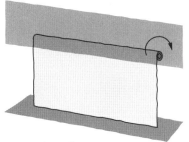

巻取り昇降タイプ

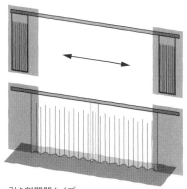

引き割開閉タイプ

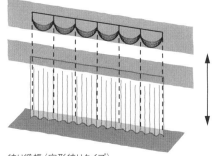

絞り緞帳（定形絞りタイプ）

・巻取り昇降タイプ

スノコが低く緞帳が飛び切らない場合に、ドラムに緞帳を巻き取って昇降させるタイプ。昇降する時に三つ折タイプは中間から上がるが、巻取りタイプは上部を巻き取るため、そのまま昇降するタイプと同じように見える。ただし、布地の堅さ・柔らかさの条件や、巻取りドラムの設置位置などの問題がある。

・引き割開閉タイプ

スノコが低く緞帳が飛び切らない場合に、左右に開閉させるタイプ。緞帳を開けた場合は幕溜りに緞帳があるため、袖が狭くなる問題がある。通常の昇降転換ができる場合でも、開閉可能な機構を備える場合もある。

◉絞り緞帳

柔らかい布地で構成され、下から上に絞り上げるタイプ。布地としては、シフォンベルベットなどが使用される。

・定形絞りタイプ

縦ワイヤーを一定の高さに絞り上げて形をつくるタイプ。

・変形絞りタイプ

縦ワイヤーを高さを違えて絞り上げて形をつくるタイプ。

◉オペラカーテン

主に、オペラ、バレエ公演の時に使用される。昇降、開閉、絞り上げ、3種類の動作が可能だが、なかでもオペラカーテンを特徴付ける動作は絞り上げである。絞り緞帳の場合は垂直に降ろしたワイヤーを垂直に絞り上げることにより形をつくるが、オペラカーテンの場合は、2枚に分割されているそれぞれのカーテンのセンター側の下点を斜め上部に絞り上げて形をつくる。布地としては、レーヨンベルベット、コットンベルベットなどが使用される。

　オペラ公演のカーテンコール時に、オペラカーテンを舞台後方に引き、その前に出演者を登場させるなど、特有の使い方がある。

オペラカーテンの絞り上げ（舞台より見て）
（提供：札幌文化芸術劇場）

◉定式幕
じょうしきまく

主に、歌舞伎公演の時に使用され、歌舞伎幕と呼ばれることもある。布地の種類としては、木綿などが使われる。

　基本的に人が幕を持って開閉をおこない、動作としては、下手から上手に開いていく。上手・下手方向に張ったワイヤーロープに鉄製のリングを通し、そのリングに幕を吊る。レールを使用している場合もある。

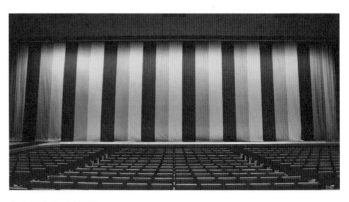

定式幕（提供：国立劇場）

2 黒幕類

黒い色の幕は、見えないように隠す目的や、画角（間口とタッパ）を構成する役割がある。また、観客席からは黒い幕が見えるが、歌舞伎の黒子と同じく、「何もない」という意味合いを持つ。

使用する布地の条件としては、照明器具の明かりが抜けないことが重要であり、ウールサージや別珍などが使われる。原則として、1つの施設においては、袖幕・一文字幕をはじめ、同じ布地を使用する。

◉一文字幕
いちもんじまく

袖幕とともに、「見切れ」を防ぐ。つまり大道具の上部や、吊り込んである照明器具などを観客から見切れないようするために使用する幕である。また、高さを決めることを「タッパを決める」と表現するが、そのタッパを決める役割を担う。

演出意図に合わせて、吊り位置を変更し、通常は、袖幕や引割幕、照明バトンの客席側に吊られる。照明バトンに共吊りできるようにバトン形状が設計されている場合もある。

ヒダのあるタイプとないタイプがあるが、近年はヒダなしのタイプが主流である。この場合、シワなく吊るために、下辺に重りとして細いスチールパイプを入れて使用する。（下端パイプ、あるいはすそパイプと呼ぶ）

サイズとしては、幅が「舞台間口」＋「見切れない分の幅」、高さは施設によるが、3尺程度から15尺以上のものまである。

◉袖幕

袖中や出演者の出入りの、客席からの「見切れ」を防ぐための幕である。また、「間口を決める」役割を担い、演出意図に合わせて、吊り位置や間口を変更して使用する。

直接バトンにチチヒモで結び付ける場合と、間口の変更が容易にいできるように、開閉用のレールに取り付けられている場合がある。

劇場備品としての袖幕は、施設にあった高さに設定する必要がある。その条件の1つに、使用しない時には「飛び切り」にする必要があるため、その時に文字幕の下から見えない高さにすることが挙げられる。また、袖幕を使用した時に、ある程度文字幕の高さを高く設定しても、上部が見切れない高さにすることも必要である。

◉引割幕

レールに吊られており、舞台中央から左右に開閉する機能を持つ幕である。上手側と下手側の2枚の幕から構成され、センターで重なり合う。演出的に開閉し、舞台の奥行きを変えたり、間口を変更する時などに使用し、また袖幕として、あるいは背景として使用する場合もある。また、演出によっては、昇降させて使用することもある。

必要なサイズは、片幅が「舞台間口の半分とセンターでの重なり

開　閉

引割幕

分（約2m程度）」＋「袖側の見切れない幅」で、高さは「舞台開口」＋「見切れない分の高さ」である。

◉暗転幕

緞帳のすぐ奥を基本位置とし、暗転中では舞台転換作業が困難な場合に、降ろして客席は暗いまま舞台内部を明るくして転換作業をおこなう時や、緞帳の代わりに開演・終演時などに使用する。また、とっさのトラブルの時に降ろす場合もあるため、常に降ろせる状態にしておくことが必要である。

演出意図に合わせて、吊り位置を変更して使用することもある。

◉大黒幕

舞台奥の、ホリゾント幕の前が基本の吊り位置である。背景として夜を演出することもあり、「バック幕」と呼ばれることもある。演出意図に合わせて、公演中に昇降させて使用することも多く、また吊り位置を変更して使用することもある。

暗転幕と大黒幕は、吊り位置の違いにより名称が違うだけで、仕様としてはほぼ同じものである。よって、暗転幕を固定設備として持たない場合は、大黒幕を吊り替えて使用する場合もある。必要なサイズは、幅が「舞台間口」＋「見切れない幅」、高さは「舞台開口」＋「見切れない分の高さ」となる。下辺には、下端パイプが入っているため、昇降時には、注意が必要である。

◉東西幕

袖幕を使っても、演出の関係上、袖中の見切れが生じてしまう場合に、袖幕と直交する方向（舞台前から舞台奥の方向）に吊り、袖中が客席から見えないようにするために使用する幕である。見切れが出る舞台前側の部分から舞台奥までを何枚かの幕で構成し、レールを使い開閉可能としている場合が多い。

東西幕を使用した場合、舞台袖と舞台との間を遮断することになり、転換や出演者の登退場の障害になることがあるため、注意を要する。

解説

▶サイトライン

袖幕や一文字幕の役割として「見切れ」を防ぐことと述べたが、その見切れを平面図・断面図において検証するために引く補助線のことをサイトライン（あるいは見切れ線）と呼ぶ。

　両図ともに、観客席のうち最も条件の悪い座席を基準とし、そこと袖幕や一文字幕の先端とを結び、延長する。平面図においては、最前列の最も外側の席であり、断面図においては、最前列を基準とする場合が多い。

サイトラインを引くことで、袖中の見えてはいけないもの（格納物や出演者のスタンバイ位置など）や上空の見えてはいけないもの（「飛びタッパ」＝格納位置）にある吊り物や見せたくない照明器具などが、適切に隠せる計画になっているのかを判断することができる。

　またサイトラインを引くことで、見えていなければいけない演技位置が設置した大道具によって死角になっていないかどうかを、平面図で検証することができる。同様に、舞台奥の高い構造物上の演技が、一文字幕によって、2階席、3階席から死角になっていないのかどうかを、断面図で検証することもできる。

　平面図や断面図による事前の計画においては、これら見切れの問題と同時に、客席の主要なエリアからの見え方を重視する必要もあり、見切れの問題が完全に解決されない場合も多いが、その場合に、どの程度見えてしまうのか（あるいは見えないのか）を確認するためにも、サイトラインの活用は有効である。

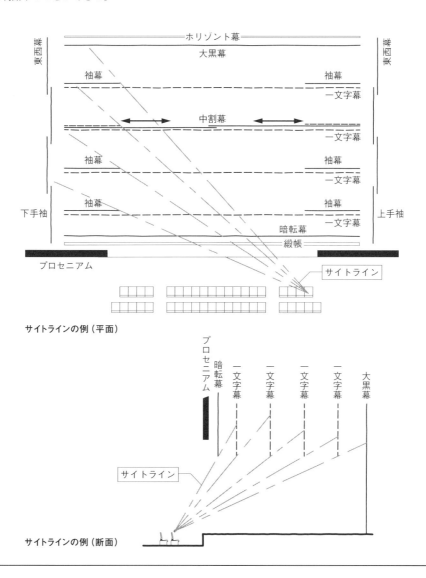

サイトラインの例（平面）

サイトラインの例（断面）

3

3 - 1

機構

3 白幕類

黒い幕は、主に画角（間口とタッパ）を構成する、あるいは見切れを隠す目的で使用されるが、白い幕は演出意図に合わせて照明や映像を投影し、演出効果を高める目的で使用される。

◉ ホリゾント幕

通常、舞台美術の一番奥に吊り、ホリゾントとして照明や映像を投影して演出効果を高める幕地である。また、後述するスクリーンの役割を果たすこともできる。

　従来は帆布などの白い布地でつくるケースが多かったが、近年では照明および映像技術の進歩に伴い、PVC（ポリ塩化ビニル）製のリアスクリーンを活用するケースが増えている。リアスクリーンには、白、黒、グレーなど多様な色がある。大きさは、大黒幕と同じか、やや大きめとなる。

◉ スクリーン

映写機やプロジェクターで映像を写すための幕で、映画などの「上映」を目的とした公演をおこなう時に使用される。映画館のスクリーンと同じ役割を持つ。素材はPVCなどを使用するが、スクリーンの後方にスピーカーを配置することもあるため、布地には音の抜けを良くするための小さな穴が開いているものもある。また、画角を決め、スクリーンの上下左右を黒でマスクすることもある。そのまま昇降させる方式の他に、パイプで直接巻き取る「巻取り方式」もある。

解説

▶ ホリゾント

ホリゾントには、平面のものと湾曲したもの（通常「ルント」と呼ぶ）がある。今日基本的には吊り物だが、舞台奥の壁がホリゾントとして使用できるようになっている劇場もある。また、幕地の場合、昇降させる方式の他に、ドラムなどに巻き取る「巻取り方式」などもある。

　従来の帆布製の幕では舞台前から照明を当てなければ客席から見えないのに対し、近年主流になりつつあるPVCを使用したリアスクリーン（リアプロジェクションスクリーン、あるいはバックプロジェクションスクリーン／BP）を使用する場合、舞台奥から照明や映像を投影しても客席から見えるため、演出の幅が大きく広がる。

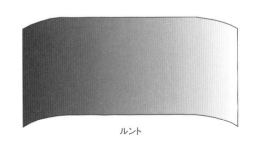

ルント

4 その他の幕類

◉松羽目

大きな松の絵が描いてあるもので、歌舞伎や能、日本舞踊など日本の伝統芸能を上演する時に使用する。「所作台」とともに使用するのが一般的な使い方である。

◉紗幕

網目状の幕で、照明により演出効果を高める幕である。持込大道具として背景を描く場合もあるが、ここでは、常設として施設にあるものとして解説する。

　舞台前面に紗幕を降ろし、照明により紗幕越しに舞台を見せたり、また、紗幕奥で舞台転換をおこなうケース、さらにその紗幕の前で芝居をおこない、舞台転換終了後に紗幕奥の舞台空間に照明を入れて、滑らかなシーンのつながりをつくる、といった使用法もある。

松羽目（提供：国立劇場）

解説

▶様々な紗幕

網目の形状と大きさ（構成する糸の太さと本数で決まる）によって、いくつかの種類があり、菱形の編目であるいわゆる「英国紗」や四角形のタイプ、亀甲形のタイプなどがあるが、メーカーによって名称、形状はまちまちである。色は白、黒、グレー、紺などが代表的な色である。また、12mほどの生地幅で継ぎ目がない大きな紗幕をつくることもできる。

　最上部のひもの間隔が30cm程度の場合が多いので、ひもとひもの間が垂れてしまう場合があり、それがシワの原因になる場合がある。その場合、力幕と称して上部に幕を付け、その下に紗幕を縫製する場合もある。

5 | 操作盤・制御盤

1 操作盤

操作盤は、動力で動作する舞台機構を操作する部分で、装置の起動・停止やメモリ運転の設定などをおこなう。操作に当たっては機構のスペックや動作手順に精通している必要があり、機構を熟知した専門のスタッフが必要となる。また、コンピューターを使用して複雑な運転を可能にする操作盤もある。

壁据付型

床置き型

可搬型

[設置場所]

操作盤の設置場所は舞台袖の下手側が一般的だが、建物の都合で上手にある場合もある。また、舞台袖2階に専用の操作室がある場合や、客席の後部に操作室がある場合もある。設置方法には、以下の種類がある。

◉壁据付型

アンカーボルトなどを使って壁に固定された操作盤。押しボタンで操作するタイプが多い。比較的に機構の数が少ない場合に採用される方式である。

◉床置き型

床に固定されたタイプと、キャスターが付いていて移動できるタイプがある。動力の機構台数が多い場合や、床機構などと一体化された場合など、大型の操作盤を設置する場合に採用される方式である。

◉可搬型

持ち運びを想定した操作盤で、この場合操作卓とも呼ばれる。上記の床置き型の移動タイプだと、移動できる範囲が限られるが、このタイプは舞台上を見やすい位置に移動して使用することができ、据付型や床置き型と比べて視認性が良い環境で作業できるメリットがある。ケーブルを接続する有線タイプと、無線を使用するワイヤレスタイプがある。可搬型は小型化するために操作機能を限定するタイプが一般的である。

[操作の機能]

運転方式は大きく分けて「マニュアル運転方式」と「メモリ運転方式」がある。

◉マニュアル運転方式

1台の機器を1組の操作ボタン等で操作する方式。リハーサルや仕込み時に活用される場合が多い。

❶ 使用上の留意点

操作するためには、運転に必要な知識と技術を持った専門の作業員が必要である。また、機構を動作させる場合は、動作させたい機構の名称や停止位置、運転速度などを舞台側から的確に機構操作員に伝える必要があり、そのための連絡設備も必要となる。一般的な操作盤での操作手順を以下に示す。

- 主幹キースイッチを回してから、電源ボタンを押して操作電源を入れる。

- 機器選択ボタンを押して、機構を動かせる状態にする。

- 運転方向のボタンを押して運転させる。

- 目的位置に来たら停止ボタンで止める。（あるいは、あらかじめ目的位置を入力しておく）

- 機器選択ボタンを解除する。

- 運転が終了したら、電源キーをOFFにしてキーを抜いておく。

◉ メモリ運転方式

あらかじめ速度や停止位置などをインプットしておき、そのデータを利用して運転する方式。代表的なものとして「グループ運転」や「CUE運転」などがある。

・グループ運転

数台のバトンを1つのグループに設定して、同時に起動させることができる運転方式。

・CUE運転

登録した運転データ（CUE）を次々に起動して運転させる方式。「シーン運転」とも呼ばれ、公演中に活用されることが多い。

[ボタン操作と運転にかかわるその他の用語]

◉ 押し切り操作

操作ボタンを押している間だけ作動させる運転。ボタンを離すと停止する。

◉ 自己保持操作

操作ボタンを1回押すと、停止位置まで作動し続ける運転。停止させるには停止ボタンを押す。

◉ 単独運転

単独の装置だけ作動させる運転。

◉ 連動運転

複数の装置を連動させて作動させる運転。

◉ インチング運転

停止位置を微調整するために、わずか数センチ動かす運転。「ワンタッチ動かす」などと表現する。

◉ 距離同期運転

数台の装置を同じ時間で同じ距離移動させる運転。

◉ 時間同期運転

数台の装置が同じ時間で異なる距離移動させる運転。

◉ MDI運転

Manual Data Inputの略で、メモリ運転でCUEにデータを登録しないで実行させる運転。

◉レベル設定運転

ボタンで起動し、設定した目標の停止位置で自動停止させる運転。

◉パターン運転

あらかじめ決められた形になるよう数台の装置を作動させる運転。

◉反復運転

反復動作させる運転。振幅運転とも表現され、雪を降らせる時などに使用する。

◉バックアップ運転

機器の故障に備えるための運転。通常の運転速度は出ないが、故障時の応急運転を目的として使用する。

◉可変速の操作方法

バトンの昇降速度を設定する方式には「ジョイスティックレバー式」「フェーダー式」「ホイール式」「回転式」などがある。

解説

▶操作の安全

押し切り運転は、機構運転中に操作員に異変があった場合（例えば、急な目まいなど）、操作ボタンから手を離してしまうと、自動的に運転停止する機能と考えることができる。

　一方、自己保持操作による運転では、停止ボタンを押すか、または設定位置まで動作しない限りは停止しない。

デッドマンシステムにおいては、スイッチに触れた状態で操作ボタンを押して運転させる必要があるため、ものが倒れたり、落ちたりしてボタンを押してしまい、装置が動いてしまうといった誤動作を防止することもできる。

2 制御盤

操作盤と機構の動力部分の間にあり、電力を電動バトンや迫りなどの各装置に分配し、操作盤からの信号に対応して適切に起動・停止させ、また速度などを制御する。

制御盤は、建築設備から電力を受け取る「受電部」と、必要な機器に電力を分配する「配電部」、操作盤やリミットスイッチなどからの信号を受けて運転指令を出す「制御部」に機能が分けられる。制御盤にはそれぞれの目的に応じた電気部品や電子機器が収められている。

解説

▶制御盤の設置環境
制御盤の設置場所は、スノコ上や奈落など施設によって様々であるが、保守点検の作業スペースなどを考慮した場所に設置される。コンピューター制御された制御盤では、気温や湿度など周囲の環境に敏感な電子部品が使用されているため、制御盤室と呼ばれる適切な環境の別室に設置されることがある。施設の技術スタッフが制御盤に触れるこ

とはほとんどなく、製造メーカーの保守点検などで操作されることがほとんどである。

▶エンコーダ
舞台機構の現在位置（バトンの高さや、回り舞台の角度など）を検知し制御盤に知らせる信号を出す部品。

おわりに

舞台機構設備は、コンサートホール、演劇専用の劇場、オペラ・バレエなどに特化した劇場など、その用途や規模によって様々です。その様々な設備を安全に運用していくには、各施設に精通した専門のスタッフが必要です。また、常に新しい技術と向かい合い、新しい演出効果を

実現していかなければなりません。新しい演出効果の実現と安全な運用とは、相反する場面もあるかもしれませんが、施設は良い上演をつくり出す演出空間として、それらを両立する道を常に探っていく必要があります。

3 - 2

照明

舞台照明設備のイメージと概念

古代、野外での祭式の際には演劇、舞踊、音楽などがおこなわれ、照明の役割を果たしていたのは太陽でした。夜間には焚火が使われたでしょう。その後、鑑賞する芸術としての演ずる場が屋内に移ることに伴い、ろうそくと石油ランプの光が舞台照明器具として使用されます。19世紀に入りガス灯が現れ、すぐその後に電気照明がこれに取って変わりました。ここからが、これから述べる舞台照明設備という概念のはじまりといっていいでしょう。

今日、テクノロジーの進歩に伴って、舞台照明は単に舞台を明るくするということ以上の役目を担っています。舞台照明設備は、舞台芸術における様々な演出の要求に応える情景を照明によってつくり出すためのものです。

電源から照明器具へ

舞台照明設備は光を出すための設備です。そのため末端にスポットライトをはじめとする照明器具を設置しますが、照明器具を点灯させるためには電気が必要です。では電源から照明器具までの電気経路はどうなっているのでしょう。

経路は4つに分けられます。4つの経路はそれぞれが十分な性能と量を持っている必要があるとともに、相互にバランスが取れた状態を保たなければなりません。

どれか1つの経路が他の経路より劣っていると、舞台照明設備全体の水準が下がってしまうからです。

電源

1つ目は経路のおおもととなる電源です。一般住宅でも必ず各住戸の玄関に、家庭で使用する部屋の照明や電化製品のための、分電盤（ブレーカー盤）があり、使用できる最大容量は住宅の広さ、想定される電気器具の使用容量に合わせて30A、40A、50Aなどに設定されていますが、それと同じように舞台照明設備における舞台照明用電源変圧器および舞台照明用主幹盤の電気容量は、舞台面積の広さ、舞台照明設備、器具の充実度に応じて適切に設定されなければなりません。

つまり、舞台が広く、照明設備、器具が充実していれば、変圧器の電気容量も大きくなる必要が生じるのです。

今日の劇場・ホールでは、舞台と客席の大きさの関係を自由に変化させることが可能な施設も見受けられますが、これらの場合、舞台の最大面積、使用が想定される照明器具の数量を考慮して容量が考えられています。

調光装置（調光器・調光操作卓）

2つ目の経路は調光装置といい、調光器と調光操作卓で構成されています。調光器とは接続されている照明器具の明るさを0～100％の間で自由に設定できる装置で、調光操作卓によってその調光器を制御、操作します。調光装置は上演する演目による多種多様な舞台照明デザインの実現を可能にする、いわば舞台照明の根幹をなすものなのです。

調光器の数量によって個別に使用可能な照明器具の数量が限定されることになるので、その数量は照明デザインの実現に欠かせない要素ですが、同時に調光操作卓による制御可能なチャンネル数や、メモリーシステムの容量など、調光操作の能力に関わる点、調光器の調光カーブや特性のバラツキなど、その性能に関する点も重要です。

使用できる調光器の数量は、次に述べる負荷回路数に比例します。

負荷回路（コンセント）

3つ目の経路は負荷回路です。劇場内の様々な場所、照明器具の設置が想定される場所にコンセントとして設置されています。負荷回路数に応じて個別に制御できる照明器具を増やすことが可能になるので、その数が多ければ多いほど多様な照明デザインが計画できるといえるでしょう。

通常、劇場・ホールにおいて必要な負荷回路数は、舞台面積の大きさに比例します。あるいは、立体的な光の効果という点からみると、舞台容積の大きさに比例するともいえるでしょう。

照明器具（光源）

4つ目の経路が照明器具です。照明器具に取り付けられた電球から光が発せられることになるので、光源ということもできる一方で、照明器具は電気的には負荷にすぎないので、負荷回路の範囲に含めるという考え方もあります。

しかし舞台照明を語る上でその存在が観客の目に触れるのは、照明器具から出る光であるということ、照

明デザインを計画する上で、用途や目的、上演演目、演出方針の違いによる、照明器具や光源の特性、性能、数量などの選択が重要であることは明らかであるということから、ここでは負荷回路の範囲から独立させ、4つ目の経路とします。

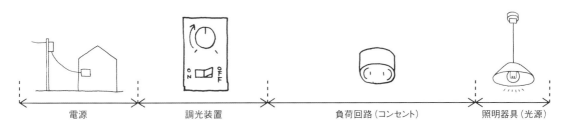

| 電源 | 調光装置 | 負荷回路（コンセント） | 照明器具（光源） |

住宅の照明設備の電気経路

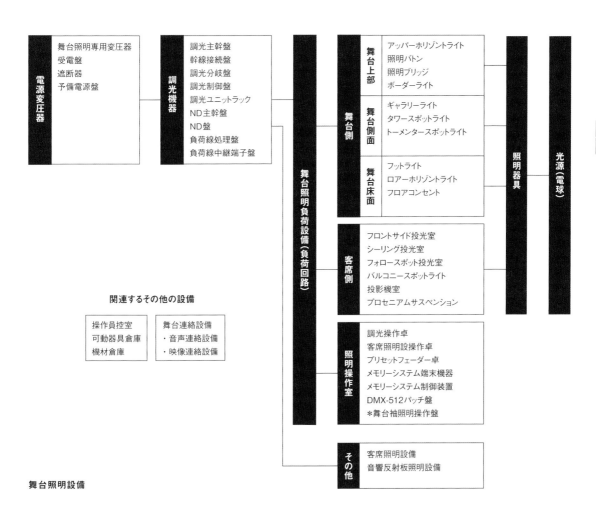

電源変圧器	舞台照明専用変圧器 受電盤 遮断器 予備電源盤

| 調光機器 | 調光主幹盤
幹線接続盤
調光分岐盤
調光制御盤
調光ユニットラック
ND主幹盤
ND盤
負荷線処理盤
負荷線中継端子盤 |

関連するその他の設備

| 操作員控室
可動器具倉庫
機材倉庫 | 舞台連絡設備
・音声連絡設備
・映像連絡設備 |

舞台照明負荷設備（負荷回路）

舞台側	舞台上部	アッパーホリゾントライト 照明バトン 照明ブリッジ ボーダーライト
	舞台側面	ギャラリーライト タワースポットライト トーメンタースポットライト
	舞台床面	フットライト ロアーホリゾントライト フロアコンセント

| 客席側 | フロントサイド投光室
シーリング投光室
フォロースポット投光室
バルコニースポットライト
投影機室
プロセニアムサスペンション |

| 照明操作室 | 調光操作卓
客席照明設操作卓
プリセットフェーダー卓
メモリーシステム端末機器
メモリーシステム制御装置
DMX-512パッチ盤
＊舞台袖照明操作盤 |

| その他 | 客席照明設備
音響反射板照明設備 |

照明器具

光源（電球）

舞台照明設備

1 ｜ 舞台照明負荷設備

舞台照明負荷設備とは、照明器具を接続して使用するためのコンセントのことをいう。

施設・劇場において上演される作品の照明デザインを容易に実現するため、あらかじめコンセントを配置している場所を、照明器具を設置するための場所として照明基地と呼ぶ。

負荷設備（照明基地）は照明器具の設置が必要とされるであろう場所を想定して決められているが、舞台芸術は本来自由な表現が求められ、このことは舞台照明においても照明器具の設置場所にあらゆる可能性を求めるので、負荷設備（コンセント）は施設のあらゆる場所に設置されることが理想である。

ここでは劇場・ホールにおける一般的な負荷設備（照明基地）の場所、名称、目的などについて解説する。

1 舞台上部

舞台上部からの照射を可能にする照明器具を設置するための設備について。舞台上部には最も充実した負荷設備が設置されている。

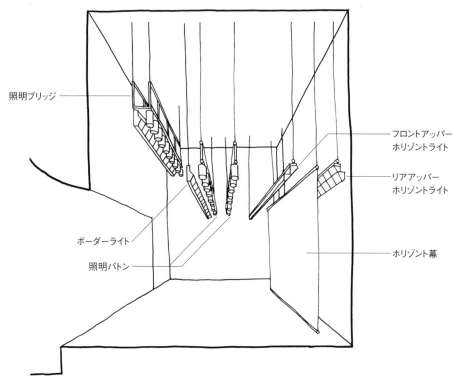

照明ブリッジ

フロントアッパー
ホリゾントライト

リアアッパー
ホリゾントライト

ボーダーライト

照明バトン

ホリゾント幕

舞台上手から見た舞台上部照明の例

ボーダーライトと一文字幕との関係の例

❶ 使用上の留意点

- 舞台上部での吊り込み、フォーカス作業は必然的に高所作業となる。

- 作業員や器具の落下防止には安全器具の装着、適切な仕込み時間の設定など十分な配慮が必要である。

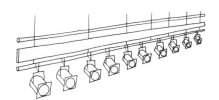

一列に吊られている照明バトン

照明ブリッジの全体の例

❶ 使用上の留意点

照明ブリッジはその構造上、吊物バトン2～3本分の奥行きがあるので、ブリッジにも2～3本のバトンが付いているが、構造物として一体

◉ ボーダーライト

ボーダーライトの「ボーダー」は、舞台上部を観客の視線から隠す文字幕のことを意味する。

　我が国の古典芸能では、舞台全体を均一に照らす照明効果が必要とされたため、文字幕とペアになった（共吊り）照明器具が固定照明設備として普及し、ボーダーライトあるいは単にボーダーと呼ばれるようになった。これは日本の舞台独特の照明設備・器具であり、呼び名である。

　舞台間口と同じ長さで、舞台奥行に準じて、舞台前面から奥まで、ほぼ均等な間隔で数本設置され、舞台前から第1ボーダー、第2ボーダー、第3ボーダー……と呼ばれている。また照明ブリッジのある施設では、照明ブリッジの下部に併設してある場合もある。

　これまで、ボーダーライトは固定設備として器具と負荷回路が直結されていたが、最近はコンセントを設置し、器具の取り外しを可能にすることで、通常の照明バトンとして使用できる施設もある。

◉ 照明バトン（サスペンションライトバトン）

舞台上部から舞台上を照射するために照明器具が設置されるバトンを照明バトンと呼ぶが、特に照明器具の設置を容易にするために照明用の負荷回路が併設されているバトンをサスペンションライトバトンという。

　サスペンションライトバトンは舞台間口の長さに合わせて、舞台前面から奥まで、ほぼ均等な間隔で配置され、舞台前から第1サスペンションライト（1サス）、第2サスペンションライト（2サス）、第3サスペンションライト（3サス）……と呼ばれている。

　施設によって固定されているもの、手動、電動で昇降させるものがある。

◉ 照明ブリッジ（フライブリッジ）

照明ブリッジは照明バトンの機能を進化させ、人が通れる橋（ブリッジ）をバトンの上に設置したものである。作業員が乗り込むことによって公演の本番時と同じ位置から直接照明器具を操作して、光の照射面積や角度、形や色を調整することができる。

　舞台最前部（緞帳や暗転幕のすぐ後ろ）にある照明ブリッジをポータルブリッジまたは第1ブリッジ（1ブリ）、舞台奥へ行くにつれて、第2ブリッジ（2ブリ）、第3ブリッジ（3ブリ）……と呼ばれている。

　照明バトン以上に自重があるため電動で昇降させるが、舞台上部に固定ブリッジとして設置されている施設もある。

◉ アッパーホリゾントライト

舞台後部のホリゾント幕や背景幕に上部から均一に照射して、明るさや色を与える照明設備・器具。

　そのためホリゾント幕に準じて固定された吊物機構で、器具と負

化しているので各々のバトンの高さを任意に変えることはできない。各々のバトンに設置する照明器具の種類によっては吊り込み、フォーカス作業時に干渉する可能性がある。

荷回路が直結してあるが、必要に応じて回路をコンセントに切り替え、アッパーホリゾントライトの器具を取り外し、照明バトンとして使用できる工夫がされている施設場もある。

照明ブリッジ上での安全ベルトを付けた作業の例

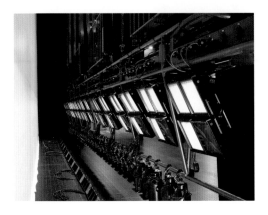

1列に吊られているアッパーホリゾントライトの灯体の例

② 舞台側面

舞台側面からの照射を可能にする照明器具を設置するため、舞台の上手・下手の袖部分（ふところ）にある設備について。

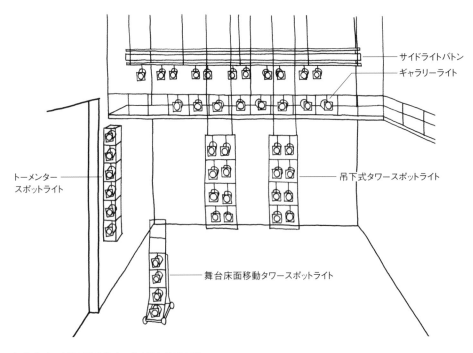

サイドライトバトン
ギャラリーライト
トーメンタースポットライト
吊下式タワースポットライト
舞台床面移動タワースポットライト

舞台上手から見た下手部分にある舞台照明の例

❗ 使用上の留意点

舞台側面における照明器具の設置場所の選定は、舞台装置の転換、緞帳・暗転幕・東西幕・袖幕との干渉を考慮する必要がある。

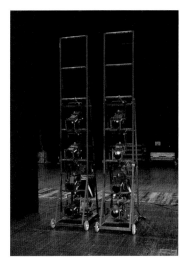

舞台床面移動タワースポットライト

◉ ギャラリーライト

照明バトンや照明ブリッジとは異なる高さで、袖中の深い位置にあるギャラリーやサイドバトン（東西バトン）を使用するための設備。

　上手・下手の壁側の各階層（施設の舞台面からスノコの高さによって違う）の舞台前面から奥に渡ってバトンと負荷回路を設けたものと、昇降可能でコンセントダクトが付いたサイドライトバトンがある。

◉ タワースポットライト

ギャラリーライトよりも低い位置から照射するための設備。

　吊下式と移動式があり、吊下式の場合、照明ブリッジの位置に準じて上手・下手の袖中に舞台前面から奥に均等に設置され、舞台前から第1タワー、第2タワー、第3タワー……と呼ばれている。

　舞台床面移動タワーは、必要な使用場所に人力で移動させて設置し、負荷回路は主にフロアコンセントを使用する。

◉ トーメンタースポットライト

ギャラリーライトやタワースポットライトでは補えない部分、プロセニアムアーチのすぐ裏、すなわち、ほぼ緞帳ラインのすぐ横の高い位置に設置されている。

　施設によって、プロセニアムアーチのすぐ裏側に鉄枠が固定されているか、折りたたみ式になっているものがあり、それぞれ負荷回路としてコンセントダクトが設置されているものと、フロアコンセントを使用するものがある。

❸ 舞台床面

| 舞台床面からの照射を可能にする照明器具を設置するための設備について。

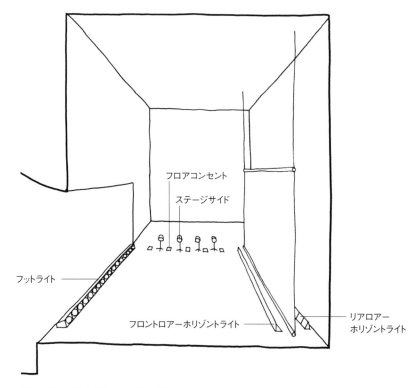

フロアコンセント

ステージサイド

フットライト

フロントロアーホリゾントライト

リアロアー
ホリゾントライト

舞台上手から見た舞台床面照明の例

❶ 使用上の留意点

舞台床面における照明器具の設置場所の選定、ケーブルの引き回し経路には、舞台装置の転換、出演者の動線を十分に考慮する必要がある。

◉ フットライト［器具の説明はp.132］

舞台最前部の下部から舞台全体を照射する照明設備・器具。

　床下に収納できるように、電動または手動の格納式が多く、照明器具が舞台間口と同じ長さで、舞台最前部に負荷回路とともに設置されている。

　施設の照明設備としてのフットライトは舞台全体を均一に照射することを目的とするが、明確な意図を持って特定のエリアを照射するための照明器具が設置される場合もあり、この場合、総じて舞台の床面に設置される照明器具をフットライトと呼ぶ。

◉ ロアーホリゾントライト［器具の説明はp.132］

ホリゾント幕や背景幕に舞台床面から照射する照明設備・器具。

　施設によって、アッパーホリゾントライトと同様に固定されている場合と、照明器具を仮設する場合がある。

集中コンセント盤の例

◉フロアコンセント

照明基地として舞台床面に置く照明器具のための負荷回路をフロアコンセントと呼ぶ。

　施設によって、舞台袖の上手・下手、舞台前面、舞台奥などの床面に均等に配置している場合と、集中コンセント盤として数カ所にまとめて設置している場合とがある。

フロアコンセント

解説

▶ホリゾント幕を使用した照明演出

従来、ホリゾント幕や背景幕は舞台の最後部に設置されていたので、ホリゾントライトもそれに準じた位置に固定設備として設置されているが、近年、ビジュアル演出の多様化に伴ってホリゾント幕、背景幕の素材が進化し、前面からの照射（フロント）だけでなく、背面からの照射（リア）も可能になり、固定設備では対応できない場合がある。

ホリゾントライトは設備としての照明基地というより、自由に設置位置を設定できる照明器具ということになるであろう。

　前面・背面の両面から照射できるホリゾント幕（リアスクリーン）を用いて、フロントからとリアからの一例を表したのが下の写真である。

リアから

フロントから

ホリゾント幕（リアスクリーン）をリアからとフロントから照らした場合の比較の例

4 客席側

客席側から舞台を照射するための照明基地として設置されている設備について。ほとんどの劇場・ホールにおいて、作業員が直接照明器具を操作できる。

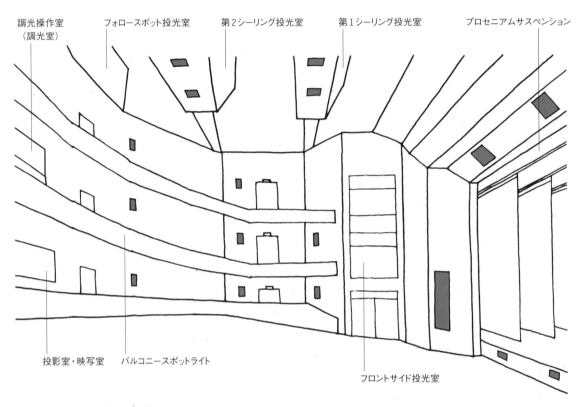

調光操作室（調光室）　　フォロースポット投光室　　第2シーリング投光室　　第1シーリング投光室　　プロセニアムサスペンション

投影室・映写室　　バルコニースポットライト

フロントサイド投光室

上手客席から見た客席側照明の例

プロセニアムサスペンションの例

◉プロセニアムサスペンション（トップシーリング）

客席と舞台のちょうど境目にあり、機能は照明バトン（サスペンションライトバトン）とほぼ同じと考えてよいであろう。

◉フロントサイド投光室

客席の左右両側から舞台へ投射するための設備。客席の左右（上手・下手）対称に、施設の各階層に渡って縦に設備され、客席の床から天井に向かって、あるいは舞台に近い方から遠い方に向かって、第1フロント（1フロ）、第2フロント（2フロ）、第3フロント（3フロ）……と呼ばれている。

　仕込み作業の効率を考慮して、負荷回路と照明器具が接続されており、照明器具も固定設備として運用する施設が多い。

◉シーリング投光室

客席正面の上部から舞台を照射するための設備。天井部にあり、舞

フロントサイド投光室の例

シーリング投光室の例

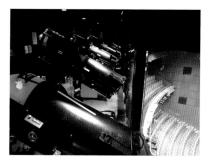

フォロースポット投光室の例

バルコニースポットライトの例

台に近い方から遠い方に向かって、第1シーリング（1シリ）、第2シーリング（2シリ）……と呼ばれている。

施設によって、天井部屋になっている場合とキャットウォーク型になっている場合があるが、フロントサイド投光室と同様、負荷回路と照明器具が接続されており、固定設備として運用されている。

フロントサイド、シーリング投光室はともに、舞台上の出演者、舞台装置などが客席から自然に見えるように、照明器具からの照射角度を考慮した設備であり、通常は照明器具の選定、設置位置と負荷回路の接続が固定されている場合が多く、これは仕込み作業の効率化をもたらしているが、本来、照明デザインに定型がないことを考えると、照明器具の増設、機種や設置位置の変更などに施設／劇場側の柔軟な対応が求められる。

◉ フォロースポット投光室 [器具の説明はp.134]

客席側から舞台上の出演者の動きに合わせて動かす照明器具（フォロースポットライト）を設置するための部屋。施設の天井高や客席のレイアウトにより、客席最後部の上方に設置される場合と、客席天井のシーリング投光室に併設される場合とがある。

上演中にオペレーターが照明器具の操作をするためのモニタースピーカー、舞台監督や調光オペレーターとの連絡設備が設置されている。

◉ バルコニースポットライト

客席側から舞台へ向けて浅い角度で投射するための設備。施設によって、客席の2階または3階の最前部の手すりのまわりにむき出しで設置される場合と、器具を収納できるほどのスペースを設ける場合とがあり、照明器具が固定され、負荷回路と接続されている場合と、負荷回路だけが設置されている場合がある。

◉ 投影室・映写室

舞台作品の特殊効果や映画の上映のための映像プロジェクターや映写機などを設置するための部屋。通常、1階客席後方の中央にあり、負荷回路が回路制御信号回線とともに設置されており、高照度の光源を空冷するファンの音が客席に漏れることを防ぐため、客席側はガラスで遮音されている。

▶映像プロジェクターの運用

ビデオプロジェクターの小型化、高照度化、低価格化、映像ソフトウェアの簡素化などにより、あらゆるジャンルの公演で映像による演出が多様化している現在、プロジェクターの設置位置もあらゆる場所が想定される。

同じく作品における視覚的な演出を司る舞台照明設備を考える上でも、映像設備やシステムを無視することはできないであろう。

5 その他

◉客席照明設備

上演の前後に客席の明るさを保つ客席照明設備は、施設の客席の規模に応じて、明るさ、負荷回路数の振り分け、灯体や電球の種類などに配慮して設置されている。

◉音響反射板照明設備

音響反射板には、コンサート専用のホールでの固定設備と、多目的ホールでの可動式音響反射板があり、それぞれに電球や器具そのものから点灯時、消灯時などに出るノイズに配慮した照明器具が設置されている。

客席照明設備の例

2 | 調光操作室（調光室）

調光操作室は、通常舞台が正面から見渡せる場所にあり、負荷回路に接続された調光器を制御するための調光操作卓、舞台監督やフォロースポットオペレーターなど各セクションとの連絡設備、ＩＴＶモニター、エアモニターなどが設備されている。

調光操作室の内部の例

舞台袖照明操作盤の例

◉調光操作卓（照明操作卓）

オペレーターが操作することによって、作品における照明シーンを再生するための装置。照明による各シーンは様々な場所に配置され負荷回路に接続された多様な照明器具をパッチ作業によって調光操作卓の各チャンネル（CH）に割り付け、各々の照度を調整することによって構成される。

　調光操作卓には、プリセットフェーダーを使用してシーンを再生するプリセット操作卓と、操作卓に記憶させたシーンを再生するメモリー操作卓がある。

◉舞台袖照明操作盤

主に調光操作室以外の場所から舞台・客席の作業灯を点灯する目的で設置される。施設の照明設備の規模や、施設の管理運営の仕方によって色々な種類があり、単に作業灯を点灯・消灯するためのスイッチのみのものや、フェーダー付で作業灯の明るさを調整できるもの、割り付けた照明シーンを再生できるフェーダー付のものがある。

解説

▶パッチ作業

照明プランに応じて各シーンを効率的に作成するため、操作卓と各負荷回路を任意に接続する作業をいう。接続された負荷回路の照度調整は操作卓の各チャンネル（CH）によっておこなわれる。

▶プリセット調光卓

フェーダーの上げ下げによって各チャンネルを制御する操作卓。

　各チャンネルに対応したフェーダーが必要なので、操作卓によって制御できるチャンネル数には制限がある。制御可能なチャンネル分のフェーダーを並列に配置したものをプリセットフェーダーの面（段）と呼ぶ。操作卓にはこの面（段）が複数あり、各面（段）のフェーダー

で作成したシーンを選択し、クロスフェーダーを使って再生する。

　クロスフェーダーは2本のフェーダーで構成され、各々のフェーダーに選択したプリセットフェーダーの面（段）を割り付けて再生することができる。

　これらの作業は調光オペレーターが手動でおこなうため、上演のための調光作業を効率的におこなうには、なるべく多くの面（段）数が必要になる。

▶メモリー調光卓

作成したシーンを記憶させることのできる操作卓。これによって多数のプリセットフェーダーの面（段）は必要なくなり、操作卓は小型化し、より正確なシーン再生が可能になった。

プリセットフェーダーで作成したシーンを記憶させるものと、各チャンネルをテンキーで制御することによって記憶させるもの、また、どちらの方法も取ることのできるものがあり、シーンの再生はクロスフェーダーによってシーンNo.の若番から順に再生する方法、シーンを割り付けたサブマスターフェーダーによる方法、ボタンスイッチの操作による方法がある。

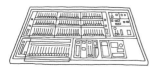

プリセットフェーダー付
メモリー卓

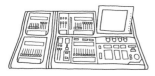

ノンフェーダーメモリー卓

照明デザインの構成要素としてのシーンは、上演中に1つのシーンから別のシーンに変化させるタイミング（CUE／キュー）と変化に要する時間が非常に重要である。

プリセット調光卓では、上演中のCUEにおいてシーン変化のスピードはオペレーターが手動でクロスフェーダーを調整しなければならないが、メモリー操作卓にはシーンにおける各チャンネルのレベルだけでなく、シーンからシーンへの移行時間も記憶可能なものもある。

この場合、設置されているGo・Stop・Back等のボタンスイッチを操作することによって、あらかじめ設定したシーンの移行時間に基づいた再生が可能である。これによって個々のオペレーターによるシーン変化の差異がなくなり、より再現性の高い照明演出が実現する。

このようなメモリー操作卓における機能の進化により、その機能を十分に活用するためには複雑な各種設定（プログラミング）が必要とされるようになった。

また、ムービングライトのプログラミングにおいては舞台に正対する位置からの視認性が特に重要であるため、オペレーターが習熟している操作卓を施設に持ち込み、客席等に仮設して使用する場合がある。

調光卓の客席内での使用例

3 ｜ 舞台照明器具

多様化する照明演出の要求に伴い、多種多様な舞台照明器具が開発されている現在、これらを系統的に分類することは困難になっているが、大まかには使用されているレンズの種類、光源の種類で分類することができる。

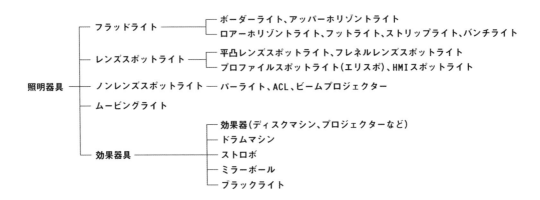

照明器具
- フラッドライト
  - ボーダーライト、アッパーホリゾントライト
  - ロアーホリゾントライト、フットライト、ストリップライト、バンチライト
- レンズスポットライト
  - 平凸レンズスポットライト、フレネルレンズスポットライト
  - プロファイルスポットライト(エリスポ)、HMIスポットライト
- ノンレンズスポットライト — パーライト、ACL、ビームプロジェクター
- ムービングライト
- 効果器具
  - 効果器(ディスクマシン、プロジェクターなど)
  - ドラムマシン
  - ストロボ
  - ミラーボール
  - ブラックライト

■1 フラッドライト（レンズなし）

対象に対してムラなく均一に照射することができるが、レンズを使用していないため、照射角度は調節できない。

　光源（電球）はハロゲンランプを使用したものが一般的だが、白熱ランプや、最近ではLEDも使用されている。LEDはその特性上、光に直進性があるので、フラッドライトとして使用する器具には拡散フィルターが装着されている。

ロアーホリゾントライトとバンチライトに照らされた
ホリゾント幕の例

欄間に吊られたストリップライトの例
（提供：市来邦比古）

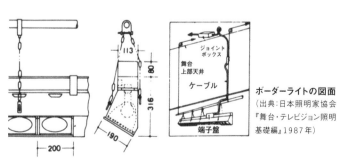

ホール内に吊られた数列のボーダーライトの例

◉バンチライト

背景やホリゾント幕や舞台装置を部分的に照射する器具。フラッドライト、ボックスライトなどと呼ばれ、用途によって様々な電気容量、置き型・吊り型・吊置き兼用型がある。

◉ストリップライト

小型のバンチライトが複数連結された形の照明器具。舞台装置に仮設する場合を想定して、3尺（約0.9m）・6尺（約1.8m）・9尺（約2.7m）などの長さがあり、舞台や幕の間口、舞台装置に合わせるために数台を連結して組み合わせる。

　バンチライトよりも広範囲の照射が可能で、主に60W～200wのハロゲンランプが使用され、一般的に2～4色を使用できるように回路が分けられている。

　ボーダーライト、フットライト、ホリゾントライトはその形状と、より広範囲の照射を可能にするという意味ではストリップライトの一種ということができる。

バンチライトの灯体

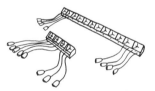
ストリップライトの灯体

◉ボーダーライト（略記号：Bor）

舞台上部の照明設備としての名称だが、照明器具としても同じ名称が使われ、主に100W～200Wのハロゲンランプが使用されている。

113

80

316

190

200

ジョイント
ボックス

舞台
上部天井

ケーブル

端子盤

ボーダーライトの図面
（出典：日本照明家協会
『舞台・テレビジョン照明
基礎編』1987年）

131

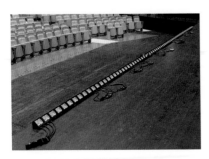

一列に並べられたフットライトの灯体の例

花道フットライトの例（©松竹）

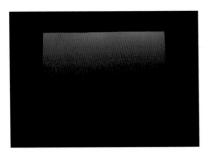

アッパーホリゾントライトに照らされたホリゾント幕
の例

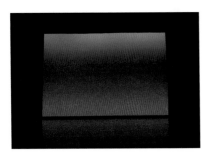

アッパーホリゾントライトとロアーホリゾントライトに
照らされたホリゾント幕の例

◉フットライト

舞台床面の照明設備としての名称だが、照明器具としても同じ名称が使われ、主に60W～100Wのハロゲンランプが使用されている。

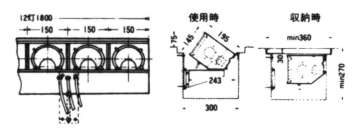

フットライトの図面
（出典：日本照明家協会『舞台・テレビジョン照明 基礎編』1987年）

◉アッパーホリゾントライト（略記号：UH）

ホリゾント幕を舞台上部から照射するための照明設備としての名称だが、照明器具としても同じ名称が使われ、主に200W～1kWのハロゲンランプが使用されている。

◉ロアーホリゾントライト（略記号：LH）

ホリゾント幕を舞台床面から照射するための照明設備としての名称だが、照明器具としても同じ名称が使われ、主に100W～500Wハロゲンランプが使用されている。

ロアーホリゾントライト

2 レンズスポットライト

レンズスポットライトは、球面反射鏡とレンズによって光源（電球）の光を集光（スポット）させ、レンズとの距離を変えることによって集光させた光の照射角度を調節することを可能にした照明器具である。

光源には白熱ランプ、ハロゲンランプの他、キセノンランプやHMIランプ、LEDなどがある。

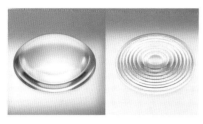

平凸レンズ（左）とフレネルレンズ（右）

レンズによる投影光の違い
平凸レンズスポットライト（左）
フレネルレンズスポットライト（中）
プロファイルスポットライト（右）

Goboを入れたプロファイルスポットライトを
舞台床に照射した例

◉**平凸レンズスポットライト**

平凸レンズを使用したスポットライト。レンズの特性として、集光する効果が高く照射面の輪郭（エッジ）が比較的はっきりしているので、限定されたエリアへの照射、フロントサイド、シーリングなど舞台面から離れた照明基地からの照射に適している。

光源にはハロゲンランプ、白熱ランプまたはLEDが使用され、電気容量の違いによってレンズ径には4.5インチ、6インチ、8インチ、10インチなどの種類がある。

◉**フレネルレンズスポットライト**

フレネルレンズを使用したスポットライト。平凸レンズよりも集光する効果が低く、照射面の輪郭（エッジ）がぼやけるので、複数台を用いて広い面積を照射するベースライトに適している。

光源にはハロゲンランプまたは白熱ランプ、高圧放電管やLEDなどが使用され、電気容量の違いによってレンズ径には3インチ、4.5インチ、6インチ、8インチ、10インチ、12インチなどがある。

◉**プロファイルスポットライト**
　（エリプソイダルリフレクタースポットライト）

プロファイルスポットライトは、楕円形の反射鏡と平凸レンズを2枚使用することで、照射面の輪郭（エッジ）をシャープに合わせることができるスポットライトである。エリプソイダルリフレクタースポットライト（エリスポ）とも呼ばれる。

4枚のフレーミングカッターとGobo（種板）を挿入できるゲートが装備され、それらを使ってシャープな輪郭で光の像（三角形・四角形のエリアや文字・模様）をつくり出すことが可能である。

光源にはハロゲンランプ、高圧放電管、LED が使用され、電気容量にも様々なものがある。

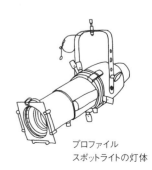

平凸レンズ
スポットライトの灯体

フレネルレンズ
スポットライトの灯体

プロファイル
スポットライトの灯体

フォロースポット室から舞台上を照射する例

◉ フォロースポットライト（ピンスポットライト）

フォロースポットライトはその使用目的に基づいた名称で、基本的な構造はプロファイルスポットライトと同じである。

　客席最後部のフォロースポット室（ブース）からオペレーターが操作し、舞台上の出演者を照らして際立たせる器具で、良好な操作性と高照度が求められる。

　照射面をフレーミングするためのアイリスシャッターやカッターが装備され、光源はキセノンランプを主にハロゲンランプ、LEDなどがあり、舞台から設置場所までの距離によって、電気容量にも様々な種類がある。

フォロースポットライト
の灯体

解説

▶ HMIスポットライト

ハロゲンランプの約5倍の発光効率と異なる色温度（光の色）を持つメタルハライドランプを光源とするスポットライトの一般的な呼称。電気容量には様々な種類があり、主にフレネルレンズを使用しているが、プロファイルスポットライトタイプもある。

　放電管を光源とする機器のすべてにいえることだが、調光器による調光ができないので、灯体の前面にブラインドシャッターやディミングシャッターを取り付け、機械的に調光操作する。

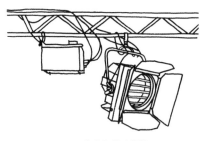

HMIスポットライトの灯体

ディミングシャッターの動作の例

❸ ノンレンズスポットライト

レンズはないが、フラッドライトとは違い、スポット・ライトとして反射鏡と光源（電球）で構成されるものと、レンズと反射鏡、ハロゲンランプが一体化した電球を使用するものがある。

　器具本体にレンズがないことで軽量であり、レンズによる光の吸収がないことで効率の良い照度が得られるスポットライトである。

スモークの中のPARライトの効果の例

ACLスモークの中のライトカーテン効果の例

◉PARライト（Parabolic Aluminized Reflector）

レンズと反射鏡、ハロゲンランプが一体化した電球を使用するスポットライトライト。電球を交換することによって照射角度を変えて使用する。

　電気容量500W、1kWの電球があり、照射角度にはワイド（W）、ミディアム（M）、ナロー（N）、ベリーナロー（VN）の4種類がある。

◉ACL（Aircraft Landing Light）

主に電圧28V250Wのシールドビームランプを使用するスポットライト。照射角度はPARライトよりもさらに狭角である。

　使用する電球の電気容量が28V250Wなので直列接続することによって100V1kW（PARライト1台分）の電気容量で4台が使用可能だが、1灯だけを点灯するには降圧トランスが必要になる。

◉ビームプロジェクター

放物面反射鏡と主に24V250Wの低電圧ランプで構成されるスポットライト。レンズは装着されていないが、照射角度はACLと同じく、PARライトよりさらに狭角である。

　通常4灯直列接続で使用されるが、降圧トランス内蔵の器具もあり、1灯で使用可能な器具もある。また24V電球と同形状、同サイズの100V250W～500Wのランプを使用して1灯ずつ使用する場合もある。

　4灯直列で使用する場合、総電圧は96Vになり、100V電源においてはACLより高い照度が得られるが、若干の過電圧が掛かることにより電球の寿命に影響がある。

PARライトの灯体

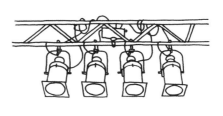

直列につないだACL4灯

ビームプロジェクターの灯体

◢ デジタル制御機器

照明器具の主な機能は光源からの光を照射することである。照明器具（スポットライト）を照明デザインに基づいて使用するには、定められた場所への設置、照射すべきエリアへの方向、角度、面積（照射角度）の調整（フォーカス／あたり合わせ）、カラーフィルターの装着などの作業が必要となる。この作業は仕込み時におこなわれ、上演中に変更することはできないので、上演される作品の中で照明器具1台あたりの用途・使用目的は非常に限定的となる。

これに対してデジタル制御機器は、操作卓からのデジタル信号で制御することによって多くの機能を可能とした照明器具、あるいは従来の照明器具に機能を付加するために装着する機器である。

カラーチェンジャー（提供：丸茂電機）

カラーチェンジャーを取り付けた灯体の例

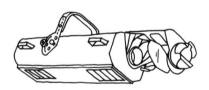

ミラースキャンの灯体

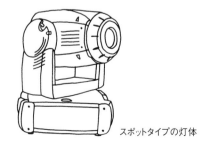

スポットタイプの灯体

◉ カラーチェンジャー

照明器具に装着し、1台の灯体で複数の色光の照射を可能にした器具。カラーフィルターを8～16色つないで巻き取り、スクローラーの回転によって任意のカラーフィルターを選択するスクローラータイプと、シアン・マゼンタ・イエローのフィルターの組み合わせを制御して色をつくるCMYカラーミックスタイプがある。

◉ ムービングライト

操作卓からのデジタル制御信号によって調光やフォーカスを動かすことできるスポットライト。カラーチェンジャーやフレーミングカッター、Gobo（種板）が装着されており、上演中、操作によって複数のシーンにおける異なったエリアへの照射やフォーカス・色光の変更が可能となり、これらの機能によって通常の照明器具の数台分を賄うことができる。

光源にはハロゲン、LED、メタルハライドランプ（高圧放電管）など様々であり、電圧によって調光制御できない放電管の場合は機械的なシャッターが装着されている。

コンサート、ミュージカルなどの演目においては、その動きを見せることそのものが照明演出の重要な要素になっている。

ムービングライトは、その形状の違いによって、ミラースキャンタイプとスポットタイプの2つに分けられる。

◉ ミラースキャン

先端部分の鏡を動かすことにより、反射された光を動かすタイプのムービングライト。小型の鏡を使用しているので素早く動かすことが可能だが、光の反射角度には限界があるため、照射範囲の可動域は限定される。光源として主に放電管ランプが使われている。

◉ スポットタイプ

灯具そのもの（ムービングヘッド）を動かすタイプのムービングライト。鏡のみを動かすミラースキャンに比べ、重い灯具を動かすので素早い動きには負担があるが、照射範囲の可動域は広い。放電管ランプやLED、ハロゲンランプなど、様々な光源が使われている。

デジタルコンソール

◉デジタルコンソール

デジタル制御機器に特化した操作卓。急速に普及してきているデジタル制御機器は、多様な機能（パラメーター）を持っているため、1台あたりの制御チャンネル数は数chから20chを超えるものがあり、調光の制御のみを目的とした従来の操作卓では、その複雑なプログラミングに対応できない。

そこで、一般の照明器具用の操作卓とデジタル制御機器用の操作卓の2台を使用することで、照明システム全体を制御していたが、近年、デジタルコンソールの多機能化とデジタル制御機器に対応するオペレーターの習熟度が進み、一般の照明器具とデジタル制御機器を1台の操作卓で制御することが可能になっている。

解説

▶ウォッシュタイプとプロファイルタイプ

ムービングライトをその機能によって分類すると、ウォッシュタイプとプロファイルタイプに分けられる。ウォッシュタイプは従来のフレネルレンズタイプの器具をムービングライトにしたタイプで、色とフォーカスが変えられるが、プロファイルタイプのようにGoboを使用したり、照射面の輪郭（エッジ）をシャープにすることはできない。

機能面を考えればプロファイルタイプが優れているが、多機能になればその分器具本体は大型・重量化していくことになるので、演出効果を考慮して使い分ける必要がある。

▶デジタル制御機器と制御概念（HTPとLTP）

1台の機器で明るさはもちろん、色光・フォーカスなど多くの機能を有するムービングライト等のデジタル機器を制御するには、調光制御のみを目的とした従来の操作卓（HTP）とは違う制御概念（LTP）が必要とされる。

調光制御において複数のシーンを同時に再生する場合は、常に高い値が優先されるHTP（High Takes Precedence）が有用だが、色光・フォーカスの制御においては、変化させたい色光・フォーカスの信号上の値が変化させる前の値より低いとは限らない。HTPでの制御では常に高い値が優先されるので機能しないのである。

そこで、常に変化した最後の値を優先するLTP（Last Takes Precedence）という概念が生まれた。

デジタルコンソールはLTPで機器の制御をおこなうため、従来のメモリー調光卓とはプログラミングの概念に違いがある。

▶デジタル制御と制御信号（DMX512）

調光器・照明器具は操作卓から送られる信号によって制御されるが、この信号には大別するとアナログ信号とデジタル信号がある。アナログ信号の場合、調光器1台の制御に1本の信号線が必要であった。このことは施設の舞台調光システムを構築するために膨大な数の信号線が必要になるということを意味し、調光器の数量や操作卓で制御可能なチャンネル数に制限がある。

1980年代にカラーチェンジャーやムービングライトが開発され、それまで調光器（照度）の制御だけに使われていた信号に、色や動きなどを制御する必要性が出てきたことで、当初はそれぞれのメーカーが自社のデジタル制御機器に対応するデジタル信号とその信号で制御する専用の操作卓（ムービングコンソール）を開発していたが、その後、アメリカの劇場技術協会によってDMX512というデジタル信号規格が制定され、世界標準の舞台照明用信号規格として日本にも導入された。

DMX512はその数字が示す通り、1本の信号線で512のチャンネル（調光器）制御が可能であり、これにより、舞台照明システムは飛躍的に発展した。

デジタル化した操作卓はパソコンやソフトウェアの発達とともに小型化と高機能化、低価格化が実現し、多様な機能を制御するために多数のチャンネルを必要とするムービングライトなどのデジタル制御機器に対応しているが、近年の視覚的演出に対応する映像機器・照明器具はさらに開発が進み、それらを制御するチャンネル数は増加し続けており、DMXケーブル1本の512チャンネルでは足りず、2〜4本以上のDMXケーブルが必要な状況もある。

そこで、コンピューターネットワークの規格の1つであるイーサネットを使用して舞台照明・映像制御用のネットワークを構築する動きが出てきている。

イーサネットケーブルは理論上、1本でDMXケーブル3万本分のチャンネルを制御することができるため、今後システム構築の主流となると思われる。

⑤ 効果器具

| 対象を照射するという目的だけではなく、映像的な効果を得るために使用される照明器具である。

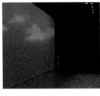

ディスクマシンと投影の一例（雲）
（提供：東芝ライテック）

スパイラルマシンと投影の一例
（提供：東芝ライテック）

フィルムマシンと投影の一例（火焔）
（提供：東芝ライテック）

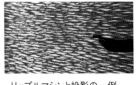

リップルマシンと投影の一例
（提供：松村電機製作所）

オーロラマシンと投影の一例（提供：日照）

ドラムマシンと投影の一例
（提供：松村電機製作所）

◉ 投影器（マシンスポットライト）

投影機はスライド写真のような静止画や、雲・雨・雪などの自然現象による季節や時間、場所などの表現に映像的な効果を与えることができる。

専用の灯体（ランプハウス）と効果器（エフェクトマシン）、オブジェクティブレンズ（対物レンズ）の組み合わせで構成され、効果器とレンズを組み替えることによって効果の種類、画像の大きさを変えて使用する。

◉ 投影器用スポットライト（ランプハウス）

効果器専用の器具。反射鏡と光源（電球）で構成され、光源にはハロゲンランプ、キセノンランプ、メタルハライドランプなどが使用されている。

◉ 効果器（エフェクトマシン）

投影器用スポットライトに取り付け、画像を投影するための素材をセットする装置。マット（種板）やスライドなどを挿入するためのスライドキャリアや、動く画像を投影するためのディスクマシン、スパイラルマシン（芯なし）、フィルムマシン、リップルマシンなどがある。

◉ 対物レンズ（オブジェクティブレンズ・先玉）

効果器に装着する対物レンズで、通称先玉と呼ばれる。プロファイルスポットライトと同様に2枚のレンズで構成されている。様々な照射角度のレンズがあり、照射距離や焦点距離に合わせて選択する。

◉ ドラムマシン

様々な図形・模様などを切り抜いた回転する筒（ドラム）とその中に装着される光源（電球）で構成され、ドラムを回転させることによって動きのある効果を出す。

炎をパンチングした火焔マシン（逆回転させると滝の流れ）、スリットのある2重ドラムを使用したオーロラマシン、細いドラムを回転させる波マシンなどの種類がある。

上記のように様々な工夫を凝らした効果器・投影器が開発され、舞台照明に映像的効果をもたらしてきたが、ビデオプロジェクターや映像加工ソフトの普及によって、照明器具による映像効果の必要性は徐々に薄れてきている。

メーカーによる製造・販売、現存する効果器・投影器のメンテナンス体制がなくなりつつあることを記しておきたい。

波マシン
（提供：丸茂電機）

マルチストロボ

ミラーボール
（提供：日照）

◉ストロボ

断続して点滅させて閃光効果を出す器具。一般的に舞台で使用されるのは200Wのマルチストロボや、PARライトの灯体の中にセットできるPARストロボなどだが、電飾系のストロボには様々な種類がある。

◉ミラーボール

鏡の小片を球体または楕円体（直径15～90cmまで）に無数に貼り付けたものをモーターで回転させ、スポットライトから照射することで、その反射光を利用する効果器。設置方式によって吊り型、置き型の種類がある。

◉ブラックライト（UVライト）

可視光線をカットして紫外線だけを照射することによって、紫外線に反応する対象だけを可視化する器具。暗い照明の中で、蛍光塗料を塗った舞台装置や、衣裳を際立たせるために使用する。
　低圧水銀ランプなどの光源とUVフィルターで構成され、蛍光ランプ（管）タイプとスポットライトタイプがある。

4 ｜ アクセサリー

安全対策のための付属品や、器具を使用する場所の条件、用途、目的に合わせる付属品、コンセントから器具への接続器具、色や絵を調整する付属品など、照明器具本体に取り付けるものの総称である。

ハンガー（鋳鉄製）

ハンガー（アルミ製）

クランプハンガー（鋼板製）

自在ハンガー

◉ハンガー

照明器具をバトンやフライブリッジに吊るための器具。用途、目的によって様々な素材、形状があり、器具の重量による荷重が決められている。

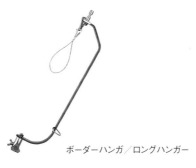
ボーダーハンガ／ロングハンガー

提供：
松村電機製作所（自在ハンガー）
丸茂電機（その他）

139

照明バトンに落下防止ワイヤーが正しく
掛けられている状態

スタンドの種類（提供：丸茂電機）

バーンドア（提供：丸茂電機）

ボール紙製の色枠
（提供：丸茂電機）

◉落下防止ワイヤー（チェーン）

照明器具やそれに付属する器具の落下防止を目的として使用する。
高所に設置されることの多い照明器具は、安全確保のための対策が
重要である。

◉スタンド、ベース

主に舞台床に任意の高さでスポットライトを設置するためのアクセ
サリー。高さが0.95〜1.65m位の調節が可能な丸ベーススタンド、
最高3.6mまでの調節が可能なハイスタンド、折りたたみできる3
脚スタンド、キャスター付きのものなど多くの種類があり、低い位
置に設置するための高さ6〜7cmの三つ又や丸台の置きベースは
「おべた」とも呼ばれている。

舞台上の各袖にスタンドを立てた様子

◉バーンドア

スポットライトから出る、不要な方向に漏れる光や反射光を、4枚
の羽根で遮断するためのアクセサリー。6インチ、8インチ、10イ
ンチ、12インチなど、スポットライトのサイズに合わせた種類が
ある。

◉アイリスシャッター

主にプロファイルスポットライト（フォロースポットライト）に装
着し、照射角度の調整や、光源に放電管を使用したスポットライト
の光を遮断するためのアクセサリー。

◉色枠（シート枠）

照明器具に色（カラーフィルター）をセットするためのアクセサリ
ー。4.5インチ、6インチ、8インチ、10インチ、12インチなど
の種類の他、効果器や特殊器具に合わせた変形サイズのものもある。
　照明器具は高温になるので、シート枠には難燃性の素材が使われ
ている。

◉カラーフィルター

スポットライトに装着して色光を得るもの。外国製と日本製があり
日本製は色相を8つに分け、それぞれ濃い色から薄い色へと2桁の
番号の配列になっており、#12〜#18がピンク系、#20〜#26が

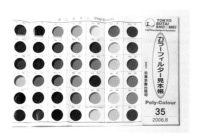

日本製カラーフィルターの見本帳

外国製カラーフィルターの見本帳

赤系、♯31〜♯38がアンバー（オレンジ）系、♯40〜♯46が黄系、♯52〜♯59が緑系、♯61〜♯68が青緑系、♯70〜♯79が青系、♯81〜♯88が紫系だが、外国製のものはその限りではない。

◉ Gobo（種板）
（ゴボ）

Goboは、主にプロファイルスポットライトの光源とレンズの間のスリット部分に装着することで、投影したいパターン（模様）を出す目的で使われる。

Goboのパターンの一例

延長ケーブル（提供：丸茂電機）

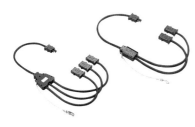

分配ケーブル（提供：丸茂電機）

◉ ケーブル（コード）
点灯したい灯体と負荷回路を接続するアクセサリー。現在、舞台で使用されているステージケーブル（コード）、延長ケーブル（コード）や、灯体に付属している器具ケーブル（コード）などは、「電気設備技術基準」によって「移動電線」と規定されており、舞台用移動電線は2種キャプタイアケーブルの2CTか2PNCTが主に使用されている。

　ステージケーブルは通常許容電流30A以上が基準なので、導体断面積3.5mm^{2}か5.5mm^{2}のケーブルを使用する。

◉ プラグ、コネクター
ケーブルとケーブルを接続するための接続器。電気容量に応じて100V用として20A-C型、30A-C型、60A-C型、200V用として、20A-D型などがある。

20A-C型　　30A-C型　　60A-C型　　20A-D型
（提供：丸茂電機）

5 ｜ 光源

現代の舞台照明はほとんどの場合、電気による照明が担っているといえるであろう。他に石油ランプ、ガス灯、ろうそく、焚き火なども使われるが、これらはすべて太陽という自然光源に対して人工光源と呼ぶ。

　人工光源は温度放射によるものと、「ルミネッセンス」といわれるものとの2つに分けられる。

　温度放射とは、物体の温度が高くなることで発光することをいい、舞台照明器具で使われる主な電球は、その内部のフィラメントや封入されたガスなどが高温で発熱する時に放射される光を利用している。調光制御が容易であるため、舞台照明の主流となる光源である。

　ルミネッセンスとは、物質に電気・電磁波・熱などの刺激を与えた時に、その物質が発熱することなく発光する現象をいう。蛍光灯や水銀灯、LED（発光ダイオード）などがあり、温度放射に比べ発光効率が高い（低温度、低消費電力）という利点があるが、従来、調光制御は困難だとされていた。

　しかし近年、困難とされてきたルミネッセンスによる光源であるLEDにおける調光制御技術が進歩し、舞台照明器具の光源として広く普及している。

　今後も技術の進歩とともに新たな光源が開発され、舞台照明器具に使用されると思われる。

以下に主な光源の種類を図示する。

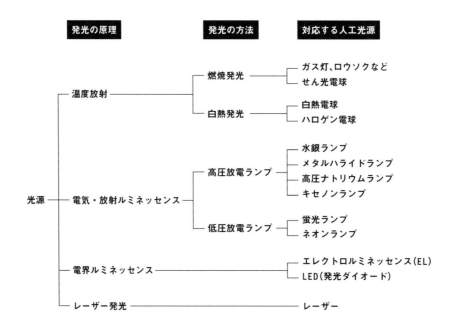

▶LED器具について

LED器具には以下のような特徴がある。

①メタルハライドランプと同様に少ない電気容量で高照度が得られる。

②素子が発光し、その際発生する熱が低温である。

③素子の組み合わせによって様々な色光をつくることができる。

④電球を使用しないので玉切れが起こらない。

⑤調光基盤を内蔵することで調光が可能となり、施設の大掛かりな調光器のシステムを必要としない。

このようなことからLEDは照明器具の有用な光源として注目され、商品化が進んできた。当初は問題とされた舞台照明に必須の繊細な調光も急速に改善されているので、現在あらゆる種類の照明器具に採用されている。

しかしLED器具は必ずしも長寿命で環境に優しいとはいえない。高照度を得るためには多少の発熱が伴い、LED素子は熱に弱いので放熱ファンが必要になることで器具の大型・重量化を招く。また、調光基盤のトラブルは従来のように電球の交換で解決するものではないので、器具そのものの交換・修理が必要になる。

使い捨て的な使用が可能な低価格機器が販売されているものの、繊細な調光に問題があることなど、LED器具の導入には、その使用目的と器具の性能を十分に考慮する必要がある。

LEDライト（Barタイプ）の灯体

LEDライト（Parタイプ）の灯体

LEDライト（Movingタイプ）の灯体
（提供：PRG）

3
3 - 2
照明

■ おわりに

ここまで今日の舞台照明設備について解説してきましたが、前述のように技術の進歩は常に新たな機器具やシステムを生み出しています。舞台演出・照明演出の手法もさらに多様化していくでしょう。

それは上演される作品の質を向上させるためのものです。舞台照明に携わる者は技術の進歩を熟知した上で、そのデザインやオペレーションによって舞台芸術の発展に寄与することを求められています。

3-3

音響

舞台音響設備のイメージと概念

古来劇場での音、台詞や歌、楽器の演奏は生音です。現在の音響技術は20世紀に入ってからのものです。19世紀末に蓄音機や電話が発明され、20世紀初頭に真空管やマイク、スピーカーが発明され、電気音響技術の基礎が整えられました。録音技術、拡声技術が電気音響技術を基礎として発展し、映画やラジオ、テレビ放送にも欠かせないものとなりました。劇場・ホールにも拡声装置が常備されるようになりました。20世紀後半になると、電気音響を前提とする音楽コンサートやミュージカルが盛んにおこなわれ、電気音響技術は飛躍的に進歩し、「拡声」といわず「音響」と称するようになり、劇場・ホールでの音響を舞台音響と呼ぶようになったのです。

舞台音響設備には劇場・ホール内のすべての観客にむらなく、明瞭に音を届けること、催しの演出や音楽家の意図に合わせた様々な音の演出が可能であること、加えてスピーカーによってつくられる音像や定位が重要であり、話者、演者、演奏者のいる方向から音が聞こえるように、いわば視覚と聴覚の方向性を同一にすることが可能であることなどが求められます。

アナログ技術として始まった電気音響技術はデジタル技術の導入とともに様々な課題を克服し、さらなる進化を続けているのが現在です。

アナログとデジタル

電気音響で扱う信号は音声信号と呼ばれる交流信号です。信号にはアナログ信号とデジタル信号があります。アナログ（analogue）は類似物、相似物の意で、アナログ回路は音声信号をそのまま電気信号に変換し、伝送・処理しています。デジタル（digital）はdigit（指または0～9までの数字のこと）の形容詞由来し、デジタル回路は音声信号を数値化して伝送・処理しています。数値化することで記憶再生が可能となり、複雑な作業を簡易化できます。

オーディオネットワーク

電気音響のデジタル化は、個々の機器のデジタル化からシステム全体のデジタルオーディオネットワーク化へと発展してきました。CAT5やCAT6という汎用LANケーブルや高規格なLANケーブル、BNCケーブルや光ケーブルを使用し、機器や施設内の各エリアを多チャンネルで接続して、信号の往来を実現しています。それに伴い、音響スタッフが通信ネットワークの基礎知識を持つことも必要になってきています。

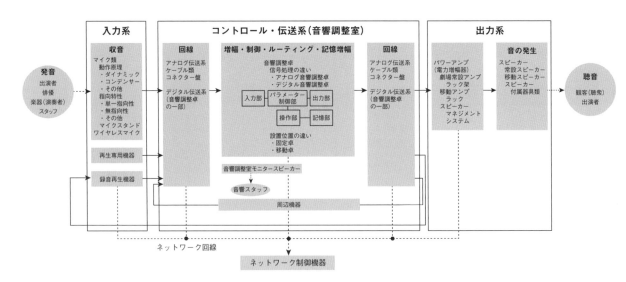

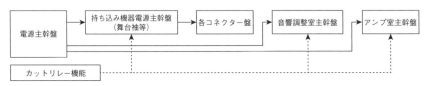

電源から音響機器へ

舞台音響設備で扱う電気

舞台機構や舞台照明はAC電源を直接扱う強電の要素が大きいのですが、舞台音響設備は音を出力するパワーアンプ以外は、弱電の要素が強い設備です。舞台音響設備は微弱な音声信号と呼ばれる電気信号を扱う回路で構成されています。

電気音響システムの基礎

舞台音響設備は音に始まり音に終わります。音は空気の圧力の変化が振動となって伝わる物理現象です。そしてそれは、聴覚を通じた心理現象でもあります。音の振動を捉え、音声信号へ変換し、必要とする処理をおこない、再び音として聞こえるように音声信号から音へ変換する。その音が観客それぞれの心理的な情動につながる。これが電気音響システムの基本原理です。

家庭と劇場・ホールの違い

カラオケでマイクを使い楽しむ時や、家庭においてCDや携帯型再生プレイヤーで音楽を聴き、録画録音された映像を楽しむ時、電気音響システムが必ず介在しています。劇場・ホールでは家庭と違って、極めて大勢の観客（聴衆）へ同一空間で同時に伝えなくてはなりません。そのために家庭で音楽を楽しむための音響装置の何十倍もの出力の出るスピーカーが多数必要となり、それを駆動するための消費電力も家庭の比ではありません。ただし省エネで駆動し、音響システム全体の消費電力を引き下げる技術も日々開発され、導入されてきています。

舞台音響設備の構成

音は空気の圧力の変化が振動となって伝わる物理現象です。その変化はごくわずかなもの（大気圧の1千万分の2％程度）です。その変化を電気信号に変換するのがマイクロフォンです。音波から電気に変換された極めて微弱な$1/1000V＝1mV$（ミリボルト）程度の電気信号を増幅し、その音源が持っている音の要素を目的とする音になるように調整し、でき上がったいくつもの電気信号をミキシングし、多数の出力系統へ配信するのが音響調整卓です。

　音響調整卓から出力された信号は、電力増幅器（パワーアンプ）へ送られて増幅され、電気信号を空気の波動に変換するスピーカーで音波となり、聴衆に伝わります。電気信号はマイクからの音だけではなく、記録された音や電波に乗って遠方から伝えられた音も含みます。以上が舞台音響設備の基礎となる電気音響の仕組みです。

劇場・ホールの舞台音響設備

劇場・ホールの音響設備は音の素材を扱う入力系から始まり、劇場に張り巡らされた回線系を経て音響調整卓に入り、信号処理がおこなわれ、出力系である劇場・ホールの様々な場所に設置されたスピーカーと駆動するパワーアンプ群に通じる流れを基本線として構成されています。

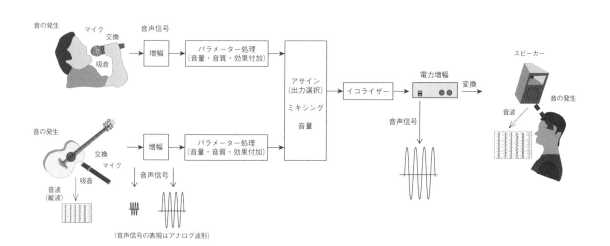

（音声信号の表現はアナログ波形）

147

1 | スピーカー──出力系

劇場・ホールの観客と舞台音響設備の接点はスピーカーである。観客は生で聞こえる音と、スピーカーから出た音を聴く。催しや作品に合わせてどんな音を、どのような配置のスピーカーから聴かせるかが音響プラン・デザインの仕事であり、音響オペレーターの仕事だ。そこでこのパートでは、出力系の記述から始めて、次いで入力系を記述し、最後にそれらをコントロールし、伝送する部分について述べていく。

電気音響設備を使った拡声・放送作業をPA（public address）という。その中で演劇やミュージカルなどで台詞の補助をおこなうのをSR（sound reinforcement）ということがあるが、本書ではPAで統一する。

劇場・ホールでは据え付けられた①常設スピーカーと、作品・催しに合わせて設置して使用する②移動スピーカーがある。常設スピーカーは、客席を対象として音を拡声するスピーカー群と、舞台や各スタッフ室へのモニタースピーカー群に分かれる。

1 常設スピーカー

ここでは催しに合わせた特別な設置をおこなわずに、客席に音を伝えるスピーカー設備について解説する。劇場・ホールの規模、主な催しの種類などによって、設備の規模や仕様に差がある。演劇、舞踊公演、発表会、講演会、セミナーなどは、これらの常設スピーカーを中心に使用しておこなわれることが多い。

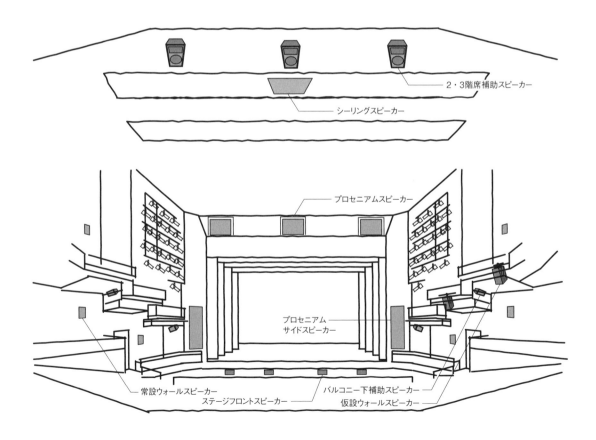

2・3階席補助スピーカー

シーリングスピーカー

プロセニアムスピーカー

プロセニアム
サイドスピーカー

常設ウォールスピーカー
ステージフロントスピーカー

バルコニー下補助スピーカー
仮設ウォールスピーカー

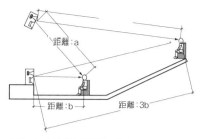

距離:a

距離:b　距離:3b

スピーカーと客席との距離の差は
プロセニアムスピーカーの方が小さい

❗ 使用上の留意点

- プロセニアムスピーカーのL/Rでのステレオ再生は広がりのある音を客席全体に伝える。Cは客席全体に対して音を中央に定位させるのに効果的だ。2階席や3階席に音のエネルギーを伝えるのに適しているため、ポップスコンサートなどでスピーカーシステムを持ち込んだ時でも使用することがある。

- ウォールスピーカーは作品・催しに応じてその都度使い方が異なる。ただし舞台へ向いている観客の視線の方向と異なる方向からの音の発生なので、違和感が生じやすく、注意が必要だ。

- プロセニアムサイドスピーカーあるいはプロセニアムスピーカーと同一系統で再生する。ただし、自然な音にするにはディレイ（時間遅延）を付加させる。

- ウォールスピーカーと同様、効果用での使用は作品に応じて異なる。スピーチでの使用は、スピーカーの真下にマイクを持っていくとハウリングしやすいので注意が必要だ。

◉ プロセニアムサイドスピーカー（カラムスピーカー）

プロセニアムアーチの両側（カラム位置）にあり、その施設のメインスピーカーの1つである。あらゆる催しで最良の音質の音を客席へ伝えるために設置されているスピーカーだ。

　我が国では壁や柱の中にスピーカー室や専用空間を設けて設置し、サランネットなど音を通す素材でその前を覆い、スピーカーの存在を見せないようにしてあるのが大半である。

　プロセニアムスピーカーと適切に併用することで効果が高まり、高音質で客席全体に均質な、かつ必要に応じて大きな音量の再生が可能となる。

◉ プロセニアムスピーカー

プロセニアムアーチ上部に設置されているスピーカーのことである。通常「プロセスピーカー」というと、このスピーカーを指す。メインスピーカーの1つである。客席全体に対する距離の差が比較的小さいため、客席全体に均質な音を伝えることが可能である。

　C（センター）のみの設置、L（左）とR（右）の対での設置、L/C/Rの3系統の設置の3種類がある。

◉ ウォールスピーカー

客席の壁面に設置してあるスピーカーのことである。主に効果用として用いる。客席を包み込む様なサラウンド効果や舞台上から客席への音の移動、客席周囲での音の移動などで使用する。アナウンスなどの補助でも用いることがある。壁面に収めてあるものと、露出して固定してあるものがある。また移動型と兼用するためにスピーカーを接続する回路だけが壁面上部などに設けられていて、必要に応じて設置する場合がある。

◉ ステージフロントスピーカー

舞台の正面、客席との段差の壁面、框（かまち）の直下に設置してあるスピーカーのことである。客席最前列は舞台と近いのだが、そこへ向いているスピーカーがないため電気音響的には環境が悪く、それを改善する目的で設置されている。L/Rの一対だけと3台以上で分散配置してある場合がある。小さな音量で十分なので、高音質な小型スピーカーが用いられている。

◉ シーリングスピーカー

客席天井部に設置し、真下を向いているスピーカーのことである。プロセニアム形式の劇場では主として、効果用として用いるように強力なシステムが設置されている場合がある。多目的なスタジオ形式の劇場では比較的小さなスピーカーを多数設置し、スピーチやBGMの再生用として使用している。一般放送設備（非常放送設備）のスピーカーもシーリングスピーカーと呼ぶので、注意が必要だ。

使用上の留意点

プロセニアムサイドスピーカーやプロセニアムスピーカーと同一系統の音を小音量で使用する。ディレイ（時間遅延）を利用して違和感がないよう調整する必要がある。

適切に使うと、施設の音環境は大きく改善される。

常設補助スピーカー

大きな劇場・ホールで、バルコニー客席の階下や最上階席後方などプロセニアムサイドスピーカーやプロセニアムスピーカーからの音が届かない客席などに向けて設置してあるスピーカーのことである。

バルコニー下などに向けた小音量で補助する小型スピーカーを用いたシステムと、プロセニアムから遠く離れた2階席や3階席エリアを補助するため、プロセニアムと同等のスピーカーを用いたシステムがある。

2 運営系常設スピーカー

劇場・ホールでは、舞台上での仕込み、リハーサル、本番の演技・演奏以外にも、舞台袖や裏、楽屋、客席以外のエリアにおいて、様々なスタッフが作業をおこなっている。現在舞台上で何がおこなわれているかが関係者に伝わり、かつ演出上や舞台監督による進行の指示も的確に伝わる必要がある。そのため運営系のスピーカーが各部屋や廊下などの各所に、天井埋め込みや露出で取り付けられている。

使用上の留意点

・舞台上の出演者やスタッフに対して必要な音とは、演出家や舞台監督の舞台稽古時の指示、舞踊上演で必須の音楽などである。高音質の音や細かな調整が必要ならば仕込みスピーカーを使用する。また装置や幕などで遮蔽されることがあるので注意が必要だ。

・運営連絡設備のエアーモニター回線をモニターするのが通常だが、特にきっかけなどのために音を綿密に聞く必要がある時などはメインの音響システムから信号を接続する。

常設ステージモニタースピーカー

プロセニアム裏や、インナーポータルタワー、あるいは舞台袖上部の技術ギャラリーに設置してあるスピーカーである。

舞台上の出演者やスタッフに対して必要な音のために、後述の仕込みスピーカー（移動スピーカー）を別途仕込まずに使用できるよう設置してある。簡易なスピーチだけを目的としたシステムと、音楽再生もおこなえる高音質なものがある。

スタッフ系諸室モニタースピーカー

音響調整室、調光操作室、フォロースポット投光室などには、ロビー系や楽屋系などの運営系とは別系統で、モニター専用スピーカーが設置してある。舞台上の音をモニターするために設置されている。

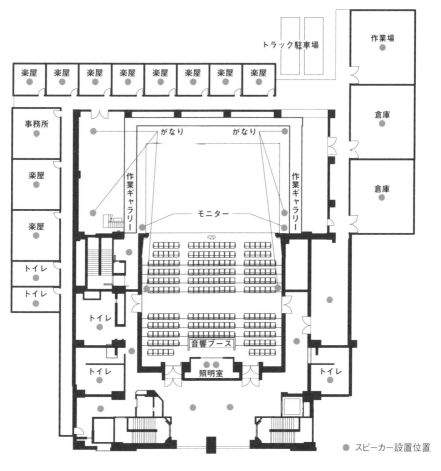

● スピーカー設置位置

スタッフや出演者に向けたスピーカーの配置図

解説

▶音の大きさ

音の大きさはデシベル（dB）という単位で表わされる。デシベルは統計上、人の耳が聞き取ることのできる最小の音を最小可聴値として設定している。右に、身近に聞く音の大きさを示す。

このデシベルは、音響機器における音の信号のレベル表示としても使われている。この場合は信号の基準値に対しての比の値である。

130dB	（可聴限界値）
120dB	飛行機のエンジンの近く
110dB	リベット打ち、自動車の警笛（前方2m）
100dB	ガード下で聴く通過言
90dB	騒がしい工場の中、犬の鳴き声（正面5m）
80dB	地下鉄の車内、ピアノ（正面1m）
70dB	騒々しい事務所の中、騒々しい街頭
60dB	静かな乗用車、普通の会話
50dB	静かな事務所
40dB	市内の深夜、図書館、静かな住宅地
30dB	深夜の郊外、ささやき声
20dB	木の葉が触れ合う音、置時計の秒針（前方1m）
0dB	（最小可聴値）

3 移動スピーカー

自由に設置できる移動スピーカーを各種どれだけ備品として持っているかにより、その劇場・ホールが対応できる催しの多様さが決定される。プロセニアム形式以外の劇場ホールでは、スピーカーは、ほとんど移動型で対応する。その場合、音響設備の音質は移動スピーカーで決定される。移動スピーカーは大・中・小という大きさで区別するのが通例だ。

常設スピーカーは、建築意匠に隠れてスピーカー自体を見ることはほとんどできないが、移動スピーカーはシステム化されたスピーカーの構成を見ることができる。低音用コーンスピーカーユニットと高音用ホーンドライバーユニットを組み合わせ、1つの箱に収めたフルレンジ（ハイボックス）スピーカー単体か、フルレンジスピーカーでは再生できない重低音を補完するサブウーファーを組み合わせて使用するのが一般的だ。

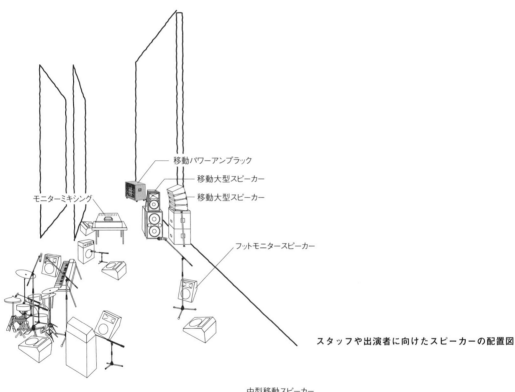

モニターミキシング

移動パワーアンプラック
移動大型スピーカー
移動大型スピーカー

フットモニタースピーカー

スタッフや出演者に向けたスピーカーの配置図

❗ 使用上の留意点

モニターとは、常設スピーカーの項で述べた進行の確認や伝達のためとともに、演奏者や出演者のためのフォールドバック（F.B）、跳ね返りのことをいう。プロセニアムまわりのスピーカーで音を再生した時、客席側で満足できる音でも、舞台側では客席に反射した音、回り込んできた音を聴くことになる。直接音がなく、音が不明瞭である。そこでモニタースピーカーを設置することで明瞭な音「跳ね返り音」を聴くことができるようになる。

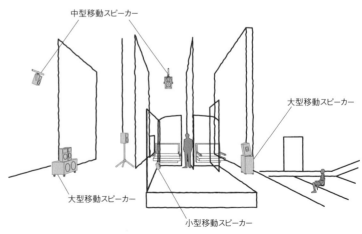

中型移動スピーカー

大型移動スピーカー

大型移動スピーカー

小型移動スピーカー

下手から上手を見た演劇での移動スピーカーの使用例

大型移動スピーカーの例
左：ハイボックス2台とサブウーファー
右：ラインアレイスピーカーのグランドスタック状態

❗ 使用上の留意点

動かしやすいように台車に取り付け移動可能にしてある。スピーカーのカバーエリアを定めて設置する。複数のスピーカーを積み重ねて（スタック）使用するので、ラッシングベルトなどを用いて一体化する。また不用意な移動防止のために、確実に台車などの車輪をロックし、転倒防止を着実におこなう。さらに接続されるケーブルが太く、数本に及ぶので、動線障害にも注意して設置しなければならない。

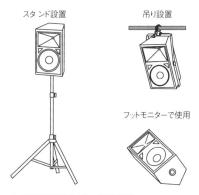

スタンド設置　　　　吊り設置

フットモニターで使用

中型移動用スピーカーの使用例

❗ 使用上の留意点

重量物なので扱いに注意すること。いずれにしても転倒防止、落下防止、ケーブルによる動線障害に対する予防措置が必要である。

◉ 大型移動スピーカー

プロセニアムサイドスピーカーと同等のものを移動型としている例が多く、PA用として舞台前上手、下手に設置して使用、あるいは舞台奥に設置して演劇や舞踊の音楽再生や効果音の再生に使用することが多い。プロセニアム形式以外の劇場・ホールではメインスピーカーとして使用する。フルレンジスピーカー複数台とサブウーファー単体あるいは複数台で一体化させたシステムが一般的だ。本来吊って使用するラインアレイスピーカーをグランドスタックという床設置で使用することも増えている。

◉ 中型移動スピーカー

劇場・ホールでは最も汎用的に使われるスピーカーである。単体でスタンドに立てて使用する、あるいはバトンに吊り金具で吊って使用する場合もある。舞台上の演奏者や演者へのモニター、音楽や効果音再生のために仕込むなど、演目によって様々な使用目的が考えられる。

　プロセニアム系で使っているスピーカーと同一、あるいはその1ランク小さいスピーカーを用いることが多い。さらに一回り小型のスピーカーが別途用意されていることもある。後述するフットモニタースピーカーと兼用している場合も多い。小規模なホールや催しではメインスピーカーとして使用することもある。汎用性が高く、廉価でありながら一定程度の音質を確保できるので様々な場面で多用されるが、音響出力に限界があり、あまり大きな音を出すとひずんだりする可能性があるので注意が必要だ。

小型移動用スピーカーの使用例

◉ 小型移動用スピーカー

ユニットの口径およそ15cm以下で，装置の中や小道具に仕込みやすいスピーカーである。効果音の再生、あるいは台詞や演奏のモニター用として使用する。仮設客席・舞台をつくった時、補助スピーカーとしても重宝だ。音質を重視したものと実用性を重視したものがある。音質を重視したものは専用パワーアンプが必要なものもある。後述するパワーアンプを内蔵したパワードスピーカーも多く導入されている。

❗ 使用上の留意点

大音量に弱いので注意が必要である。また各種付属品の充実が必要だ。スピーカー回線の入力コネクターは統一されてないため、様々である。必要な変換コネクターなどを用意しておく必要がある。

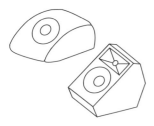

フットモニタースピーカーの例

1人の演奏者に対して1台ずつ置き、それぞれの演奏に必要なバランスの音を出す。ソロボーカルの場合、2台置くこともある。イン・イヤーモニター（イヤホンタイプが多い）の採用が増え、フットモニターを置かなかったり、バックアップ用としている場合もある。

◉ フットモニタースピーカー（三角、コロガシ、ウェッジ）

歌手や演奏者の足下に置くモニター用のスピーカーのことである。歌や楽器演奏の時のモニターとして使用する。スタンド立てが可能な多目的用途の機種もある。逆にスタンド立てなどが本来の使用法なのだが、ボックス形状の工夫やアダプターなどが付属していて、フットモニターとして使用できる機種もある。床に置いた状態でスピーカー面が演奏者に直交するように横から見ると、三角形に見え、角度を持っていることから「三角」「ウェッジ」、あるいは床に置くことから「コロガシ」などと呼ばれている。

解説

▶ スピーカーの持ち込みについての見解

ポップスやロックのコンサートでは、メインスピーカー（Front of House＝F.O.Hともいう）からの音がツアーで巡る様々な施設においても変わらないように聴衆に提供することが重要だ。そのためメインスピーカーのシステムを持ち込むことがほとんどである。ただし2階席、3階席に対しては、常設スピーカーを補助的に使用する場合もある。また、演奏者にも同じ環境を提供し続けるために、

モニター系のシステムも持ち込むのがほとんどだ。

演劇では効果音を中心に再生する舞台上の仕込みスピーカーを持ち込むことが多いが、メインスピーカーはほとんどの場合、施設の常設スピーカーを使用する。ミュージカルでは多くの場合、コンサートと同じ扱いで持ち込む。

施設では、持ち込みスピーカーの設置への配慮が求められる。

4 スピーカー駆動方法の種別

> スピーカーの種別の項で述べた設置場所、大きさによる違いとは別に、スピーカーの駆動方法による違いもある。パワーアンプを内蔵させたパワードスピーカーが各種出てきて、選択肢の1つになってきている。

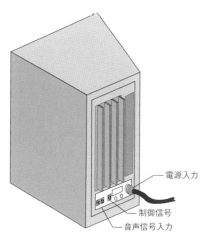

パワードスピーカーの例

電源入力
制御信号
音声信号入力

❗ 使用上の留意点

電源ケーブルと信号入力のための回線ケーブルの2本必要。パワードスピーカーに特化して1本にまとめたケーブルも使用されている。

◉ パッシブスピーカー

いわゆる普通のスピーカーのこと。駆動するのにパワーアンプを必要とするスピーカーで、セパレートタイプともいい、多くのスピーカーがこれに当たる。

◉ パワードスピーカー

スピーカー内に駆動するパワーアンプを内蔵させたものである。民生用ではアクティブスピーカーという呼び方もある。

施設では音量調整が手元でおこなえるため、小型の汎用パワードスピーカーをフォロースポット室や舞台裏の出待ちスペースなどに仮設して使うことがよくある。また中型以上のスピーカーは、稽古場用の移動スピーカーとして利用されることが多く、ロビーや屋外での簡単なPAにも利用できる。録音室のモニタースピーカーもパワードスピーカーが多く用いられる。

大型のパワードシステムが、音楽コンサートのメインスピーカーやステージスピーカーとして使われている。スピーカーに特化したパワーアンプが直接スピーカーに接続されていることで、音質の向上が見込まれるからだ。

5 スピーカー付属機器類

> 移動スピーカーを十分に活用するには、様々な設置方法に対応した付属器具類や接続をおこなうスピーカーケーブル類が必要だ。ケーブルについては後述の回線系の項で説明する。
> スピーカーは重量物であるから、付属器具類はスピーカーメーカー推奨のものか、付属器具専門メーカーのもので、そこにある荷重表示などを遵守することが必要だ。また転倒防止、落下防止は器具推奨の方法でおこない、劇場・ホールの安全管理責任者の確認を受けることが必要である。（本書2-1を参照）

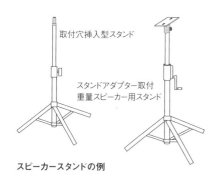

取付穴挿入型スタンド

スタンドアダプター取付
重量スピーカー用スタンド

スピーカースタンドの例

◉ スタンド類

移動スピーカーを人の背丈ほどの高さに設置するために使用する。

スピーカーの取り付け方に種類がある。アダプターをスピーカーにネジ留めしてスタンドに取り付けるものと、スピーカーにスタンドのパイプと同径の穴が空いていて、スタンドを穴に差し込むものがある。またスピーカーの煽り角度を変えられるタイプのスタンドも用意されている場合がある。スピーカーの高さを調整するのにハンドルを使用するものもある。脚を開き、転倒しにくい状態にする。ネジなどを固く締め、スピーカーを定められた取り付け方法で取り

付ける。この時2人以上で作業して、必要な高さにする。転倒防止のためワイヤーなどで周囲の固定物と連結するか、シズや砂袋などの重しを脚部に乗せて重心を下げる。

小型スピーカーではマイクスタンドを流用するものもある。

◉吊り（リギング・フライング）金具類

客席エリア全体に音を伝えるには、上部に設置する必要がある。舞台上では装置の移動、人の動線を確保するため高い位置に設置することが求められる場合がある。また効果音などの音の定位を上部に持っていくためにはスピーカーを高い位置へ設置する。この作業や状態を吊り、あるいはリギング、フライングなどと呼ぶ。

スピーカー本体に付けるフライングフレーム、バトン吊りハンガーやクランプ、フレームとハンガーやクランプを接続する金具、落下防止のワイヤーやスリングベルトを付けるアイボルトやシャックル、カラビナなどを組み合わせて使用する。

ラインアレイスピーカーシステムでは専用のフレームにスピーカーを付属ピンで取り付け、一体化した状態で吊る。安全荷重を確保し、落下防止策を厳重におこなう。スピーカーケーブルなどの信号線、あるいは電源ケーブルなどをともに吊るので、その重量や取り付け、引き回しでの安全確保も必ずおこなう。ケーブル類の重さでスピーカーの向きが変わりやすいので注意が必要だ。

劇場・ホールにおいてはスピーカーを吊ることが基本作業となっている。大型のラインアレイスピーカーから小型スピーカーを使用した装置への仕込みなど、大小様々な局面がある。スピーカーメーカー純正の金具を使用して、その使用方法を遵守して作業する。

バトンやトラスからさらに吊り位置を下げる桁吊りなどの作業は、専門技術者の下でおこなう。玉掛けの方法を遵守し、ワイヤーやスリングベルトの耐荷重を守り、劣化したものは使用しないなどの専門技能が必須である。

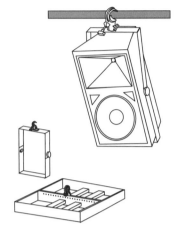

スピーカーの吊り設置と吊り金具の例

解説

▶スピーカーの基礎知識

スピーカーユニットのほとんどは磁石を使用するダイナミック型スピーカーである。磁力線の中にあるコイルに電流を通し、コイルに接合した振動板で空気を震わせて音を発生させる。中音域から低音域を再生するのに適しているのは、振動板が紙などでできたコーンスピーカーだ。高音域には金属や樹脂でつくった口径の小さな振動板を用いた高音用ドライバーユニットをホーンに取り付けたスコーカー、ツイーターと呼ばれるスピーカーがよく使われている。小さな口径のコーンスピーカーも高音用として利用され

る。振動板の口径で様々な種類がある。ちなみに、人間の可聴周波数は20Hz（ヘルツ）から2万Hz（1000をkで表し20kHzと書くのが一般的）である。低域はおよそ可聴限界の20Hzから200～300Hzまでをいい、それ以上3～5kHzまでを中域、それ以上を高域という。

多くの場合、高音スピーカーと低音スピーカーを1つの箱（ボックス）に組み込んで2WAY（ウェイ）スピーカーとしている。高音域をさらに超高音域に振り分けて3WAYスピーカーとしているものも多い。音域をどの周波数で分けるかは、メーカーのノウハウで特色が出る点だ。組み込

まれたボックスで低域から高域まで再生可能だが、可聴帯域の下限までは再生できないため、さらに低い音域を再生するサブウーファーと組み合わせることが多い。

　スピーカーの大きさは低音スピーカーユニットの大きさで決定され、重量もほぼ決定される。樹脂を全面に採用して軽量化を図った製品も多く出ている。

　15インチ（約38cm。スピーカーユニットの径はインチで表わす場合が多い）以上の径の低域ユニットを用い、中高域を再生するユニットと組み合わせたスピーカーが単体として最も大型のスピーカーといえる。次いで12インチ（約30cm）、10インチ（約25cm）、8インチ（約20cm）ユニットを使用したものが最も汎用的な中型のものとして

普及している。それより小さい6.5インチ（約16cm）以下のユニットを使用した小型スピーカーも各種あり、施設でも様々に使用されている。大型・中型スピーカーは単独で30kg以上あることが多いので、運搬や設置には十分注意が必要だ。

　スピーカーには「指向特性」があり、正面に対する水平・垂直方向の開き角度（例：90°×40°）が示されている。スピーカー設置の際、これに考慮してプランをする。近年、水平が90°以上、垂直が15°以下のスピーカーユニットを直線上にスタックして吊り下げて使用するラインアレイスピーカーの技術が様々に展開され、劇場・ホールの固定設備や移動設備に導入されている。

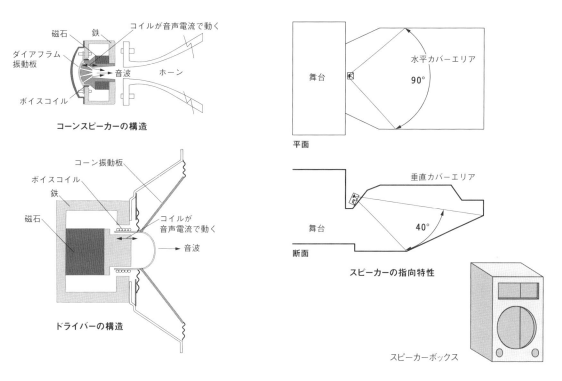

コーンスピーカーの構造

ドライバーの構造

スピーカーの指向特性

スピーカーボックス

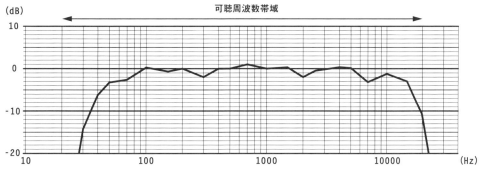

スピーカーの周波数特性グラフの一例

2 | パワーアンプ（電力増幅器）──出力系

スピーカーを駆動する機器である。スピーカーを駆動するためには電力増幅が必要とされる。電力増幅に特化した機器がパワーアンプである。大型スピーカーでは500W以上の出力を持ったパワーアンプが必要だ。パワーアンプは劇場・ホールでの音響システムで最も電力を消費する機器である。その消費を少なくする技術が導入されてきている。またデジタルネットワーク対応機器が普及してきて、入力端子もアナログ入力、デジタル入力、ネットワーク入力と多様になっている。

　スピーカーを駆動する時、必要な信号処理をおこなうスピーカーマネジメントシステムを内蔵した複合機能型アンプも多く見られる。

　劇場・ホールでは常設スピーカーのために、パワーアンプを数台以上組み込んだ劇場常設アンプラック架を、専用アンプ室あるいは音響調整室内に設置している。またスピーカーの近くや舞台袖で、移動アンプラックに組み込んで使用することも多い。

　常設運営系スピーカー用のアンプは出力形式（ハイインピーダンス出力）が異なり、運営連絡設備ラック架に設置されていることが多い。

劇場常設アンプラック架の例

◉劇場常設アンプラック架

常設スピーカーを駆動するためのパワーアンプをラック架に収めて設置したもの。

　大型施設では放熱ファンによる騒音影響を避けるためや、単独で空調をするために、プロセニアム上部に近い場所にアンプ室が用意されていることが多い。また、規模の小さい施設では、音響調整室の一角にパワーアンプラック架を設置する例が多い。アンプ室を舞台袖近辺につくり、音響倉庫と兼用にしている例もある。

　音響調整室と多数の回路を結線する必要がある。ノイズの混入や信号劣化を避けるためデジタル伝送を採用することが多く、現在ではデジタルオーディオネットワーク回線で結ぶことが主流である。

◉移動アンプラック

移動型として19インチラックに収めたパワーアンプである。入力やスピーカー出力のコネクター盤をアンプとともに取り付けてある。スピーカーの近くに設置できることから、音質の向上が見込まれる。常設のコネクター盤などがないところや稽古場、ロビー、屋外などへ自由に持ち出して移動型スピーカーを使うことができる。

◉汎用（単機能型）パワーアンプ

スピーカーを駆動する機器。電力増幅回路が発明された20世紀初頭から、使用している素子が真空管からトランジスタに変わっただけで基本的に同じしくみの機器である。大出力アンプには巨大なト

移動アンプラックの例

パワーアンプの例

❶ 使用上の留意点

- パワーアンプを複数台装着した場合、電気容量に注意が必要である。十分な容量のある音響専用電源を使用すること。また、パワーアンプは放熱が必要である。何台も隙間なくラックに装着するのは危険だ。ファンによる放熱風を妨げないよう設置に注意すること。また放熱ファンは騒音を発するので注意が必要である。

　また重量物なので運搬や設置に注意が必要である。ストッパーを確実に掛けて止めないと危険である。また、接続されるスピーカーケーブルが太く、人や道具の動線障害に注意が必要である。

- スピーカーの耐入力とパワーアンプの出力の関係に注意すること。スピーカーに対してあまりに大きい出力のアンプを接続した時、スピーカーを破損する可能性がある。ただし大きい出力のアンプの方が、音質が優れているともいわれている。スピーカーを並列動作や直列動作させる時、パワーアンプの出力が適合するかどうか確認しておく必要がある。多くのスピーカーを並列や直列に接続すると、正常な動作をおこなわないことがある。

複合機能型パワーアンプ（調整時）の例

ランスが必須であったが、スイッチング電源の普及により、省エネとなり、かつ環境に悪影響を及ぼすとされる大型トランスを使用しなくて済むようになった。出力素子の駆動方式もデジタル化して、さらに省エネ小型化が図られている。施設で使用されるパワーアンプは、入力端子にXLRタイプ（通称キャノンコネクター［米キャノン社の商品名］）か、配線工事が容易な端子が備えてあり、機器の幅が19インチラックサイズに統一されている。施設では入力にデジタル変換回路を付けて、デジタル入力やネットワークオーディオに対応させている機器がほとんどである。

　機種が異なっても入出力のコネクターが同一ならばトラブルが発生した時、取り替えが可能でシステムの維持が容易である。施設では通常、出力100W以上（8Ω負荷）のパワーアンプが使われている。ほとんどがステレオ仕様、つまり2チャンネルタイプだが、設備用としては4チャンネル以上や1チャンネルのものもある。また、多くの電気を消費する電源回路に、従来の大型トランス搭載に比して省電力であるスイッチング回路を採用してあるものが大半である。

◉ 複合機能型パワーアンプ

スピーカーの能力を施設で適切に引き出すためには、周波数特性補正（イコライザー）や設置位置による遅延時間補正（ディレイ）、過大入力に対する保護（リミッター）などの処理が必要とされる。複合機能型アンプは、その処理をおこなう制御回路をパワーアンプに内蔵させた機器である。

　上述の制御回路はスピーカーマネジメント機器として独立し、音響調整卓とパワーアンプの間に挿入されることが多い。複合機能型パワーアンプではパワーアンプに制御回路が内蔵されていて、パワーアンプと同一メーカーのスピーカー各種に特化した制御が1台のアンプで設定できる。そのことで全体のシステムが簡易になり、設計・施工が容易になる。制御はネットワークを介して各スピーカーメーカーから出された専用ソフトが入ったパソコンでおこなう。

◉ スピーカーマネジメントシステム（統合型プロセッサー）

スピーカーや聴衆の置かれる環境、特に室内においては、空間の大小にかかわらず、その空間特有の音響条件に基づく伝送特性の変化を補正する必要がある。また、音が到達できないエリアへの補助スピーカーは、専用の補正が必要となる。こうした周波数特性や音の到達時間の補正、また過大入力に対する保護などを複数のスピーカーに対しておこなう機器である。

　以前はシステムイコライザー、リミッター、ディレイマシン、専用スピーカープロセッサ、それぞれ単独で必要な回路に接続していた。それらが統合され、2チャンネルインプットから、多チャンネルの出力が得られるものや、増設カードを使用して16チャンネル以上の入出力を持つものまで、多様な機種が使用されている。

　新しい劇場・ホールの音響システムとして一般化してきたネット

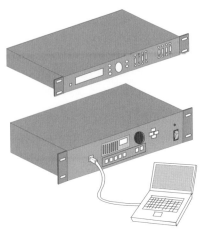

ワークオーディオの出力制御部として位置付けられ、パソコンで様々な設定をおこない、音響調整卓とパワーアンプの間に挿入する。デジタルで接続されてきた音声信号がスピーカーマネジメントシステムの出力でアナログに変えられ、パワーアンプに接続されることも多い。この変換回路が音響システムの音質を左右している。

音響調整室やアンプ室に常設で設置されている。

スピーカーマネジメントシステムの例
（下図は調整時）

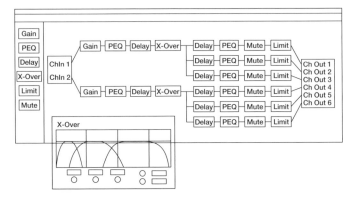

スピーカーマネジメントシステム調整画面の例

3 ｜ マイクロフォン（マイク）類──入力系

マイクロフォン（マイク）は、空気振動（音波）を音声電気信号に変える機器である。基本的原理は空気振動の強弱をダイヤフラム（振動板）が受けて、振動板が動くことによって電気信号の強弱に変えることである。

電気信号に変換する原理によってダイナミックマイク、コンデンサーマイク、リボンマイクなどに分類される。出力信号は0.002Vから0.008Vと非常に微弱で、外部から雑音が混入しないように工夫されている。スピーチ、ボーカル、楽器用など目的に応じて構造や特性が異なるが、いずれも繊細な構造なので取り扱いには十分注意する。

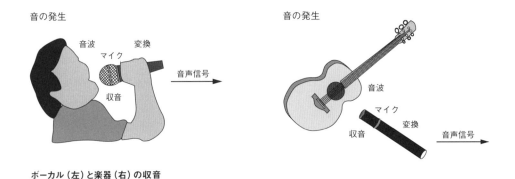

ボーカル（左）と楽器（右）の収音

◼1 動作原理の違い

マイクの動作原理は、電話が発明された時代のカーボンマイクから始まり、時代とともに変化し、やがて目的に応じて改良されてきた。ライブコンサートで使用するハンドマイクは頑丈に、録音などで使用する楽器用は繊細な音を拾うためにできている。

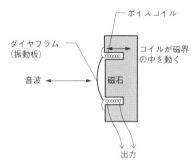

ダイナミックマイクの動作原理

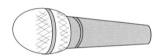

ダイナミックマイクの例
（ボーカル用マイクの典型）

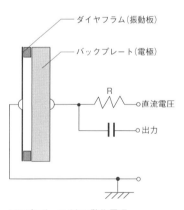

コンデンサーマイクの動作原理

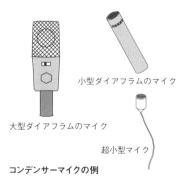

大型ダイアフラムのマイク

小型ダイアフラムのマイク

超小型マイク

コンデンサーマイクの例

⦿ダイナミックマイクロフォン

振動板に接合したコイルが磁力線の間を動くことで電気信号を発生させている。原理は発電機と同じである。構造が頑丈なことから、激しい動作にさらされるボーカルや、大きな音量の楽器の収音に中心的に使われている。ボーカル用、楽器用ともに後述する指向特性の異なる機種が存在している。

スタンドに付けてスピーチやボーカル用、楽器の収音に使用し、あるいは手に持って「ハンドマイク」として使用する。

空気振動がダイヤフラムを動かし、磁石で発生している磁力線の間をダイヤフラムに接合したコイルが動くことでコイルに電流が生じる。その電流が音声信号である。コイルを力学的力（ダイナミクス）で動作（ムーブ）させて信号を発生させるので、ダイナミック型やムービングコイル型という。概ね下記のコンデンサーマイクより感度が低い。

⦿コンデンサーマイクロフォン

極めて短い間隔で近接、絶縁された金属板に、電荷（静電エネルギー）を掛けると、金属板の間に電荷が保持される。これをコンデンサーという。一方の金属板をダイヤフラムとして、電極との間に生じる静電容量の変化で音声信号を取り出すのがコンデンサーマイクである。ダイナミックマイクより高音質で、放送局やレコーディングスタジオで楽器の音を収録する目的で開発された。現在では、より過酷な環境のPAの現場で使用できる構造のマイクも開発されている。超小型化も可能で、仕込み用としても広く使われている。大型ダイヤフラムを使用したものと、比較的小型のダイヤフラムを使用したもの、超小型のダイヤフラムを使用したものがある。

低音から高音までを忠実に収音できることや、音源から離れていても音質を保てることから、クラシック音楽などの弦楽器や金管楽器、あるいは合唱に使用している。ポピュラーミュージックではドラムのシンバルやハイハットにも使用している。

ピン型（別名ラベリアマイク。首飾りの意味）は超小型形状のマイクで、マイクの存在を意識させたくない時に用いられる。

コンデンサーマイクには直流電源が必要である。音響調整卓やマイク用プリアンプからマイクケーブルを通して供給する。マイク回路の抜き差しは、必ず音響調整卓オペレーターに確認を取ってからおこなう。フェーダーが上がったままおこなうと、衝撃音の発生や

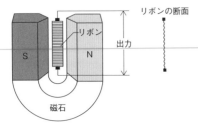

リボンマイクの動作原理

リボンマイクの例

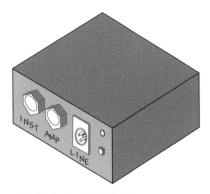

ダイレクトボックス（変換器）の例

スピーカーの破損を起こすことがある。非常に繊細な構造なので、慎重に取り扱う必要がある。

　コンデンサー型の電源はマイクケーブル（2芯型平衡ケーブル）から電源を供給する。電源用のケーブルがないのに電源が供給されるところから、ファンタム（幽霊）電源の名がついている。

◉リボンマイクロフォン

ダイナミックマイクと同様、磁石を用い、コイルではなく音で震えるリボン状の金属箔から音声電流を取り出すマイクである。リボン（ベロシティ）方式は、柔らかく自然な温かさを持った音が特徴である。声や邦楽器の収録に使われる。ただし衝撃や風圧に弱く、またそれを守るために本体が大きく重いので、レコーディングスタジオや放送局などで主に使われていた。アナウンス用として、数十年の歴史がある。最近では軽量化され、ハンドマイクとして利用できるものも出てきている。

　全盛期は60年代半ばまでで、コンサートのボーカル用にも使用されていた。構造上、非常にデリケートなので、コンデンサ型同様、取り扱いに注意が必要である。

◉ダイレクトボックス（変換器）

キーボード、エレキギター、エレキベースなどの電気楽器から、直接音響調整卓に信号を送るための変換器である。直接つなぐということからダイレクトと名付けられている。DIと略して呼ぶ。電気楽器からの出力は概ねアンバランス接続であり、舞台から音響調整卓などへ長距離ケーブルを延長するとノイズが混入するなど、不具合が生じることが多い。ノイズなどが乗りにくいバランス接続に変換する必要がある。また、圧電素子を用いたハイインピーダンスのピックアップでは必需品である。ハイインピーダンスからローインピーダンスへ変換しなければならないからだ。電源供給を要する電子回路を持ったアクティブ方式と、電源を必要としないトランスを使用したパッシブ方式がある。アクティブ方式は電池駆動か、コンデンサーマイクと同様に音響調整卓から電源を供給する。

　電気楽器からダイレクトボックスのインプットジャックに接続、XLR出力から音響調整卓へ信号を送る。演奏者はインプットジャックに並列接続されたジャックから自分のアンプに接続して演奏する。

　マイクとは全く性質の異なるものだが、マイク入力に接続して使用し、マイク類と同一のところに保管されていることが多いので、マイク類に分類されている。

② 指向特性の違い

> マイクは音の入ってくる方向で感度が異なるという指向特性を持っている。用途や使い方にも大きく関わっている。劇場・ホールに備えられているマイクの特性を紹介する。

❗ 使用上の留意点

ハンドマイクとして使う時、マイクを覆うように持つと、指向性を損ない、ハウリングしやすくなる。また単一指向性には、ダイヤフラムに音源を近付けると低音が大きくなる「近接効果」という現象が起きる性質がある。逆に音源から離すと、低音が顕著に小さくなることがある。

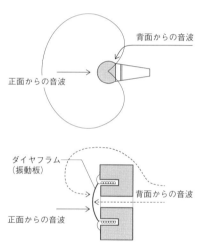

単一指向性の原理と指向特性

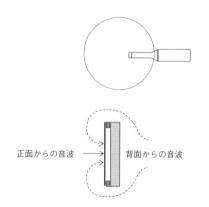

無指向性マイクの原理と指向特性

◉ 単一指向性（カーディオイド）

マイクの正面からの音に対して感度を持たせ、横や後ろからは感度が低くなる特性がある。ハウリングしにくいので、施設でのマイクによる収音では単一指向性が多用される。

　マイクの振動板の裏側に穴を開け、背面からの音波がその穴を通してダイヤフラムの裏側に届き、一方、同じ音が前にも回り込みダイヤフラムの表側にも届く。2つの音は相殺され、出力されない。感度特性が心臓の形に似ているのでカーディオイドとも呼ばれている。指向性を強くしたスーパーカーディオイド、ハイパーカーディオイドもあり、目的に合わせて選択する。

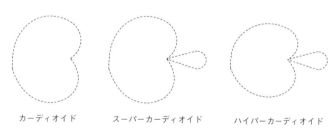

スーパーカーディオイド

◉ 無指向性

全方向感度を持ったマイクである。PA用として使用するにはハウリングに弱いという弱点がある。全方位から均質な周波数特性が得られることから、音響測定用マイクとして使われている。

　ミュージカルなどでマイクを見せない演出の際、頭や耳元へ装着し、マイクのダイヤフラムを口元に向けることができない時に、超小型無指向性マイクを使用することで音質の劣化を防ぐことができる。

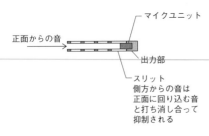

正面からの音
マイクユニット
出力部
スリット
側方からの音は
正面に回り込む音
と打ち消し合って
抑制される

超指向性マイクの原理と指向特性

音源
直接音
直接音と床の反射音が
干渉し、不明瞭になる
反射音

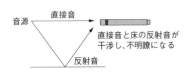

音源
直接音と床の反射音の
干渉が少なく明瞭
直接音
反射音

内部に単一指向性
マイクユニット

無指向性マイクユニ
ットが埋め込まれて
いる

バウンダリー型の原理と例

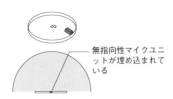

⊙ 超指向性

スリットを多く刻んだ長い音響管を、単一指向性コンデンサーマイクに取り付けてある。離れた場所から狙った音だけを収音したい時に使用される。

音響管を専用マイクユニットの先端に取り付けて、音響（アコースティック）的に単一指向性マイクより指向性を狭角にしている。グリップで持った時の形が銃に似ていることから、ガンマイクと呼ばれている。

放送スタジオでカメラの映像に映らないように大型のブームスタンドに取り付けたり、スポーツ中継のフィールドに設置したりして収音する。施設ではミュージカルの台詞の収音などに使用している。また、運営連絡設備の収音用マイクとしても設備されている。

⊙ バウンダリー型

床や机への反射による音質の劣化を抑えて収音するマイクで、半球状の指向性を持っている。音源から離れた位置で鮮明な音を収音する時に使用する。マイクが目立たないことも特徴であり、ミュージカルや演劇の台詞の収音などにも使われる。

マイクスタンドに装着されたマイクで、比較的離れた音源の音を収音すると、床からの反射音と干渉し、音質の劣化が起きる。そこで、小型マイクユニットを反射板に近接して組み込んだバウンダリー型マイクが良好な収音のために利用されている。ミュージカルや演劇の他、フラメンコダンスの声や足音の収音、演壇マイクなどに利用されている。

⊙ 双指向性

マイクの表と裏、双方向の指向特性のこと。劇場・ホールで使用されることはあまりない。放送局などで2人の対話を1本のマイクで収音する際、2人の間に設置して使用する。

指向性モード切替を持ったリボンマイクとコンデンサーマイクがある。

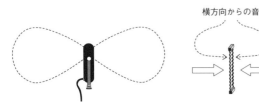

横方向からの音

双指向性マイクの原理と指向特性

▶ハウリング

マイクで収音し、スピーカーから拡声（PA）する際、ボリュームやフェーダーを上げすぎると「キィーン、ボーン、ウァーン」というような異常音が発生することがある。これをハウリングという。

　スピーカーから出た音をマイクが拾い、再びスピーカーへと信号が回る（ループする）発振状態になっている。システムが壊れたり、スピーカーの近くにいる人の耳が変調を起こす場合があるため、避けなければならない現象である。すぐに音量を下げ、マイクとスピーカーの距離を離す、またはマイクとスピーカーの方向をずらす、ハウリングしている周波数帯域をイコライザーなどで減衰させる等の対策を取る必要がある。

3 スタンド・吊り装置・保管庫

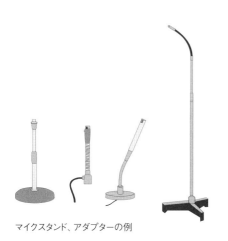

マイクスタンド、アダプターの例

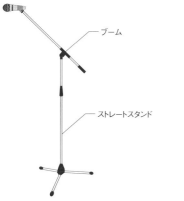

ブーム

ストレートスタンド

床上型スタンドブーム付の例

◉マイクスタンド

マイクを床や机などに立てるために色々なスタンドがある。マイクは様々な用途に使用されるため、演者の邪魔にならないように、なおかつ目的の音を収音できるようにマイクを設置しなければならない。舞台転換をする場合は軽量で自由度があり、安定感があることも求められる。床からの振動音などにも対処されている。マイクを取り付けるホルダーのネジピッチやサイズが各種存在するので、変換ネジを用意する必要がある。

　重いマイクを装着するとバランスを崩したり、途中でアームが下がったりするので注意が必要である。また広げたスタンドの脚が楽器や動線の障害にならないよう注意が必要である。

床上型スタンド（ストレートフリーストップ）

舞台の床上に設置するスタンドの総称。挨拶などに使用されるストレートスタンドが代表的なものである。演者の身長に合わせ、高さ調整のネジを回して固定しなくてもよい、フリーストップ機構が備わっているものが現在では標準的になった。ストレートスタンドには高さが3mから40cmくらいまでの特大・大型・中型・小型がある。

床上型スタンドブーム付

通称ブームスタンドと呼ばれ、主に楽器やボーカルの収音に使用する。

　高さ、距離、前後などの自由度が高いので多用されている。低い位置から楽器を収音するため（アコースティックギター等）の小型スタンドは、ミニブームと呼ばれることもある。

3

3-3

音響

卓上スタンド

演台上に設置したり、和楽器などを収音する時に使用する。高さ調整が可能である。

フレキシブルスタンド（床上・アダプタ等）

スタンドの一部が蛇のように自由に曲がる構造になっている。グーズネックやスネークスタンドとも呼ばれている。床上・卓上スタンドの上部がフレキシブルな構造になっているタイプと、アダプターとしてスタンド上部に装着できるタイプがある。

◎ 吊りマイク装置

劇場・ホールには、舞台や客席上部に収音するための吊りマイク装置が設備されている。クラシックコンサートの録音で、ホールの響きを伴ったバランスの取れた音を収音しつつ、観客の視野を妨げないために使用する。

　吊り点数により1～3点吊りの種類がある。特に3点吊りマイク装置はマイク位置を任意にセットできることから、多くのホールや多目的ホールに設置されている。ステレオ録音のため、特性の揃った質の良いコンデンサーマイクを2台1組で使用するか、ステレオ専用マイクを使用する。

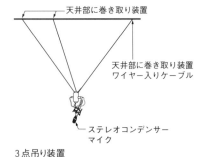

天井部に巻き取り装置
天井部に巻き取り装置
ワイヤー入りケーブル
ステレオコンデンサーマイク

3点吊り装置

◎ マイク保管庫（音響倉庫）

マイク専用の除湿保管庫。特にコンデンサー型はホコリや湿気に弱いので、専用のロッカーや除湿装置付ケースに入れて保管する。マイクの種類別に分類し、棚やケースに保管をして必要時に出しやすくしている。

保管庫の例

4 ｜ワイヤレスマイク（ラジオマイク）──入力系

ワイヤレスマイクは、マイクからの音声信号を電波に乗せて送り、受信機（レシーバー）で受信することで、マイクに接続されるケーブルをなくしたものである。ケーブルが不要なため、動きを制約することなく音声や楽器音等を収音でき、演出上の自由度が高まる。日本では無線という言葉からワイヤレスマイクと呼ばれているが、電波法の記載や国際的には、電波を利用するマイクロフォンなのでラジオマイクといわれている。

　主に400～800MHzおよび1.2GHz帯の周波数帯を使用しているが、送受信システムはマイクからの信号だけではなく、再生機器、エレキギターなどの電気・電子楽器の信号も送信する。音声信号処理をデジタル化して送信するタイプも普及している。ラジオマイクは使用周波数帯域によって、免許が必要なA型と、必要としないB型・C型・D型がある。また様々な用途に解放されている1.9GHz帯や2.4GHz帯を利用する機器もある。

① 周波数帯域の違い

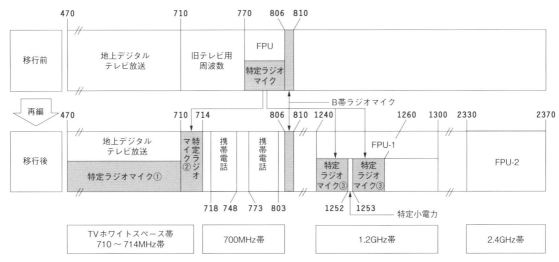

周波数移行の図

※携帯電話の普及拡大に伴い電波法が改正され、総務省が周波数を改編。2012年7月から2018年度にかけて、周波数移行がおこなわれた。移行前に使用されていた特定ラジオマイク（旧A帯）は2019年4月1日以降は一切使用できないこととなった。

❗ 使用上の留意点

- 「TVホワイトスペース帯」は全国の劇場・ホール、イベントスペースなど、施設ごとに特定ラジオマイクとして運用できるチャンネル周波数が総務省公開の「特定ラジオマイクのTVホワイトスペースチャンネルリスト」で細かく決められている。また、地デジ放送の他エリア放送やセンサーネットワーク、災害向け通信システムなどがラジオマイクと同一の周波数帯域を共用している。運用の優先順位は、地デジ放送が第一次、ラジオマイクが第二次利用で、その他は妨害せずに利用するよう決められている。

- 「特定ラジオマイク専用帯」は全国どこでも特定ラジオマイクとして運用できる帯域である。ただし地デジ放送で52チャンネルが使用されている地域では、710MHz~711MHzの1MHzはTVチャンネルのガードバンドとして必要になるため使用できない。

- 「1.2GHz帯」も全国どこでも特定ラジオマイクとして運用できる帯域である。ただし放送事業者によるマラソンなどの中継に使用するFPU（移動中継装置）や各種レーダーと周波数を共用しているため、運用には注意が必要だ。通常、送信機、アンテナ、高周波分配器（デバイダー）、受信機の組み合わせでセットされている。

⊙ A型

A型は「特定ラジオマイクの陸上移動無線局」であり、「無線局免許取得」が必要なシステムである。使用の際には「一般社団法人特定ラジオマイク運用調整機構」への加入による運用調整が義務付けられている。周波数の占有帯域が広く、高音質な伝送が可能である。デジタル方式とアナログ方式があり、使用周波数、変調方式、コンパンダー（音声圧縮方式）などによって様々な機種がある。

音声・楽器音等を特に高品質で伝送することを目的に、劇場やコンサートホール、イベント会場で音響業務用として使用される他、放送番組制作でも使用される。

A型で使用される周波数帯域は、①470MHz ～ 710MHzの地上デジタルテレビジョン放送（以下、地デジ放送）チャンネルのうち、各運用地点（使用施設）で特定ラジオマイクとして使用可能なTVホワイトスペース帯と②710MHz ～ 714MHzの特定ラジオマイク専用帯および③1.2GHz帯（1240MHz ～ 1252MHz、1253MHz ～ 1260MHz）である。

A型の最大送信出力は①と②の帯域ではアナログ10mW、デジタル50mWである。③の1.2GHz帯域ではアナログ、デジタルともに50mWだ。

同時使用可能な局数は、使用する帯域、使用可能なTVチャンネル数、アナログかデジタルかという方式や機種によって異なる。

3

3-3

音響

167

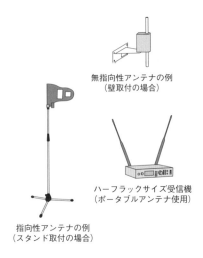

無指向性アンテナの例
（壁取付の場合）

ハーフラックサイズ受信機
（ポータブルアンテナ使用）

指向性アンテナの例
（スタンド取付の場合）

インチラックサイズ受信機

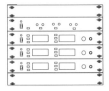

インチラックサイズ受信機のラックへの取付例
上部にアンテナデバイダー（分配器）

ワイヤレスマイクシステム

◉ B型

A型に比して専有帯域幅が少なく、より音声圧縮を必要とするのがB型ワイヤレスマイクである。圧縮がおこなわれても比較的良好な品質で伝送できることから、会議室・学校などの一般使用から劇場などでも広く使われている。免許が不要でラジオマイク専用の電波ということもあり最も普及が進んでいる。システムとして必要な機器は他のラジオマイクと同様だが、スピーチ用や楽器用として多く使われている。

　B型は特定小電力無線局と呼ばれているものである。周波数帯域は806MHz～810MHz間で125kHz間隔の30波が用意されている。免許は不要だが送信機は技術基準適合証明（技適マーク）を受けていることが必要で、空中線電力は10mW以下である。

　音声信号処理でアナログ方式とデジタル方式がある。送信機と受信機の間で、使用周波数、変調方式、音声信号を圧縮するコンパンダーなどの互換性が必要だ。また、隣接チャンネル間隔や相互変調妨害などから、用意されている30波のうち同時使用できるのはアナログで6波、デジタルで10波程度である。混信の可能性が高いので注意が必要だ。

◉ C型

C型も特定小電力無線局と呼ばれているシステムである。周波数帯は322MHz～322.15MHzで25kHz間隔の13波が用意されている。

　必要最小限の明瞭度で伝送することを目的としている。駅のホームや工場見学の説明などの構内放送に用いられることが多い。また、他のラジオマイク同様の機器が必要である。同時使用可能チャネル数は4波程度だ。電波が近距離しか到達しないので、その範囲で使用しなければならない。

　無線局の免許は不要だが、送信機は技術基準適合証明（技適マーク）を受けていることが必要だ。空中線電力は1mW以下で、ラジオマイク専用波である。

◉ D型

D型も免許不要な74MHz帯のワイヤレスマイクである。4波のみ許可されている。ただし劇場・ホールなどで使用される機会は少ないので詳述は省く。

◉ 1.9GHz帯

DECT準拠方式というデジタルコードレス電話機などに使われる通信規格を用いて、無線LANや電子レンジの影響を受けない1.9GHz帯での使用を許可されている免許不要のワイヤレスマイクの機種である。技術基準適合証明（技適マーク）の取得が必須である。10チャンネル以上の多チャンネル同時使用が可能で、アンテナを多数設けることで広い空間にも対応できるとされている。会議室などでの使用が中心である。ワイヤレスインカムにも使用されている。

◉2.4GHz帯

2.4GHz帯は無線LANやBluetoothでよく利用されている周波数帯域である。10mW以下であれば免許不要で、産業（Industry）、科学（Science）、医療（Medical）分野へ解放されている帯域だ。英語の頭文字を取ってISM帯と呼ばれているものの1つである。ワイヤレスマイクでの利用も技術基準適合証明など（技適マーク）を取得すれば認められている。

　国内外のメーカーからワイヤレスマイク、ワイヤレスインカムとして実用化されている。非常に多くの機器が同時使用されている可能性があるので、混信を避ける方策を取ることが必要となる。また周波数が高く電波の直進性が強いので、受信機と送信機の間に障害物がないようにすることも必要だ。

2 形状の違い

ハンド型

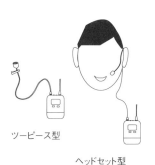

ツーピース型

ヘッドセット型

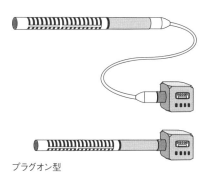

プラグオン型

◉ハンド型

コンサートやショーなどで歌やスピーチを収音するために用いる。収音マイクと送信機が一体構造になっており、手に持って使用する。有線のハンドマイクと同等の性能が求められる。

◉ツーピース型（ボディーパック型）

超小型のユニットを用いた有線マイクが送信機と分離された形で構成されている。演劇やミュージカルなどのセリフや歌を収音する時などに、マイクや送信機を目立たせず、演者の身体などに仕込む場合や、両手を使いたいなどハンドマイクが使えない場合に使用する。オンマイクとして使用するヘッドセット型マイクやピン型（ラベリアマイク）などが用いられる。送信機のマイクコネクターに変換アダプタを使用して、ハンドタイプ（ダイナミック方式）の有線マイクを使用することもできる。

◉プラグオン型

一般的に用いられる有線マイクをワイヤレス化するためのポータブル送信機をプラグオン送信機という。免許不要なB型を利用するものと免許が必要なA型があり、使用できる周波数は他のワイヤレスマイクと同様である。

◉イン・イヤー・モニター（イヤモニ）

ラジオマイクの普及で、演奏者や歌手が舞台を自由に動き回るなどコンサートのショー的要素が多くなった。スピーカー方式のステージモニターでは動きに制約が出るので、受信機に増幅回路を組み込みイン・イヤー・ヘッドホン（耳栓式）を使って、演奏に必要な音楽や歌などを聴くことができるステレオ（2チャンネル）伝送が可能な「イヤモニ用ラジオマイク」が開発され、普及している。

音がステージ上の収音マイクや客席に回り込むことで発生する音質などへの悪影響を防ぎ、演奏家や演出家と音響家の要求に沿ったミキシング作業が可能となり、表現の質の向上につながっている。

イン・イヤー・モニター（イヤモニ）

参考

▶一般社団法人特定ラジオマイク運用調整機構
ホームページ
https://www.radiomic.org/index.html

▶総務省電波利用ホームページ
「特定ラジオマイクの
TVホワイトスペースチャンネルリスト」
http://www.tele.soumu.go.jp/j/ref/material/radio/

▶旧規格のB型ラジオマイク（旧規格の特定小電力無線局）の使用期限について
2005年（平成17年）に電波法関連法案である無線設備規制において、無線設備のスプリアス発射（必要周波数帯の外側に発射される不要な電波）の強度の許容値が修正された。

この新たな許容値に抵触している「旧スプリアス規格のB型ワイヤレスマイク送信機」は、経過処置として2022年11月30日までしか使用することができない。旧規格のワイヤレスマイクをこの使用期限を超えて使用した場合、電波法違反になり、罰則・罰金（1年以下の懲役または100万円以下の罰金）の対象になるため、注意が必要だ。
　すべてのB型ワイヤレスが抵触しているわけではないが、詳細は下記URL「総務省の電波利用ホームページ」を参照するか、「旧スプリアス規格のB型ワイヤレス」で検索をすると、各メーカーの該当品番等が分かる。
http://www.tele.soumu.go.jp/j/sys/others
/spurious/#4048401

5 | 録音再生機器——入力系

音を記録すること（録音）は蓄音機の発明から始まり、円盤レコードの変遷があり、電気音響技術の発展の中でテープ録音への発達に至った。その後、より高音質を求め、対雑音比の向上を図り、コピーによる信号劣化を解消する技術として信号のデジタル化、機器のデジタル化へと急速に進化した。
　1970年代まではアナログ機器であるレコードプレイヤーや、オープンテープレコーダーが劇場・ホールの音響設備の標準機器だった。後にプロ用のカセットレコーダーがそこに加わった。1980年代からCDプレイヤー、DAT（デジタル・オーディオ・レコーダー）が加わり、1990年代にはデジタル音声圧縮技術を用いたMDレコーダーが急速に普及した。また録音再生できるCDレコーダーも普及した。
　2000年代に入ると、パソコンの高性能化に伴って録音再生をパソコンでおこなうことが通常になり、デジタル・オーディオ・ワークステーション（DAW）ソフトが各種使用されるようになった。2010年代に入ると大容量メモリーが廉価になり、記録機器から故

障の原因となるモーターなどの回転系がなくなっていった。

　舞台音響ではきっかけ（CUE／キュー）で録音された音を再生することも重要な仕事の1つとなっている。「ポン出し」ともいう。19インチラックタイプのメモリーレコーダーやパソコンを使用したシステムが使われている。少し前まではCD-Rを利用したCDプレイヤーもよく使われていた。

　ここでは、2チャンネルステレオの機器群と、パソコンと音声信号を接続するオーディオインターフェースを用いたシステムの2種について述べていく。

■1 2チャンネル録音再生機器

両耳効果で立体的に聞くことができる2チャンネルステレオが音の記録再生の基本となっている。音質を第一に考えられた音楽録音のマスター録音に使用できるものから、催しや作品などでの音の再生を主とするものまで、各種の機器がある。劇場・ホールではプロオーディオ用と称されているものを用いている。民生用との大きな違いはアナログ入出力のコネクターがプロ仕様のXLRタイプのものになっている。また信号レベルもプロ用として一般的なものに準じている。

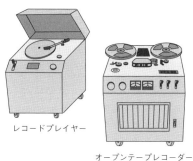

レコードプレイヤー

オープンテープレコーダー

カセットテープレコーダー

アナログ再生機器の例

◉アナログ録音・再生機器

舞台音響設備からアナログ機器であるレコードプレイヤーや、オープンテープレコーダー、カセットテープレコーダーはほとんどなくなっている。しかし過去のレコード、あるいは録音テープの再生で使用する場合がある。また円盤レコードはDJという1つの分野を形づくる音楽パフォーマンスのツールとして使われている。

❶ 使用上の留意点

デジタル信号には様々な規格がある。規格が異なると接続不能となるので、デジタルで接続する場合、注意が必要である。また施設では音質上から、MP3あるいはAACといった信号圧縮方式は使用しない。また使用メディアが各種あり、CD、CD-R、DVD-R、MD、SDカード、USBメモリーなど録音再生する時に必要とされるメディアの確認が必要である。

◉デジタル録音・再生機器

デジタルの再生専用機器として、CDプレイヤーがある。録音再生機器としては、使用するメディアの違いからDATレコーダー、CDレコーダー、MDレコーダー、ハードディスクレコーダー、メモリーレコーダーなどがあるがDAT、MD、CDの各レコーダーは使われなくなっている。メモリーレコーダーの中には施設で一般に使われているインチラック取り付け型ではなく、携帯型でマイク内蔵の機器も各社から発売されている。

　16チャンネル以上のマルチチャンネルのレコーダーがいくつか発売されているが、ミュージカルなどで、バンドなしでのリハーサ

CDプレイヤー

DATレコーダー

MDレコーダー

メモリーカードレコーダー

デジタル録音・再生機器の例

ルや歌い手なしのテクニカルリハーサルでの利用など、リハーサル用として重宝する場合がある。

　最近では、デジタル音響調整卓に録音機能を持たせた機器が登場している。USBメモリーなどで記録可能となっている。

2 パソコン使用の機器

劇場・ホールで音楽録音を本格的な業務としておこなうことは少なく、高度なシステムを常備することは少ないと思われる。しかし、ナレーションや効果音、あるいは記録用などの簡易な音楽録音のために備品として装備される場合がある。

　パソコンの種類やオーディオインターフェースといったハード面とアプリケーションソフトによって、多種多様なシステムがある。パソコンのオーディオ用アプリケーションソフトを用いて、パソコン内蔵や外部ハードディスクなどの記録メディアに録音するシステムである。パソコンの能力向上とともに普及し、信頼性が向上してきたため、現在ではほとんどの録音がこの方式でおこなわれている。

　簡易な録音から、演劇やミュージカルの音楽、効果音の録音編集用など、使い方は様々である。パソコンのOSやそのバージョンアップ、オーディオ用アプリケーションソフトの多様性や頻繁におこなわれるバージョンアップなど、システムやソフトの選択、維持に労力が必要とされる。劇場・ホールでの業務に必ず役に立つツールなので、使用目的に合わせて用意すると良い。

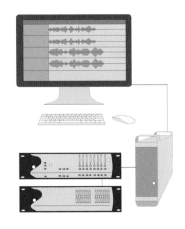

パソコン使用の機器

6 | 音響調整卓──コントロール・伝送系

劇場・ホールでは音響調整室の音響調整卓がシステムの要である。多数のマイクや再生機器類からの入力信号をミキシング（混合）して、常設スピーカーや移動スピーカーなど多数の出力系統へ送っている。多くの劇場・ホールでは音響調整室に常設してあるが、演劇やコンサートでは客席に移動卓を設置し、出力を舞台上のアンプへ送りスピーカーを直接駆動するか、音響調整室の卓へ送るという使い方がされている。

音響調整卓に求められる基本的な機能として増幅、様々なパラメーターの制御、出力系等の選択（ルーティング）、記録（記憶）がある。

音響調整卓は大型で高額な機器から、小型で廉価な機器まで各種存在している。録音用、PA用、放送用の3種類があり、劇場ではPA用を劇場用に整えたものを使用することが多い。その劇場専用に設計されたものもある。コンサートホールでは録音用がPA用とは別に設置されている場合がある。客席で操作する移動卓はPA用を使用している。この項では、音響調整室や移動用に設備されているPA用を中心に記述する。

音響調整卓は内部回路や入出力回路、入出力コネクターの信号処理の違いから、大きく、アナログ音響調整卓とデジタル音響調整卓に分けられる。

扱う信号がアナログであろうとデジタルであろうと、音響調整卓では音の3要素である大きさ、高さ、音色をコントロールし、複数の音をミキシングし、複数の出力系にそのレベルをコントロールしながら配信するという機能は同様である。

▇ 信号処理の違い

アナログ音響調整卓の例

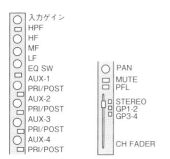

チャンネルストリップの例

◉アナログ音響調整卓

アナログ音響調整卓では、マイクやその他の機器から出力された（アナログ）音声信号を（アナログ）電子回路で信号処理をおこなっている。オペレータが操作するほとんどのつまみやフェーダー、スイッチに付随する電子部品類に直接音声信号が通過している。

アナログ卓での標準的な信号処理のパラメーターは、インプットゲイントリム、ハイパスフィルター、イコライザー（High/Mid/Low）、AUX回路のレベル、AUX回路のプリ／ポストフェーダーの切り替え、L/Rのパンポット、アウトプット回路の選択（アサイン）、フェーダーゲインなどである。それらがチャンネルストリップという形の直線配置になっているのが一般的である。

AUX回路やアウトプット回路を多く持ち、イコライザーを細かく調整できる高機能な機器になれば、それに比例してつまみやスイッチ類、表示部品が増え、操作面も大きくなる。チャンネルストリップが長大になり、つまみ類が小さく、密集度が高く、調整にも高い技能が必要となる。配線経路も長くなり、外来ノイズの混入や、他

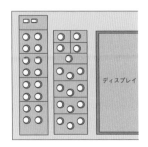

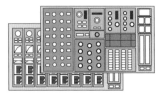

デジタル卓の操作部の例

ラックタイプの入出力ボックスの例

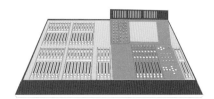

中型デジタル卓の例

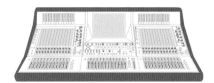

大型デジタル卓の例

のチャンネルの信号の漏れ、回路が増えることによる内部ノイズの増加などが起きる。従って、高性能なアナログ卓の製造には高い技術が必要となった。

その後、シンプルで高機能かつ高性能なデジタル卓の登場によって、大型のアナログ卓は役割を終えたといっていいだろう。小型のアナログ卓では回路技術が高度化し、廉価で一定程度の品質が得られるようになり、普及品が多種多様に存在している。

◉デジタル音響調整卓

デジタル音響調整卓では、マイクやその他の機器から出力された（アナログ）音声信号をアナログ／デジタル変換（A/D変換）回路でデジタル音声信号に変換して、デジタル信号回路でアナログ卓と同様のパラメーター処理をおこなっている。デジタル卓ではそのパラメーターに加えて、コンプレッサーやリミッターなどの音圧制御やディレイ処理という時間軸制御が標準装備されている。これらはアナログ卓では周辺機器として個別の機器を用意しなければならなかったものなので、システム全体が簡素化できることになった。

劇場・ホールではPA卓、モニター卓、録音卓、効果卓など異なる用途に合わせてそれぞれに適した卓を配置することもあったが、デジタル化によって、1つの機種で対応が可能となった。またデジタル化によって、作業内容を記憶することができるようになり、作業の再現性の精度が飛躍的に高まり、より緻密な音響作業が可能となった。パソコンやタブレットPCによるリモート（有線・無線）操作、あるいはデータの保存作業が必須となった。

海外を含めた多くのメーカーから、各種のデジタル卓が発表されている。それぞれ操作方法は異なるが、入出力回路とミキシング回路を接続するパッチ作業などの作業内容は、機種が異なっても同様である。

デジタル卓では本体に実装された入出力コネクターに加え、リモート操作可能な入出力ボックスや、それを複数実装したラックなどを舞台や客席、あるいはアンプ室などに配備するのが一般的だ。それによって、ほとんどの信号回線をデジタル化できる。この時、デジタルオーディオネットワーク技術が使われる。

解説

▶デジタル音声信号処理について

デジタル音声信号処理では、デジタル信号を決定する2つの性質が重要である。音声振幅軸情報を規定する「量子化ビット数」と周波数軸情報を規定する「サンプリングレート（周波数）」の2つである。代表的なのは24ビット・48KHzと24ビット・96KHzである。ビット数が多ければ多いほど、ダイナミックレンジの大きな信号処理が可能となる。またサンプリング周波数が高ければ高いほど、アナログ化した時の音声信号の上限周波数が高くなり、音質が向上する。

② 設置場所の違い

劇場・ホールにおける音響調整卓は、設置場所による違いで分けられる。音響調整室の固定卓と舞台袖卓、客席や舞台で使用する移動卓がある。

⊙ 音響調整室固定卓

劇場・ホールには音響システム全体をコントロールする音響調整卓が音響調整室に常備されている。プロセニアム形式の劇場以外では、客席後方の上層階にある技術ギャラリーと呼ばれるエリアに、照明や他のスタッフ系の操作卓と一緒に設置されることが多い。

⊙ 舞台袖卓

舞台袖に、簡易な音響操作で対応できる催し向けに、アナウンスや1～2台の再生機器を付属させた音響調整卓をラックなどに装備して設置する場合がある。また本章2-5「連絡設備」で述べるエアーモニターや「がなり」と呼ばれる進行アナウンスを調整する運営系の舞台連絡卓が設置されていることも多い。

⊙ 移動卓

音楽コンサートや演劇では多くの場合、客席に移動卓を設置して操作する。観客と同じ環境で音を操作することで、音のバランスを最良にすることができるからだ。

③ 周辺機器

音響作業で様々な付加効果を必要とする局面がある。音の時間軸に関連するもの、ディレイやエコー、リバーブ（残響付加）、コーラス、音の高さを変えるピッチシフト、音そのものの長さを変化させるタイムストレッチ、音の周波数特性を変化させるイコライザー、フランジャー、ワウワウ、音の大きさに関わるダイナミキシング系のコンプレッサー、リミッター、ゲート、エキスパンダー、ディストーション、パンニングなどがある。アナログ卓では周辺機器として、これらの機能を備えた機器を用意する必要があった。デジタル卓になって周辺機器の機能は内部に収まった。アナログ音響調整卓の時代のように、卓の横にエフェクターを山積みすることはほとんどなくなったが、現在でも機種特有の音を求めて、多くの機種がそのまま使われたり、その機種をシミュレーションしたプラグインソフト（基本機能に加えて機能拡張するソフトウェア）が使われている。

マルチエフェクター

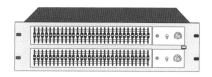

グラフィックイコライザー

周辺機器の例

7 ｜ 回線系──コントロール・伝送系

舞台音響機器は、信号の入力コネクターまたは出力コネクター、あるいは双方を持っている。機器間を信号処理に合わせてケーブルとコネクターで接続することで、舞台音響設備が構成されている。そこで扱う信号には様々な規格があり、それに合わせて各種のケーブルやコネクターが存在している。これらの接続配線を「回線」と呼んでいる。

■ ケーブルとコネクター類

XLR-Mコネクター

XLR-Fコネクター

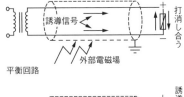

平衡回路

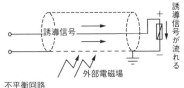

不平衡回路

平衡回路の原理

110号コネクター

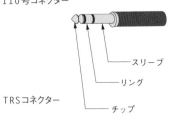

TRSコネクター ── スリーブ／リング／チップ

◉ 機器間の接続に使用するケーブル

通常はアナログ伝送を用い、機器間をマイクレベルかラインレベルで、汎用ケーブルを使用して接続する。スピーカーに接続する場合は、スピーカー専用ケーブルで接続することが多い。

[アナログ回線に使用するケーブルとコネクター]

◉ （シングル）ケーブル、コネクター

施設ではマイクからコネクター盤やコネクターボックス、機器間接続に、汎用アナログ（シングル）ケーブルが使用される。マイクケーブルと呼んだり、ラインケーブルあるいは単にケーブルと呼んだりする。その頭に長さを付けて「5mケーブル」などと呼んでいる。線の両端にコネクターが付き、主としてXLRタイプの3端子規格となっている。

微弱な信号レベルを扱うため、外来ノイズの混入に強い網組み被覆で電磁シールドされているものを使用している。平衡回路仕様となっていて、芯線のプラス（＋）側、マイナス（－）側の線をさらにそれぞれ2本で撚（よ）った4芯シールドケーブルが通常使用されている。民生用のマイナス側と被覆を共用する単芯シールドケーブルは、家庭や楽器用として使用されているが、誘導雑音に弱いので施設では極力使用しないようにしている。

30cm前後の短いパッチ盤（音響調整室などにある集中コネクタ盤）用から、20～30mの長さのものまで、必要に応じた数十本あるいは百本以上のケーブルが用意され、使用されている。

◉ 各種平衡タイプのケーブル・コネクター

施設で使用されるプロ用音響機器は、おおよそXLRタイプのコネクターに統一されているが、音響室でのパッチ盤には110号コネクターやバンタムコネクターなどが用いられている。また、ステレオフォーンコネクターをTSR（Tip、Sleeve、Ring）を用いて平

RCAピンコネクター

ステレオミニ
フォーンコネクター　　フォーンコネクター

BNCコネクター

マルチコネクター

マルチケーブルとマルチボックス

❗ 使用上の留意点

ケーブルの径が太いため、床を這わせる際は、舞台上や客席の動線の障害にならないよう、引き回しに注意が必要である。ケーブルを伸ばした時に、ねじれやヨレが少なくなる「8の字巻き」で巻き取り、保管することが基本である。

スピコンコネクター

延長用アダプター

衡回路として利用している機器もある。パッチ盤用のケーブルは30cmほどから1mほどの長さになっている。TSRタイプとXLRタイプの変換ケーブルは10cmから数10cmのものがある。

⊙ 各種不平衡タイプのケーブル、コネクター

施設にも民生用の機器や楽器類が持ち込まれることがしばしばある。それらと劇場のコネクター盤や機器との接続用に一通り用意されていることが多い。家庭用ステレオで使われているRCAタイプのピンコネクター、楽器などに使われているフォーンタイプのコネクター、携帯用の音楽プレイヤーやスマートフォンに使われているミニステレオプラグなどを使用したケーブルである。

⊙ BNCケーブル・、コネクター

BNCケーブル、コネクターと呼ばれる単芯シールドケーブル、コネクターは、映像系やワイヤレスアンテナ系など、高周波伝送で損失を最少にする必要がある回路で使用されている。ケーブルのインピーダンスには複数あるので、誤用に注意が必要である。

⊙ （アナログ）マルチケーブル、コネクター

シングルケーブルを複数束ねて1本のケーブルにしたものである。多数のチャンネルを接続する時、マルチケーブルを使うことで接続作業を大幅に簡素化できる。8チャンネルから16、24、32チャンネルと8の倍数の種類がある。

　両端にマルチコネクターが付いていて、コネクター盤あるいはコネクターボックス、コネクターにチャンネル分の短めのシングルケーブルを付けた先バラケーブルに接続して使用する。

⊙ スピーカーケーブル

壁や床に設置してあるコネクター盤や、移動アンプのコネクターとスピーカーを接続するケーブルである。スピーカーケーブルには大きな出力信号が通るため、2本の太い導線を撚ったスピーカー専用ケーブルが用いられている。太さや色が各種あり、使用目的に合わせて選択されている。5、10、15m等の数種類のケーブルと延長用のアダプタなどを用いて様々な仕込みに対応する。

⊙ スピーカーコネクター

損失が少なく、脱着が容易で、かつロックが掛かるコネクターが使用される。現在はスピコン（ノイトリック社の商品名）というコネクターが主流である。当初はひねってロックを掛けるものだったが、現在は差し込むだけでロックが掛かる。ケーブルを延長するには中継コネクターを使用する。スピコン以外に、EPキャノンコネクターやXLRタイプの4端子のものが多く使われている。

イーサコンコネクター

● パワードスピーカー用コンビネーションケーブル

パワードスピーカーに必要な電源ケーブルと信号ケーブルを一体化したケーブル使用するのが一般化してきている。

［デジタル回線に使用するケーブルとコネクター］

デジタル伝送は複数の規格が混在して利用されている。新築または改修された劇場・ホールには、デジタルオーディオネットワークが導入されている。LANコネクターを施設の各所に設けられた主要な音響コネクター盤に実装し、機器類を接続することが一般的となってきた。LANコネクターはイーサコンコネクター（ノイトリック社の商品名）を使用するのが一般的だ。回線の2重化のため、コネクターが2口ずつ装備されている。また長距離（100m以上）の場合は、光伝送に変換して接続する。

デジタルオーディオネットワークでは、I/O（ステージ）ボックスというリモートマイクアンプが内蔵された入出力用のコネクターボックスを使用し、アナログの配線を最少にしている。施設では音響調整室、舞台袖、アンプ室や客席コネクター盤など、音響回線の基地となるところに配置され、そこからアナログ回線に接続されて個々の催しに必要な音響システムが構成される。

1つの回線に複数台の機器を接続するにはLANスイッチが必要である。上記の基地ごとに必要となる。

伝送オーディオ規格はイーサネット、コブラネット、オプトコア、REACなどメーカー独自開発から始まったものから、DANTE（現在では多数を占めている）、MADI、AVB（IEEE 802.1AVB）など共通規格として開発され、普及しているものなど多種あるのが実情である。新しい規格ほど伝送遅延が少なくなっている。

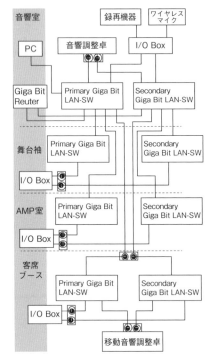
デジタルオーディオネットワーク

② コネクター盤、コネクターボックス

劇場・ホール内各所には、音響設備の端末であるコネクター盤、あるいはコネクターボックスが配備されている。コンセントボックス、コンセント盤と呼ぶ場合もあるが、ここでは信号接続をおこなうコネクターという名称に統一する。設置してある場所ごとに説明する。

床コネクターボックス

● 舞台床

舞台上の床各所に、マイク入力用やスピーカー出力用のコネクターボックスを埋め込みで設置してある例が多い。出演者やスタッフの動線を妨げるので、使用に注意が必要である。

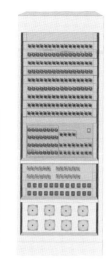

壁コネクター盤　　　舞台袖集中盤

◉舞台袖壁取り付け盤、舞台袖集中盤

舞台袖中の壁には各種コネクターを取り付けた盤を設置してある場合が多く、そのほとんどに100V30Aや20Aの音響専用電源が装備されている。可変舞台で床面が動く場合、壁取り付け盤が基本となる。ケーブルを必ず引き回すので、その対策が必要である。

　また舞台袖に施設の回線を集中させてある場合がある。各種回線のパッチ替えをおこなう。デジタルネットワークシステムではステージボックスを盤に配置し、アナログ回線をパッチ入力する。

◉音響調整室集中盤

音響調整室には、施設内の音声信号回線がすべて音響調整卓に接続できるように、コネクターを多数持ったパッチ盤が設備されている。マルチコネクターのパッチができるように、各所からの回線がコネクターとして出ている。

　デジタルネットワークシステムでは、デジタル音響調整卓やパソコンで全体のシステムのパッチをおこなう。

◉ロビー、ホワイエ

観客の動線エリアであるロビー、ホワイエにも音響のコネクター盤が配置され、様々な用途に使用されている。

◉客席用仮設盤

コンサートや演劇、ミュージカルでは、客席内に音響調整卓を設置してミキシングをおこなうことが必須とされる。そのため音響調整卓の入出力に見合うチャンネル数のコネクターが必要となり、マルチチャンネルコネクターを複数取り付け、床や壁にボックスとして設備する。そこにインターカム回路やBNC回線、LANコネクター他が同居している。また音響用に、20A、30Aの電源が複数用意されている。

◉技術ギャラリー、バックヤード各所

舞台面だけではなく、舞台上部の技術ギャラリー、スノコ、楽屋通路や仮設花道の出待ちスペースなど、各所にコネクター盤が用意されている。

◉収録・中継用

番組収録や中継用として必要な回路を持った中継用盤が中継車駐車スペース近くに用意され、音響室集中盤を介して施設内の各コネクター盤とつながるようになっている。ケーブルを這わせることを前提に、扉に「ネズミ穴」と呼ばれる穴や、廊下や階段にフックを取り付け、機能を確保している例も多い。また収録・中継用の音響調整を、空いている楽屋等を利用しておこなうこともある。施設の回線と接続する必要があるが、その際、分岐専用の機器などを用いてノイズの混入や、接続ミスによるトラブルを避けることが望ましい。

8 | 電源設備

微細な信号の処理をおこなう電気音響設備では、電源のクオリティが重要である。以前は照明の調光回路から出るノイズの混入が、最も大きな問題だった。現在ではエレベーター、空調設備、舞台機構設備で、速度可変などのために使用されるインバーターから出るノイズが問題となることが多くなっている。また電源を必要とする移動型機器を使用する時は、電源容量に十分注意する必要がある。

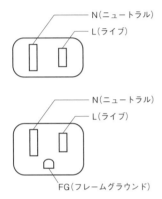

N（ニュートラル）
L（ライブ）

N（ニュートラル）
L（ライブ）

FG（フレームグラウンド）

AC100Vコンセントの極性

❶ 使用上の留意点

音響機器に一般的に使用されるAC100Vには極性があり、ニュートラルは配電系のトランスなどで接地されている。L（ライブ）側に触れると感電するので注意が必要。FG（フレームグラウンド）は施設の接地端子に接続されている。機器の筐体での感電を防止している。

◉ 常設機器用

常設機器につながる電源系統や、音響用として明示してある電源コンセントは、音響用として独立したアース（接地回路）を持たせ、外来ノイズの混入に考慮したものとなっている。

カットリレー機能

非常事態を知らせる非常放送が入った際、客席や舞台上でもその内容を聞き取れるようにするため、舞台音響を遮断できるようになっていなければならない。施設の防災センターから遮断のためのカットリレー機能が音響調整室や舞台袖、アンプ室などに備わっている。

◉ 持ち込み機器用

持ち込み機器用に、主として舞台袖に大容量の音響用電源が複数用意してある。また客席にも音響調整卓や周辺機材のための電源が用意してある。

映像機器を接続することも多く、少しのノイズでも映像に影響が出るので、電源のクオリティが良質であることが必須となっている。

機材を大量に持ち込むポップス系コンサートでは、電源容量が大きな問題となる。容量が足らない時は電源車を持ち込むなどの対応が必要となるので、施設側では容量を熟知しておく必要がある。

■ おわりに

現在の劇場・ホールの電気音響設備について述べてきました。電気音響技術は電話と蓄音機の発明から綿々と続いた100年来のアナログ技術が、近年のデジタル化で大きな転換期に入っています。ただ音波を電気信号に変換し、人の感覚に関わるように処理をおこない、再び音波に変換するという電気音響の原理は変わりません。原理や基礎を支えに、電気音響の新しい技術への興味を持ち続けてください。

新しい技術は与えられるものではなく、創り出すものです。創作者や観客の想像力を信頼し、ともに歩むスタッフワークに努力して欲しいと思います。

楽器と演奏形態

舞台音響に携わる者の持っておくべき知識として、音楽の知識がある。その中で楽器と
演奏形態についてはその知識を応用する場面が多いので、基礎的なことを記す。

1．楽器の知識

楽器は音を出す仕組みにより分類される。クラシックやジャズ、ポップスで一般的に使われる楽器を以下に記す。

①打楽器
音階があるティンパニーや鍵盤のあるマリンバ、シロフォンなどと、その他のものに分けられる。

②弦楽器
弦を弓で弾くことが中心のバイオリン、ビオラ、チェロ、ダブルベース（コントラバス）と、弦を指やピックや爪ではじくギターやマンドリン、ウクレレなどに分かれる。

③管楽器
木管楽器と金管楽器に大きく分けられる。木管楽器はリードという振動板を1枚使うクラリネットやサクスフォンなどを「シングルリード」と種別し、2枚使うオーボエやファゴット（バスーン）などを「ダブルリード」という。リードを使わないフルートやピッコロ、リコーダーなどは「エアリード」という。

金管楽器には唇を震わせて音を出すトランペットやトロンボーン、ホルン、チューバなどがある。これらのことを「リップリード」という。

④鍵盤楽器
ハンマーで弦を叩くピアノ、弦をはじくチェンバロ（ハープシコード）、金属板を叩くチェレスタなどがある。パイプオルガンは吹き口（エアリード）を音階と音色の数だけ持った楽器であり、足踏みオルガンやアコーディオン、バンドネオンはリードを数多く持った「フリーリード」である。

⑤電気・電子楽器
発音の仕組みの違いで様々なものがある。電気ピアノ、電子ピアノ、電子オルガン、シンセサイザーと呼ばれるるものが各種存在している。

2．楽器の略号

[オーケストラ]

略字	名称	種別
Bcl	バスクラリネット	木管楽器
Cemb	チェンバロ（ハープシコード）	鍵盤楽器
Cl	クラリネット	木管楽器
EH/E.Hr	イングリッシュホルン	木管楽器
Fg/Bn/Bon	ファゴット（バスーン）	木管楽器
Fl	フルート	木管楽器
Hp	ハープ	弦楽器
Hr	ホルン	金管楽器
Wb（CB）	ダブルベース（コントラバス）	弦楽器
Ob	オーボエ	木管楽器
Orch	オーケストラ	
Org	オルガン	鍵盤楽器

略字	名称	種別
Pf	ピアノ	鍵盤楽器
Picc/Pic	ピッコロ	木管楽器
Sax	サクソフォン	木管楽器
Tb	チューバ	金管楽器
Timp	ティンパニー	打楽器
Trb/Tb	トロンボーン	金管楽器
Trp/Tp	トランペット	金管楽器
Tub/Tb	チューバ	金管楽器
Vla/Va	ビオラ	弦楽器
Vc/Vlc	チェロ	弦楽器
Vn I/Vln I	第一バイオリン	弦楽器
Vn II/Vln II	第二バイオリン	弦楽器

［ポップス、ジャズ］

略字	名称	種別
AGt	アコースティックギター	弦楽器
ASax	アルトサクソフォン	木管楽器
Bong	ボンゴ	打楽器
BSax	バリトンサクソフォン	木管楽器
Cho	コーラス	
Cong	コンガ	打楽器
Drs	ドラムの総称	打楽器
EGt	エレキギター	弦楽器（電気）
EB	エレキベース	弦楽器（電気）
FGt	フォークギター	弦楽器
FTom/FT	フロアタム	打楽器
GGt	ガットギター	弦楽器

略字	名称	種別
HH	ハイハット	打楽器
Kick/BDr	キック（バス）ドラム	打楽器
KB/Key	キーボード	電子・電気楽器
Per/Pc	パーカッションの総称	打楽器
RTom	ラックタム	打楽器
SSax	ソプラノサクソフォン	木管楽器
Sn	スネアドラム	打楽器
Top	トップシンバル	打楽器
Toys	パーカッションの小物	打楽器
TSax	テナーサクソフォン	木管楽器
Vo	ボーカル	

3．楽器の音域

各楽器の最低音から最高音を明示したのが下の図である。楽器の音域表は、音質調整やマイクアレンジを するために、音楽と音響の橋渡しとして重要だ。ピアノの鍵盤と周波数が表示されている。オーケストラ のチューニングは、オーボエのA4（ラ）の音程を基準におこなわれる。周波数は440Hzである。

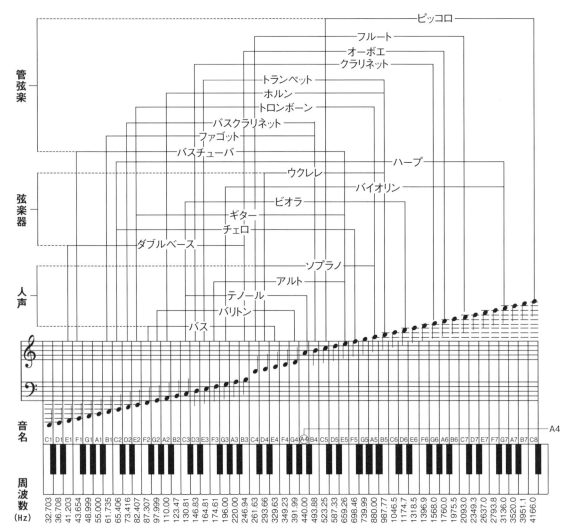

4．演奏形態

［洋楽］

ジャズやクラシックの重奏は弦楽器、管楽器、ピアノなどの各種組み合わせによるアンサンブルであり、次の形態がある。ジャズの典型的な楽器編成は、ピアノ、ベース、ドラムからなるリズムセクションと任意に加えられたギターの編成が原型で、それに数種の管楽器が加えられる場合がある。

①ソロ
ピアノ、バイオリンなどの楽器による１人での演奏形態。

②二重奏（デュオ）
同種または異種の２楽器による演奏形態。

③三重奏（トリオ）
ピアノ、ベース、ドラムなど。（クラシックではピアノ、バイオリン、チェロが代表的な編成）

④四重奏（カルテット）
ピアノ、ベース、ドラム、サクソフォンなど。（クラシックではバイオリン、ビオラ、チェロ、ピアノによるピアノ四重奏、弦楽四重奏など）

⑤五重奏（クインテット）
ピアノ、ベース、ドラム、サクソフォン、ギターなど。（クラシックでは弦楽四重奏にピアノを加えたピアノ五重奏、木管五重奏、金管五重奏など）

⑥六重奏（セクステット）
ピアノ、ベース、ドラム、サクソフォン、トランペット、トロンボーンなど。（クラシックでは２バイオリン、２ビオラ、２チェロなど）

⑦七重奏（セプテット）
ピアノ、ベース、ドラム、パーカッション、サクソフォン、トランペット、トロンボーンなど。（クラシックでは弦のみの編成は少なく、管、弦、ピアノ、ハープなどの混合編成が多い）

⑧八重奏（オクテット）
ピアノ、ベース、ドラム、ギター、パーカッション、サクソフォン、トランペット、トロンボーンなど。（クラシックでは弦楽八重奏、管楽八重奏、それらの混合編成など）

⑨オーケストラ
多種類の楽器の集合体として成立するが、使われる楽器を同種ごとにまとめ、弦楽器群、木管楽器群、金管楽器群、打楽器群の４つに分けて考える。

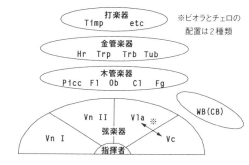

※ビオラとチェロの配置は2種類

現代オーケストラの一般的な配置

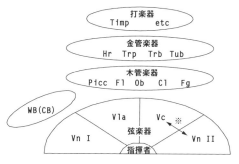

古典的なオーケストラの配置

⑩ビッグバンド
管楽器はトランペット、トロンボーン等の金管楽器、クラリネット、サクソフォン、フルートなどの木管楽器（リード楽器、ウッドウィンド楽器とも呼ばれる）サックス、トロンボーン、トランペットの３群から構成される。リズムセクション以外をブラスと呼んでいる。

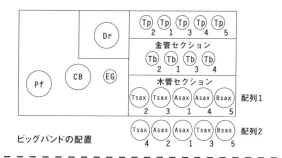

ビッグバンドの配置

［邦楽］

ここでいう邦楽とは、演奏スタイルとしての邦楽であり、邦楽器を用いた演奏を指す。

　古くは雅楽から始まり、能・狂言での音楽、琵琶や三味線による語り物の音楽、そして多くの民謡の起源となった盆踊りの音楽、江戸時代に入っての歌舞伎音楽、俗歌、俗謡、箏曲、座敷舞など多くの音楽が現在も伝承されている。純音楽として演奏会などが開かれる機会も多い。

①箏の演奏会例

箏のみの演奏会では楽器配置に特別な決まりはないが、現代曲において一般的に下手（左側）から第一箏、第二箏、第三箏、そして十七弦とパート別に配置することが多い。

箏の演奏会配置例

②三曲の演奏会例

今日、一般的に三曲というと、箏・三絃・尺八（胡弓）の合奏をいう。三曲の合奏の配置には慣例がある。下手から箏・三絃・尺八（胡弓）と並ぶのが標準的である。

　元来、三曲は箏・三絃・胡弓による合奏であったが、明治４年、普化宗の虚無僧制度が廃止されたことにより、尺八と地歌・箏曲との結び付きが強くなり、胡弓に代わって尺八が三曲の編成に加わったといわれている。

三曲の演奏配置例

③長唄や浄瑠璃の演奏会例

長唄は歌舞伎の伴奏音楽から発生したもので、唄と三味線、囃子方で演奏される。囃子方が舞台に出るのを出囃子という。唄と三味線が一列に並ぶ配置が通常であるが、出囃子を伴う時は２段に配置される。上段に唄、三味線、下段に太鼓、大鼓（おおかわ）、小鼓、笛の四拍子が並び、大太鼓や鉦などは下座（下手の囲いの中）で演奏する。

　浄瑠璃のうち、義太夫は文楽の伴奏で語り手（太夫と呼ばれる）と三味線で演奏される。常磐津は歌舞伎の舞踊とともに発達した音楽で、同じく語り手（浄瑠璃という）と三味線で演奏される。清元も同様である。

一列の演奏形式の例

雛壇の演奏形式の例

巻軸（トメ）：立唄、立三味線と同格の演奏者で、「立」の意向に添って、全員の唄や撥が合うように演奏する。

上調子：他の三味線より高音（完全４度や５度）に調律され、主旋律よりオクターブ高い旋律を弾き、華やかな効果を担う。

3 - 4

映像

舞台映像設備の概念

かつての劇場・ホールにおいて舞台技術の設備といえば、舞台機構・舞台照明・舞台音響の3つでしたが、近年では新たに舞台映像という設備が追加されました。その理由は高画質で高性能な映像機器の開発と、コンピューターの大幅な機能向上に伴ったデジタル映像技術の発達によって、演出や舞台美術に映像を用いることが容易になり、使用頻度が増加したためだと考えられます。

特に、投映による画像プロジェクションの発展は目覚ましく、舞台での使用に耐え得る高輝度なビデオプロジェクターの出現により、映像の使用頻度は格段に上がりました。また、映像コンテンツの制作・編集・送出・管理などの、本来は専用の機器と技術者が必要な作業が、現在では一般的なパソコンでもおこなうことが可能になっています。この映像のデジタル化による新たなテクノロジーが、舞台映像の利便性・創造性の両面を高めることになりました。

しかし、近年の高性能な映像機器が開発されるまで、画像プロジェクションがなかったかというと全くそうではありません。代表的な方法として、照明機器である投影器やスライドプロジェクターによる画像表示、フィルム映写機による動画表示などがあります。実際に投影器などによるプロジェクションは現在もおこなわれており、世界中の劇場・ホールには、その効果を用いた素晴らしい演出の演目が数多くあります。

しかし、旧来の舞台照明機器によるプロジェクションは、画像をアニメーションさせるという点において大きな制限があり、フィルムを用いた動画システムでは、コンテンツの制作から映写技術まで、特殊な専門技術と専用機器が必要になるので、一般的な舞台演出でやすやすと使用できるものではありませんでした。このような事情により、画像プロジェクションは照明機器やフィルム映写機に代わって、映像を用いたビデオプロジェクターに移行されてきています。

現在、観客に対して様々な映像表示をおこなう舞台映像という技術は、演出や舞台美術のプランに新しい表現方法の可能性を示唆しています。また、先に述べたように機構・照明・音響の3つであった、舞台設備のあり方に大きな変化をもたらしました。劇場・ホールにおいて舞台映像設備とは、この新しい舞台技術をおこなうための設備ということになります。

舞台映像設備のイメージ

下の図は舞台映像設備の機器構成や信号の流れを簡略化したものです。各構成機器は役割ごとに、素材機器・操作機器・表示機器の3つに大きく分けることができ、さらに機器間を結ぶための回線があります。実際の運用では図に当てはまらない場合もありますが、基本的にはこのようになります。

ここで大切になるのは、観客に対して「どのような映像をどのように見せるか」という、映像表示の最終目的をはっきりイメージすることです。次に、この目的を実現させるために「どのような機材をどのように使うか」という過程を考え、具体的な機器構成や回線を決めていきます。このような映像表示をおこなうための構想を映像プランといいます。

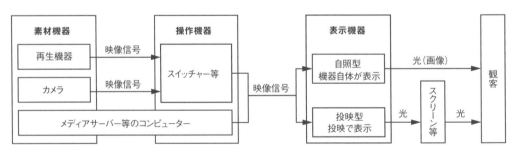

舞台映像設備イメージ図

1 | 表示機器

舞台映像設備において、表示機器は観客との接点となる重要な機器である。劇場・ホールが所持する、これらの機器の台数や表示可能な画面サイズによって、舞台映像設備の基本性能が決まるといえる。

　現在、表示機器は自照型と投映型の2つがあり、どちらも光を発する機器であるが、その表示方式は大きく異なる。

1 自照型表示機器

自照型表示機器とは、機器自らが発光して画像を表示する機器を指す。一般的に映像モニター、テレビ、ディスプレイなどと呼ばれる機器の総称である。（非常に曖昧ではあるが、モニターは映像確認／監視用、テレビはテレビジョン放送受信用、ディスプレイは映像表示機器のような意味合いである）

　自照型表示機器をステージまたは客席に設置し、観客に向けて映像を表示するケースで最も多いのは、情報の伝達や映像作品の発表など、映像コンテンツそのものを見せることが目的となる場合である。主な具体例としては、コンサートやイベントでの映像によるイメージ表現、試写会、ビデオプロモーション、ビデオプレゼンテーション、ビデオインフォメーションなどがある。特にLEDディスプレイなどの大型ディスプレイの一部には可搬性の高いものがあり、シーンの変化で転換することが可能で、単なる映像の表示機器というだけではなく美術的な役割を持つこともある。

　また、機器自体が小道具的に活用され、演出に必要な役割を担って映像を表示することが目的となる場合もある。例えば、現代演劇などで出演者がテレビを見る演技がある場合、そのテレビにストーリーに関連した映像を表示したり、出演者がテレビに映る人物と会話するなど、演出によって様々な目的で使用される。

　自照型表示機器は画像を表示する方式によって分けることができるが、代表的なものとしてはブラウン管、液晶、有機ELなどがある。また、大型の表示機器としてLEDディスプレイなどがあるが、これらはテレビや映像モニターよりも、大画面で表示したい場合に使用されることが多い。

[自照型表示機器の分類]

◉ブラウン管モニター

送られてきた電気信号を光に変換し、ブラウン管後方の電子銃から電子ビームが発射される。発射された電子ビームは磁界によって曲げられ、蛍光体が塗ってある画面にぶつかり光が放出される。この時、画面の明るさの濃淡は電子ビームの強さで調整され、人の目に見える像を表示する仕組みになっている。

　以前は主流であったブラウン管モニターだが、方式上、薄くすることができず、現在ではほとんど生産されていない。しかし、劇場・ホールの映像設備においては、その一部でブラウン管モニターを所持している場合がある。また、時代設定が数十年前であるような演目で、演出の中でブラウン管方式のテレビが使用されることは珍しくない。

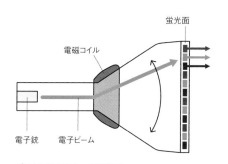

蛍光面

電磁コイル

電子銃　電子ビーム

ブラウン管モニターの仕組み

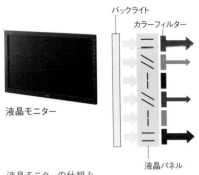

液晶モニター

液晶モニターの仕組み

◉ 液晶モニター

電極が組み込まれた2枚のガラスの基板に液晶分子を挟み、電圧を加えて液晶分子の向きを変えながら画像をつくる方式である。液晶分子自体は発光しないため、バックライトを当てて画像を表示する。この方式は本体を薄くできるため、現在では映像モニターの主流になっている。

　早い動きのある映像が苦手で、応答速度の遅さから残像感が出やすい。また、バックライトが液晶の隙間から漏れて無光にならないため、完全な黒を表現できず、暗いシーンの階調再現に難がある。しかし、これらの短所は年々改良が続けられ、現在も進歩し続けている。

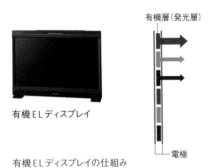

有機ELディスプレイ

有機ELディスプレイの仕組み

◉ 有機ELディスプレイ

電圧を掛けると発光する性質を持つ有機物質を利用した方式である。液晶方式と違って、素子自体が光って画像を表示する。

　視野角が広く、低電力で高い輝度を得られ、発光を止めることで暗部を明確に表現することができるなどの特徴がある。

◉ LEDディスプレイ

表示素子に輝度の高いLEDを用いた大型の映像用ディスプレイ。ディスプレイパネルは分割式のものもあり、パネルをつなぎ合わせることによって、必要な大きさや形のディスプレイを形成できる。明るさのレンジが広いため、メリハリのあるダイナミックな映像を表示することに長けている。

　一般的なテレビのようなサイズのものは、まだ試作段階のようである。しかし、近年では素子の小型化が進み、素子間のピッチ（間隔）も狭くなってきたため、画面サイズに対しての高画質化が進められている。

⚠ 使用上の留意点

多くの場合、ステージや客席で使用する映像モニターは、比較的大型のものになるので、仕込みの際は安全を配慮して設置する。自照型表示機器は必然的に観客から直接見える場所に設置することになるため、ケーブルの引き回しなどにも工夫をし、なるべくきれいに仕込むことを心掛けると良い。

　ケーブルを引き回すことが困難な場合は、ワイヤレス送受信機を使用して、映像を電波で飛ばすケースもある。また、ステージセットの中に映像モニターを組み込んで使用する場合は、機器から放出される熱が籠ってしまわないように注意が必要である。

LEDディスプレイの一例

▶走査線

ビデオカメラや映像再生機器が信号を送り出す際に、画像を小さな点に分解して読み出すことを走査（スキャン）という。走査はまず左上から右方向に、端までいったら一段下がって同じように左から右にという順番でおこなわれる。こうして読み取られた情報は電気信号としてテレビなどの表示機器に送られ、表示機器側でも上記と同様の走査をおこない、送られてきた信号を組み立てて表示する。

　この左から右へ走査された点が集まってできた線を走査線といい、走査線で構成された画面がパラパラ漫画のように、連続で画像を表示するため動画として見ることができる。

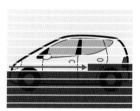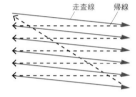

走査のイメージ

▶インターレース走査とプログレッシブ走査

現在、日本の主なテレビ放送やDVDビデオの方式では、1枚（1コマ）の画像に当たるフレームを2つのフィールドに分け、それぞれ1段抜かしで走査をおこない、1秒間に約60フィールド（30フレーム）で画像の書き替えをおこなっている。この走査方式をインターレース走査（飛び越し走査）といい、なるべく情報量を増やさずに映像をきれいに見せる方式として開発された。しかし、元々は電子線を走査して画面表示をするブラウン管モニターのために開発された技術なので、原理的に1画面を1度に表示できる固定画素の液晶モニターなどには適していない。

　一方、走査線を飛び越さず1本ずつ順に走査していく方式をプログレッシブ走査（順次走査）という。現在の液晶テレビなどはこの方式で映像を表示するが、地上デジタル放送などの映像コンテンツはインターレース走査で情報を伝送するため、インターレースをプログレッシブに変換して表示している。

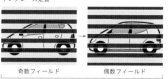

インターレース走査とプログレッシブ走査の違い

インターレース走査は不完全な2枚の画像を交互に表示するため、ちらつきが発生しやすくなるが、プログレッシブ走査は1フレームで完全な画像になり、精細感のある映像を表示できる。しかし、プログレッシブ走査は伝送の情報量が多くなるため、同等の情報量で比較すればインターレース走査の方が、動きの滑らかな映像表示が可能である。

▶アスペクト比

画面の横と縦の整数比をアスペクト比（画面アスペクト比）という。現在では横と縦の比率が16：9のワイドサイズが一般的だが、劇場・ホールの現場では以前の主流だった、4：3のスタンダードサイズのモニターを使用することもある。

▶画面解像度

画面解像度とは表示画面の点の数を示したものである。ブラウン管モニターの場合は走査線数を表していたが、液晶モニターなどの場合は画素数を表し、この画素のことをピクセルと呼ぶ。

　多くの場合、表示機器の画面解像度は「横のピクセル数×縦のピクセル数」で表記されている。例を挙げると、アスペクト比が4：3で標準解像度用のモニターであれば「640×480」など、フルハイビジョン用で「1920×1080」などとなる。

　一般的な映像モニターであればピクセル数が多いほど高解像度といえるが、解像度の優劣は画素の密集度にもよるので注意が必要となる。例えば、同一の画面サイズの場合ピクセル数が多いほど（密集度が高いため）、精細できれいな画像を表示することが可能になっている。

同一画面サイズの
画素数の違い

▶フレームレート

フレームレート（fps）とは、1秒間に何枚の画像を表示しているかの単位である。例えば、毎秒60フレーム（コマ）であれば「60fps」となる。通常、フレームレートの値が高ければ、映像の動きの滑らかさが増す。

　なお、フレームレートの数値の後に、走査方式を併記することがよくある。この場合、各走査方式の頭文字をとって、インターレースなら「60i」など、プログレッシブであれば「30p」などと記す。

▶ RGB

映像モニターをはじめ、ビデオの表示機器は赤（R）、緑（G）、青（B）の3つの光を混ぜ合わせることによって様々な色を表現している。この3つの色は「光の三原色」と呼ばれており、映像や照明のように黒に光を加えて色を表現することを加法混色という。（絵画など、白に色を加える場合は減法混色）

加法混色の場合、原色の光が重なったところが2次色になり、3つの原色が適切な割合で混ざると白になる。

R：赤　G：緑　B：青　C：シアン　M：マゼンタ　Y：イエロー

▶ ビット深度（色深度）

1つの画素が表示できる色の数を表す。ビット深度が高いほど多くの色を表示できるので多階調になり、より自然で滑らかな色の表示が可能になる。8ビット表示は約1677万色、10ビット表示であれば、約10億7374万色となる。

ビット深度が低い　　　　ビット深度が高い

ビット深度の違いによる階調の差（画像提供：EIZO株式会社）

▶ 色域

人間の目が認識可能な色の範囲の中で、機器が再現できる色の範囲は限られたものになる。その範囲を色域と呼び、規格によって定められている。近年では映像機器の高画質化が進み、従来に比べて、より広い色域の規格が策定されている。

なお、色域が空間的な広さを表すことに対して、ビット深度は空間の中を区切る数といえる。

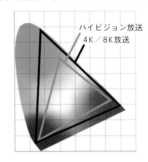

ハイビジョン放送
4K／8K放送

色域の広さの違い
イメージ図

▶ HDR

HDR（High Dynamic Range）は、広い明るさの幅を表現できる映像表示技術のことである。

人間の目は非常に優れていて、暗い部分から明るい部分まで細かく認識できる能力を持っている。それに対して従来の映像機器は、暗い部分が黒く潰れたり、明るい部分が白飛びしたり、肉眼での見た目同様には再現できなかった。しかし、表示機器の高コントラスト化や高輝度化に伴ってHDR技術が開発され、従来よりも自然な明るさの表現が可能になった。

なお、スマートフォンなどのカメラに搭載されているHDR機能は、暗部と明部を違う露出で撮影した画像を、合成して表示する仕組みとなっており、ここで述べたHDRとは技術的に違うものである。

2 投映型表示機器

映像をスクリーンなどに投映することにより表示する機器をこう呼ぶ。現在の劇場・ホールで、主として使用される投映型表示機器はプロジェクターで、フィルム映写機などの使用はほとんどどなくなった。（一般の映画館では既にデジタルシネマシステムに移行しており、未だに銀塩フィルムの映写機で上映する館はまずない）プロジェクターには色々な種類があるが、一般的にプロジェクターというとビデオプロジェクターを指す。この項では、劇場・ホールで主流になっているビデオプロジェクターについて説明する。

ビデオプロジェクターは自照型表示機器と同様に、映像コンテンツそのものを見せることはもちろん、舞台美術や照明の補助的な役割や、映像ならではの演出効果を担うなど、様々な目的で使用されている。では、ビデオプロジェクターを使用する利点や、独自の映像表現とはどういったものがあるのだろうか。

大画面投映

劇場・ホールにおいて非常によくおこなわれている。映像を大画面で投映する機器といえばフィルム映写機があるが、ビデオプロジェクターであれば比較的簡単におこなうことができる。ただし、劇場・ホールの規模に合った高出力のプロジェクターと、画面サイズに合ったレンズが必要になる。

美術や演出効果

投映による映像表示を美術や演出効果の一部としておこなうことは、ビデオプロジェクターの使用目的の中でも独自性が高いといえる。舞台美術では背景幕などを代表するように、絵で描かれたものが多数用いられているが、そういった絵に代わって映像で表示をするケースはとても多くあり、ビデオプロジェクターなら静止画だけでなく動画の表示もおこなえる。例えば流れる雲や舞い降る雪、満ち欠けする月や波打つ水面など、動画を用いることによってリアリティや躍動感を得ることが可能になる。

映像による演出効果を目的とした場合では、映像の中のキャラクターと実際の出演者が掛け合いで演技をする、舞踊などの公演で踊り手の動作にシンクロさせたコンテンツを表示する、背景画が出演者の動きに合わせてスクロールするなど、発想次第で様々な演出効果を表現することが可能である。

プロジェクションマッピング

通常、投映による表示は投映画面が四角や丸などの平面であることが多いが、単純な四角や丸ではなく、もっと複雑な形状をした面や立体に投映することをプロジェクションマッピングという。この手法はコンテンツ制作、プロジェクターのセッティングとも大きな手間が掛かる場合が多いが、実際に公演でおこなわれることは少なくない。

劇場・ホール以外ではイベントや広告として利用されることが多く、街中の建築物やモニュメントに投映されることもある。

ビデオプロジェクター

プロジェクションマッピングの実用例

［投影型表示機器の分類］

ビデオプロジェクターは投映方式の違いで種類を分けることができる。代表的なものに、LCDプロジェクター、DLPプロジェクター、LCOSプロジェクターがある。

◉ LCDプロジェクター

液晶パネルに画像を映し出し、光源であるランプからの光を透過させ、レンズを通してスクリーンなどに拡大して投映する方式で、透過型液晶プロジェクターとも呼ばれている。

LCD（Liquid Crystal Display）プロジェクターは、切れ間なく連続的にRGB各色を投映するため、安定したカラー映像を得られるが、ランプの寿命が比較的短く、液晶パネルの劣化などから色調が変化しやすい。発色は機器の個体差が出やすく、複数台での同時投映には不向きである。しかし、部品のコストが低いという長所があり、劇場・ホールでも使用される頻度は高い。

◉ DLPプロジェクター

DLP（Digital Light Processing）プロジェクターは、DMDチップを利用したプロジェクターである。DMD（Digital Mirror Device）チップとは米国のテキサスインスツルメンツ社が開発した表示素子の一種で、半導体上に独立して動く小さなミラーが数10万から数100万個並べられている。このミラーに光源からの光を当て、ミラーに反射した光がレンズを通ってスクリーンなどに投映される。

　この方式のプロジェクターはコントラストと色彩が良いという特長があるが、RGBの切り替えを高速でおこなっているので、映像に虹のような模様が見える場合がある。ただし、RGBそれぞれ1つずつDNDチップを用いた3チップ型では、各色が連続投映されるため、そのようなことは起こらず画質も向上する。

光源ランプから出る光を、赤（R）・緑（G）・青（B）の三原色に分解し、それぞれの色を受け持つ液晶パネル3枚に透過させる。その後、三原色の光をプリズムにより合成し、レンズを通してスクリーンに投影する。

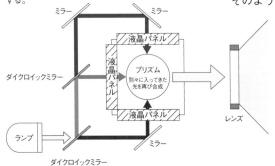

特定の色を反射させ、残りの色を通過させることで光を三原色に分解。

LCDプロジェクターの仕組み

光源ランプから出る光を、高速回転するカラーホイールにより、赤（R）・緑（G）・青（B）の三原色に時間軸で分割。その光を同期して、ON/OFFをおこなうDMDチップに反射させ、レンズを通してスクリーンに投影する。

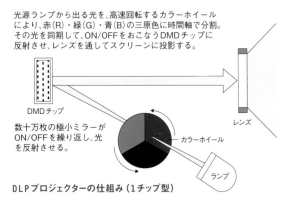

数十万枚の極小ミラーがON/OFFを繰り返し、光を反射させる。

DLPプロジェクターの仕組み（1チップ型）

◉ LCOSプロジェクター

反射型液晶プロジェクターともいう。LCOS（Liquid Crystal On Silicon）プロジェクターは、映像を映し出す原理がLCDプロジェクターと似ているが、液晶パネルに光を透過させるのではなく、反射させてレンズに導き投映する。

　高解像でコントラストも良く高性能なものが多いが、構造が複雑になるため、投映できる明るさの割に本体が大きくなってしまう。

［設置と投影の方法］

◉ フロント投映

最も頻度の高い投映方法である。プロジェクターを客席やプロジェクションルームなどに設置し、舞台の正面方向から投映する。

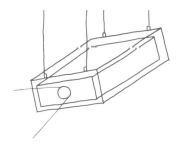

天吊り

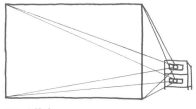

スタック投映

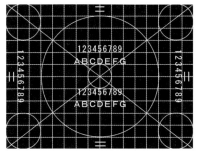

テストパターン

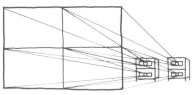

マルチプロジェクション

◉リア投映

映像を水平に反転させてスクリーンなどの裏から映す。スクリーンの後方にスペースが必要になるため、奥行きのある舞台でおこなうことが多い。舞台前方の出演者やセットに映像を当てたくない時に有効である。

◉天吊り

プロジェクターをバトンなどに取り付け、吊り上げて使用する方法。主に舞台の床に投映する時や、床面に設置スペースがない時におこなう。

◉スタック投映

複数台のプロジェクターを並べて設置し、同じ場所に映像を重ねて映す。投映された画像は輝度が上がり、色の再現性も向上する。画像がずれないようにテストパターンを映し、ズームやレンズシフト（レンズ自体が単独で動き、投映画面を上下／左右に位置調整する機能）を使って正確に投映位置を重ね合わす。

◉マルチプロジェクション

つなげて1つの画像になるように、複数のプロジェクターを使用する投映方法で、非常に精細な設置をおこなう。投映画面のつなぎ目を目立たなくするために、各プロジェクターの色調や明るさを調整して一致させなくてはならない。

　また、意図的に投映画面の一部を糊しろのように重ね、重なり部分の色調や明るさを変化させて、つなぎ目を目立たないようにする場合もある。この方法はエッジブレンディングと呼ばれている。

［投映時の要素］

◉投影の明るさ

舞台やホールでは必ずしも白やグレーのスクリーンに映すわけではなく、暗い色の舞台セットや床などに映すケースも多い。そのような場合、高輝度で投映できるプロジェクターの使用や、スタック投映をおこなって対応することがある。

　また、照明の暗いシーンなどでは、映像と照明の明るさのバランスを取るため、あえてプロジェクターの輝度を下げることもある。

◉投影の距離

光源であるプロジェクターを、映像を映す場所から離せば画面は大きくなり、近付けると画面は小さくなる。また、投映の距離が長くなるほど映した映像は暗くなる。レンズの種類やプロジェクターの設置場所を決める時は、投映の距離を考慮することが非常に重要になる。

◉マスキング

画像を部分的に投映したい時に、余分な光を物理的に遮蔽する場合がある。レンズの前に投映したい部分の型に合わせて、遮蔽物を付ける方法などがある。

マスキングの一例

解説

▶光出力

光出力とはプロジェクターから出力される光の量のことで、ルーメンという単位で表される。投映サイズが同一であるならば、ルーメン値が高いプロジェクターほど明るい画像を投映できることになる。また、ルーメン値が高くなると、より大きく投映することも可能である。

　劇場・ホールでは6千から3万ルーメンほどの高出力なプロジェクターを使用することが多い。一般の家庭や会議室などで使用されるプロジェクターは、1千から5千ルーメンくらいの機種が多いようである。

▶入力信号

ビデオプロジェクターは比較的、入力できる映像信号の種類が多い機器といえる。アナログのビデオ信号から、4K解像度のデジタル信号まで入力し、投映できる機種もある。

　また、パソコンなどを直接つないで使用するために、本来パソコンのディスプレイ用として開発された信号の入力ができる機種が一般的である。これらの信号は非常に多くの種類があり、解像度も各信号によって異なる。いくつか代表的なものを挙げると、解像度が640×480のVGA、1024×768のXGA、1920×1200のWUXGAなどがある。

▶コントラスト比

コントラスト比とは、プロジェクターから投映された画面上の、最も暗い部分と最も明るい部分との明るさの比率である。コントラスト比が大きいと画像にシャープさが増す。

　特に、劇場・ホールなどでは映像のある場所は明るく見せ、ない場所(実際には黒が投映されている)は極力暗くしたいので、コントラストの優劣はプロジェクターを選択する上での重要な要素になる。

▶レンズ

劇場・ホールなどで使用されるプロジェクターのレンズは、ズームやレンズシフトをすることが可能な機種があり、それらの機能やフォーカス調整を、プロジェクター本体の操作パネルや、リモートコントローラーで操作できるレンズもある。レンズは機種ごとに対応できる投映画面のサイズが決まっており、映したい画面の大きさに合わせて交換することができる。

ビデオプロジェクター用のレンズ

▶静音性

プロジェクターは光源にランプを使用している機種が多いため、かなりの熱を発する。ランプの点灯中は常に内部の熱を逃がす排気がおこなわれているため、ファンノイズがあり、高出力のプロジェクターほどノイズの音量も大きくなる傾向がある。プロジェクターを客席の近くに設置する場合は、静音性能の良い機種が望ましい。

▶光源について

現在、最も普及しているプロジェクターの光源は水銀ランプである。しかし、最近では水銀ランプのような放電ランプではなく、レーザーやLEDを光源とした機種が増えてきている。前述のように、ランプを用いたプロジェクターは、排熱のためのファンノイズが問題になることが多いが、光源がレーザーやLEDの場合、発熱量が少ないため静音性能が非常に良い。

　また、レーザーやLED光源はランプに比べて寿命が長く、プロジェクターの起動／終了が早いという長所もある。特にレーザー光源の機種は水銀ランプと同等の高輝度な投映が可能で、劇場・ホールなどでの運用でもメリットが大きく、今後さらに普及するものと思われる。

2 ｜ 映像回線

操作機器を軸として映像信号を伝送するために、機器間をつないでいるのが映像回線である。

　現在、多くの劇場・ホールでは映像回線の整備が不十分で、監視／連絡用の回線はあっても、プロジェクターなどのための専用回線を常設している施設は非常に少ない。そのため、映像回線は公演ごとにケーブルを直接引いて、距離の離れた機器間をつなぐ場合が多くなる。

　カメラやテレビモニターを接続する際に、メーカーが異なる機器間でも信号の伝送ができるのは、各メーカーが定められた規格に沿って設計、製造をおこなっているからである。回線をつくる時は、機器間をつなぐ際に使用するケーブルやコネクター、またケーブルを通る信号の種類や規格などをしっかり把握しておくことが大切になる。

　ここでは劇場・ホールの現場で扱うことの多い信号や規格、ケーブルやコネクターについて説明する。

BNCコネクター（左：オス、右：メス）

◉コンポジット信号

アナログのビデオ信号。日本で使用されているコンポジット信号のほとんどはNTSCという方式である。家庭用ビデオ機器のアナログ入出力と同じ信号だが、劇場・ホールの現場ではBNCコネクターのついた同軸ケーブルを使用することが普通である。

5BNCケーブル

◉コンポーネントRGB信号

光の三原色であるRGB（色信号）や同期信号といった、映像情報の各信号を複数の線で伝送するアナログの信号。各信号を5本の同軸ケーブルに分けて伝送するものや、D-Subコネクターを使い1本のケーブル（通称VGAケーブル）で伝送するものがある。

D-Subコネクター（左：オス、右：メス）

◉SDI

SDI（Serial Digital Interface）とは映像信号そのものではなく、デジタルビデオ信号の伝送規格の名称であり、SMPTE（全米映画テレビジョン技術者協会）によって規格が策定されている。日本のテレビ放送局でも主流になっている規格で、同軸ケーブル1本で無圧縮の映像信号と音声信号を複合して伝送し、100mほど離れた機器間の接続も可能になっている。

　ひと口にSDIと言っても、様々な規格があり、標準画質のSDIはSD-SDIという。また、ハイビジョン映像のSDI規格はHD-SDIと呼ばれている。さらに、毎秒60フレームのプログレッシブ走査を伝送可能な3G-SDI、4K解像度に対応した12G-SDIなどがある。

❗ 使用上の留意点

- 普通、コネクターの形状にはオス（Male）と メス（Female）がある。オスは棒状のピンを 持つ側で、メスはピンの挿入を受ける側にな る。映像信号の接続用ケーブルは両端がオス になっていることが多いが、用途によってメ スが取り付けられている場合もある。現場で は用意したケーブルでオス-メスの関係が合わ ないと機器間の接続ができず、作業を円滑に おこなう妨げになるので注意が必要である。

  また、コネクターによっては、オスとメス を間違えて接続すると、ピンが折れてしまう といったことも起こり得るので、コネクター の種類と形状の違いをよく覚えなくてはなら ない。

- DVIやHDMIなどで入力される表示機器は、 表示可能な解像度や周波数、メーカーや型番 などの情報をデータとして内部に持ってお り、このデータをEDIDという。EDIDは機器 同士をケーブルで接続するだけで、最適な状 態になるように送受信される。

  しかし、このEDIDがうまく通信されない と、各機器が正常に認識されなかったり、適 切な解像度で表示されないなどのトラブルが 発生する。特に、EDIDの違う複数の機器を つないだり、EDIDの情報通信が不安定にな るような、長い距離をケーブル接続した時な どに起こりやすく、映像技術者なら誰でも一 度は経験するトラブルである。このような場 合、エミュレーターなどEDIDを固定化する ための機器を追加接続したり、接続機器の順 番を工夫するなどの対処をする。

- ケーブルはなるべく短い距離ですむように効 率良く引くことが大切になる。映像信号やケ ーブルは種類によって引くことができる最長 距離が異なっていて、最長距離を超えてしま うと信号が減衰し、正しく映像を表示できな くなってしまう。

  映像用のケーブルは急な角度に曲げて使用 すると、信号線の破損や表示映像の乱れの原 因になるため、折り曲げたり結んで使用する ことは厳禁である。ケーブルを引くルートは 出演者の動線や、他のスタッフの作業の妨げ にならないように注意して決めるとよい。

◉ DVIとHDMI

DVIはデジタルビデオのインターフェース規格の名称で、Digital Visual Interfaceの略である。デジタル駆動の表示機器に、コ ンピューターからダイレクトで非圧縮のデジタル信号を送ることが でき、デジタル信号だけではなく、アナログ信号を扱うことも可能 である。コネクターはデジタル専用、アナログ専用、デジタルとア ナログ兼用があり、接続面のピン形状が異なっている。

　HDMIはDVIを元に改良された家電向きの規格で、部分的に互換 性があり、映像だけではなく音声も送ることができる。現在ではデ ジタル放送に対応した、家電製品のほとんどすべてに装備されてい るが、バージョンによって伝送できる最大解像度が異なる。

　DVIとHDMIは長い距離を伸ばすことに制限が大きく、比較的短 い距離の機器間を接続する時に使用することが多い。

DVIコネクター（左：オス、右：メス）　　　　HDMIコネクター（左：オス、右：メス）

◉ 光ファイバーケーブル

光ファイバーケーブルは、材料にガラス繊維またはプラスチックが 使われており、光の強弱で情報を伝送する。メタル線（銅線）のケ ーブルに比べ、高速に大量のデータを少ない損失で伝送できるが、 折り曲げに弱く、接続に専用のコネクターが必要になる。

　映像機器が高解像度化・高画質化して情報量が増大すると、回線 は大きなデータ伝送に対応しなくてはならなくなる。さらに、劇場・ ホールなどでは長距離伝送が必須となるため、光ファイバーケーブ ルの実用性は高い。

　具体的には、機器の入出力に長距離伝送に向かないDVIやHDMI などを使っている場合や、SDIでも届かないほどの長距離伝送の際 に、元の信号を光に変換して伝送の延長器として活用する。

光ファイバーケーブルの一例（写真はLCコネクター仕様）

▶コンポジットとコンポーネント

ビデオ信号の多くは、明るさの成分を表す輝度信号と色成分を表す色信号、および同期信号の3つで構成されている。これらの各信号を合成して、1つにまとめたのがコンポジット信号である。

コンポジットが「合成」などの意味であることに対して、コンポーネントは「構成部分」「成分」などといった意味になる。コンポーネント信号では信号の各成分が個別になっているため、コンポジット信号に比べると高画質である。

また、コンポーネント信号には、前述したRGB信号のように、三原色を成分とした方式の他にも、輝度信号と色差信号（RGBから輝度信号を引いてつくられる信号）を用いる方式がある。前者は高画質であるため情報量が大きくなり、接続機器にも高い処理能力が必要になる。後者は「明るさの違いに比べて色の違いに鈍感」という人間の目の性質を利用して、色成分の情報削減をしている。そのため、伝送と記録の効率に優れている。

▶同期信号

素材機器や操作機器から送られた映像を、表示機器に正しく表示するための信号を同期信号という。同期信号は水平同期信号と垂直同期信号があり、各機器の走査する速度や位置を同期させ、走査のタイミングを合わせる役割を持っている。機器間で同期が取れず走査のタイミングが合っていないと、図のように出力映像が縦や横にずれて表示されてしまう場合がある。

映像が同期していない状態

▶NTSC方式

コンポジット信号とそのテレビ放送の方式の1つで、主に日本、アメリカ、韓国などで採用されている。アスペクト比は4：3、走査線数は525本（うち有効走査線は、約480本）、毎秒約30フレームのインターレース方式である。

日本では白黒放送の時代から活躍してきたNTSC方式だが、地上アナログ放送が終了して10年近く経った現在では、その役目は終えたように見える。しかし、その規格の一部はハイビジョン、さらに4K放送にも引き継がれており、映像信号の仕組みを理解するための基本的な要素を多く含んでいる。

▶SDとHD

テレビ放送は2011年に地上アナログ放送が終了し、ハイビジョン放送と呼ばれる地上デジタル放送に移行した。このハイビジョンと区別するために従来のテレビフォーマットをSDTV（標準画質テレビ／Standard Definition Television）と呼び、ハイビジョンなどの高解像度の映像をHDTV（高精細度テレビ／High Definition Television）と呼ぶようになった。

これにより放送業界以外の映像関連全般でも、標準解像度の映像をSD画質、高解像度の映像をHD画質と呼んで区別している。HD画質とは走査線数（垂直ピクセル数）が720以上あり、アスペクト比が16：9であることが条件になっており、画面解像度「1920×1080」の場合はフルHD（フルハイビジョン／2K）と呼ばれている。

▶4K、8Kについて

日本のテレビ放送局では前述のHDTVよりさらに高精細な、4Kおよび8K解像度による放送が実施されるようになった。UHDTV（超高精細度テレビ／Ultra High Definition Television）と呼ばれ、4K UHDTVの解像度は「3840×2160」でフルHDの4倍の画素数。8K UHDTVは「7680×4320」と、フルHDの16倍もの画素数になる。

UHDTVは「超高精細」に加えて、「広い色域」、「色階調の滑らかさ」、フレームレートの増加による「動きの滑らかさ」、HDR技術による「自然な明るさの表現」など、あらゆる面で画質の向上が期待できる。

劇場・ホールの現場でも、4Kカメラの使用、4Kプロジェクターや4Kモニターなどを使った超高精細表示が可能であり、UHD画質に対応した回線の整備を検討する時期になっている。

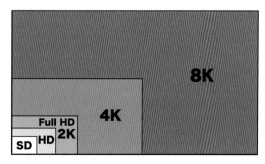

解像度の比較

▶カラーバー

輝度、色調、歪みなどを確認するための基準となる、RGB
とその補色で構成される色チャートの映像信号のことであ
る。

　各機器間で信号が正常に伝送されているかを確認する時
に使う。また、表示機器の明るさや色合いを調整する時の
基準としても使われる。

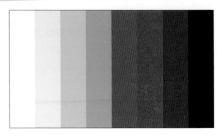

カラーバー

3 | 操作機器

**表示機器が表示する映像は、あらかじめ制作されたコンテンツかビデオカメラのライブ
映像になる。これらの素材を選択して、表示機器に送出するのが操作機器である。操
作機器は映像送出の中枢となる部分で、ここでの操作が結果として視覚化される。こ
の操作機器や再生機器を使い、映像プランに沿った送出操作をおこなう者が映像オペ
レーターである。**

◉操作機器の使用目的

送出は映像プランによって様々だが、操作機器の使用目的の多くは
舞台の進行に合わせて映像を切換えることである。また、連続した
流れを持つように個別のコンテンツをリアルタイムにつないでいく
場合もある。例えば、特定のシーンでそれまで青空だった背景を夕
景に切換え、また次のシーンでは夜景に切換えるなどだ。ここで、「映
画の上映のように、1つの連続したコンテンツのみを表示する時な
ど、素材を切換えないなら操作機器は必要ないのでは」という疑問
もあるかもしれない。しかし、再生機器がトラブルを起こした時の
保険として、予備機をスイッチャーやラインセレクターに接続し、
トラブル時は即座に切換えをするバックアップ目的の使用は非常に
よくある。

　他の代表的な例として、主にコンサートやイベントにおいて、ス
テージ上の出演者を撮影するカメラ映像のスクリーン表示がある。
このような時は複数のカメラで撮影をおこなうことが多いため、ラ
イブカメラの映像を切換えるために使われる。

◉主な操作機器

スイッチャーの一例

素材を切換えるための代表的な操作機器にスイッチャーがある。こ
の機器は入力された各映像素材を、スイッチ（ボタン）を押して切
換えたりミックスする機器で、スイッチングコンソール、ビデオミ
キサーとも呼ばれている。スイッチャーには単純に2系統の映像を
切換える小さなものから、何十もの映像素材を切換えることが可能

! 使用上の留意点

操作機器の接続や設置は非常に大切である。送出時の操作ミスを避けるためにも、確認用の映像モニターや、他の周辺機器などとの置き位置を考慮し、オペレートしやすいように設置する。

また、ケーブルもなるべく整然となるように配線し、トラブル時にすぐ対処できるよう、どのケーブルがどこに接続されているかを示す名前や番号を付けておくと良い。

な大型の機種まで様々ある。

また、近年では送出操作をコンピューターでおこなうことが主流になり、パソコンにアプリケーションをインストールしたものや、1つの機器として完結された専用機もある。

◉ メディアサーバー

スイッチャーとコンピューターベースの操作機器は、どちらも複数の映像ソースを切換えるための機器だが、その特徴は大きく異なっている。外部に素材機器が必要なスイッチャーに対してコンピューターベースの操作機器は、データ化した映像コンテンツを記憶領域から読み出し、再生して切替えやミックスをおこなえる。つまり、後述の素材機器としての役割を併せ持つといえる。

このコンピューターをベースにした操作機器で、大容量のストレージを持ちデータの保存・管理をし、画像補正や特殊合成などの、高度な送出機能を備えたものをメディアサーバーという。

◉ 映像の切換え

瞬時で違う映像に切換えることをカットという。映像の切換えはカットでおこなうことが基本になるが、切換え時の表現方法としてトランジッション（効果）を付けることがある。

・ワイプ

前の映像を拭うように次の映像が現れる効果。

・ディゾルブ

映像をオーバーラップさせる効果。前の映像が薄れながら次の映像が浮かび上がってくる。

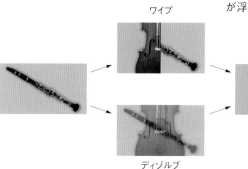

ワイプ

ディゾルブ

ワイプとディゾルブ

◉ CUE について

公演中の特定のシーンで、スタッフが作業や操作をおこなうためのきっかけを CUE（キュー）という。CUE は出演者の台詞や動作、音楽の進行であることが多く、送出時はあらかじめ決められた CUE で映像の表示や切換えをおこなう。

プランによっては一回の CUE で複雑な操作を行わなくてはならない時もあるが、メディアサーバーなどの映像送出に特化した機器であれば、CUE の時の複雑な操作をあらかじめプログラミングすることが可能で、ボタンを1つ押すだけで実行することができる。

4 | 再生機器──素材機器系

　記録された情報を読み取り、映像信号と音声信号を出力するのが再生機器である。そして、再生機器やビデオカメラなど、大もとになる映像信号を出力する機器を素材機器という。以前はアナログ方式のものが一般的であったが、現在ではほぼ完全にデジタル方式に移行した。

　再生機器には使用メディアや機器の性質により、向き不向きの用途がある。例を挙げると、比較的時間の長いコンテンツを再生するなら（きっかけがなく延々とループする映像などは除いて）、機器動作の安定性やセッティングのしやすさから、VTRや光学ディスク系の再生機器が実用的である。これらの再生機器は音声出力が容易であるため、コンテンツに音声が含まれている時にも向いている。また、多数の映像素材を細かくつないで表示をする場合では、送出用ソフトをインストールしたパソコンなどの使用が向いており、俊敏な素材の選択や、コンテンツの管理をデータファイルでおこなえる利便性がある。以上のように用途の違いによる向き不向きはあるが、映像コンテンツを再生し、表示機器や操作機器に映像信号を送ることが再生機器の役割となる。

　再生機器の分類はメディアの違いでおこなうのが一般的である。ここでいうメディアとは、情報の記録・再生に用いられる物や機器のことで、記録メディア、データメディアとも呼ばれる。また、再生機器は家庭向けの機種から業務用機器まで幅広くあり、舞台映像設備でも家庭向けの民生機器を利用することがある。

［再生機器の種類］

業務用のVTR
（写真の機種はHDCAMフォーマット）

業務用の光学ディスク系再生機器
（写真の機種はXDCAM。プロユースのフォーマットであるMXFファイルでの記録・再生に対応している）

⦿ VTR

VTR（Videotape Recorder）は磁気テープに映像情報（と音声情報）を記録し再生する機器の総称である。走行させたテープに、ヘッドと呼ばれる部分が直接触れて情報を読み取る。従って、テープはヘッドに擦られるため、画質の劣化を伴う欠点を持っている。機種によって情報の記録方式がアナログかデジタルか決まっており、画質も標準画質のものからHD画質のものまで多くの種類がある。

　長い開発の歴史がある再生機器だが、現在では生産がほぼ終了している。しかし、その長い歴史ゆえ機器動作の信頼性が高く、過去のライブラリーや素材のテープ資産もあるため、未だに現役で稼働している機種は少なくない。放送局や映像製作会社などでも、一部では生産の終了した機種をメンテナンスして使い続けている。

⦿ 光学ディスク系

光学ディスクを利用した再生機器というと、DVDプレイヤーとBlu-ray Disc（ブルーレイディスク）プレイヤーが一般的であるが、放送品質に対応した業務用の機器もある。

　これらの光学ディスク系再生機器は、機器内で高速回転させたデ

ィスクにレーザーを照射し、反射した光からデータを読み取り映像信号に変換して再生する仕組みである。メディアであるディスクに物理的な接触をしないで情報のやりとりをするため、使用を繰り返すことで起こる画質の劣化がない。

◉ メモリープレイヤー（HDDプレイヤー）

フラッシュメモリー、またはHDDやSSDなどの、ストレージ（記憶装置）に記録されたデータから映像を再生する機器である。メモリーカードなどの外部記憶装置からのみデータを読み込む機種と、機器内部にストレージを持ちつつ、外部記憶装置からの読み込みにも対応している機種がある。

一般的な形式の動画ファイルを手軽に再生できるものから、VTRのような操作感があるもの、放送基準の映像品質を持つ業務用機種まで、多種多様な機種がある。

◉ パーソナルコンピューター（パソコン）

述べるまでもないことだが、本来パーソナルコンピューターは映像専用の再生機器ではない。しかし、パソコンは様々なアプリケーションの使い分けができるため、映像を再生するアプリケーションを使えば再生機器として利用することができる。

現在、市販されているパソコンは、マルチメディアプレイヤーによる動画データの再生が標準機能になっている。また、プレゼンテーションソフトや映像送出用のソフトを使って、操作機器を兼ねて使用することも可能であり、劇場・ホールなどでもパソコンを用いた送出がスタンダードになっている。

4K対応のメモリープレイヤー

❗ 使用上の留意点

VTRや光学ディスク系の再生機器を用いた映像表示では、再生・停止や頭出しなどの基本的な機能のみを使うことが主となる。このような基本の機能は、機器表面のボタンに割り付くいているため比較的簡単に取り扱えるが、表示の回数が多くなれば、ボタンの押し間違えなどのミスをする可能性が大きくなる。このようなミスを防ぐためには機器の配置を整え、ボタンを押しやすい環境をつくり、視認しやすくなるようボタンに目印を付けるなどの工夫をすると良い。

コンピューターを使用する場合では、各アプリケーションのGUIを理解する必要がある。GUI（Graphical User Interface）はアプリケーションのオペレート画面のことで、直感的に扱えるように使いやすく構成されているが、開発メーカーによって操作方法に違いがある。現場では使い方に悩んでいる時間の余裕がないため、使用するアプリケーションのGUIに慣れておくことが重要になる。

映像送出ソフトのオペレーション画面（GUI）

再生機器はメディアに記録された情報を読み取り、映像信号に変換して出力する機器だということを既に述べた。現在では、デジタルデータが記録されたメディアから再生をおこなうことが当然となり、前述した種類の機器も、ごく一部のVTR以外はすべてデジタルデータを読み取って映像を再生している。

　また、コンピューターの性能の向上により、近年では動画の取り扱いが容易になった。それによって、劇場・ホールの現場でも動画ファイルを扱う頻度が高まったため、現在の映像技術者にはデジタルデータについて理解を深めることが必要不可欠になっている。ここでは、映像におけるデジタルデータに主眼を置いて解説する。

▶デジタルデータとは

映像のデジタルデータとはどのようなものか。ひと言でいえば「映像が持つ情報を数字にしたもの」である。もう少し具体的にいうと「この時は」「この場所を」「この明るさで」「この色で」というような情報を数字で表現し、コンピューターで処理が可能な0と1の2進数に置き換えて、保存したデータということになる。

　デジタルデータは離散値（非連続な数値）として数値化されているため、連続的な変化の量を記録したアナログデータに比べて、劣化しにくい特性を持っている。

▶データの圧縮と復元

動画は1秒間に何十枚もの画像で構成されているため、データサイズが非常に大きい。そこで、伝送や保存をしやすくするためにデータを圧縮してサイズを下げ、再生する時はデータを復元するための伸張をおこなうことが必須となる。このデータを圧縮することをエンコード（符号化）といい、エンコードされたデータを伸張することをデコード（複合化）という。そして、このようなデータの圧縮・伸張のプログラムのことをコーデックという。

▶可逆圧縮と非可逆圧縮

データ圧縮には大きく分けて可逆圧縮と非可逆圧縮がある。可逆圧縮は数学的にデータをまとめて圧縮し、復元時の映像は元の品質と変わらない特性がある。対して、非可逆圧縮は画像の変化が少ない部分の情報を間引きしたり、連続する映像の前後で動きのある部分だけを記録するなどして、データサイズを大幅に縮小することができる。その代わりに復元時は元の品質より低下してしまう。

　可逆圧縮はデータサイズを1/2〜1/4程度にするが、非可逆圧縮は1/100以下にもできる。このため、可逆圧縮は編集などの画質優先の場で使われることが主になり、データサイズに上限がある一般的なコンテンツのほとんどは、非可逆圧縮になっている。

▶ビットレート

映像データの場合、1秒間に処理されるデータ量のことで、単位は「bps」と表記される。基本的には数値が高いほど、情報が精緻で画質も高く圧縮前の品質に近くなるが、データサイズは増大し、再生時の負荷も大きくなる。

　動画データの場合、一定時間あたりのサイズの大小は、ビットレートとフレームレート（コマ数）、そして解像度（ピクセル数）の3つの要素が大きく関係している。

▶コーデックについて

動画のコーデックは非常に多くの種類がある。一般的なものとしては、MPEG-1、MPEG-2、MPEG-4、H.264/MPEG-4 AVC（以下H.264）、DivX、Xvidなどが有名である。例えば、DVD Videoや地上デジタル放送ではMPEG-2、ブルーレイディスクや、YouTube（以前のバージョン）ではH.264などが採用された。上記のうち、現時点で最も主流といえるコーデックは、エンコード／デコードの速さと互換性の高さに定評があるH.264だと思われる。

　劇場・ホールの現場では上記のもの以外に、AppleのProRes 422でエンコードしたデータを扱うことも多い。元々、ProRes 422はポストプロダクション向けのコーデックで、データサイズは大きめだが画質が良く、なるべくきれいに映像表示をしたい時に向いている。

　また、比較的新しいコーデックでは、8K解像度に対応しているH.265/HEVCや、GoogleのVP9などがあり、さらに圧縮率の高いAV1（AOMedia Video 1）が登場している。

　良いコーデックの条件とは圧縮効率に優れ、データサイズ／ビットレートに対して画質が良く、汎用性があり、扱いやすいものといえる。

▶ファイルフォーマット

VTRやDVDプレイヤーなどは、一定の圧縮形式で規格されているが、コンピューターで扱う動画ファイルには様々なコーデックとともに、ファイルフォーマットも多くの種類がある。コーデックとファイルフォーマットは混同されがちだが、その役割りは違うものである。動画ファイルは動画と音声の2つの符号化されたデータを、1つのファイルに格納したもので、このような複数の符号化データを格納できるファイルはコンテナと呼ばれる。つまり、コーデッ

クが「中身の種類」とすると、ファイルフォーマット（＝コンテナ）は「入れ物の種類」といえる。

　主なファイルフォーマットには、家電でも使われ普及率の高いMP4（拡張子.mp4）、AppleのQuickTimeムービーファイル（拡張子.mov）、Windows標準の動画フォーマットであるAVI（拡張子.avi）などがあり、対応する機器やソフトなどが異なる。

　なお、コンテナに入れられるコーデックは、コンテナの種類ごとに決まっている。例えば、MP4ファイルならH.264・Xvid・DivX・MPEG-4などを格納できる。また、再生側がコンテナの形式に対応していても、その中身のコーデックに対応していなければ、コーデックエラーとなり再生できない。

5 ｜ ビデオカメラ──素材機器系

ビデオカメラは動画を撮影する機器である。映像信号をつくり出すためには、光を電気信号に変換しなくてはならないが、ビデオカメラはレンズを通した光を撮像素子に結像させ、光の強弱を電気信号である映像信号に変換する。

　劇場・ホールでの映像表示においては、撮影した映像を、表示機器や操作機器に送ることがビデオカメラの役目となる。

　公演時にカメラから送られた映像は、リアルタイムにライブで表示される。演出によっては、舞台上にいない出演者を他の場所で撮影し、映像表示で登場させるような場合もある。操作機器の項でも触れたが、コンサートホールなどでの複数のカメラを切換えての映像表示では、テレビ放送局の中継と同様の撮影がおこなわれる。

　ビデオカメラの種類は、大きさ、用途、構造、録画メディア、撮像素子など分類の仕方が多くあるが、ここでは特別小型なものを除いて、大きさと一般的な用途で分類する。

［ビデオカメラの種類］

◉スタジオカメラ（中継カメラ）

テレビ局のスタジオやライブ中継などで使用される放送用の高画質カメラで、レンズを含めると数十〜数百kgの重量になる大型のカメラ。

　家庭用のビデオカメラのようにカメラ本体のみで録画する機能はなく、多くの機器で構成される撮影・収録システムに組み入れて使用する。

スタジオカメラ

◉カムコーダー（ENGカメラ）

録画機器と一体化したカメラをカムコーダーという。また、ENGカメラとは、肩に担ぐタイプでレンズの換装が可能な業務用カムコーダーのことを指す。近年では、テープメディアに録画するものはほとんどなくなり、メモリーカードを記録メディアとしているものが多い。

ENGカメラ

小型ハンディカメラ

中継カメラが映像を送るために、他の機器とケーブルでつながっているのに対し、ENGカメラはカメラ単体で収録ができるため、機動性重視の取材現場などで活躍する。

ENGとは Electronic News Gathering の略で、直訳すると「電子的ニュース取材」というような意味になる。

◉ 小型ハンディカメラ (ハンドヘルドカメラ)

小型ハンディカメラは片手持ちでの使用が可能で、普通はレンズや録画機器が一体になっている。近年では小さなカメラの高画質化が進み、映像製作の現場でもあたりまえに使用されるようになった。

放送レベルの専門的な知識や技術がなくても高画質な映像を撮影でき、利便性が高いため、劇場・ホールの現場でもよく利用される。

[ビデオカメラの使用方法]

ビデオカメラは非常に多くの機能を持っている。各機能はオートモードで使用できる場合もあるが、普通はステージのライティングに合わせて、マニュアルモードでの撮影をおこなう。従って、まずはカメラの各機能をよく理解し、使い方を覚えることが大切である。

◉ 設置について

三脚を使用した設置例

カメラの設置には多くの方法があるが、最も基本的で頻度が高いのは三脚を使用する方法である。カメラをフリクションという三脚上部の台座に取り付けて、前後のバランスを調整し、横、縦（パン、チルト）の動きの強さを調整する。設置の際に注意したいのは水平を合わせることで、フリクションの水平水準器を目安に調整する。

◉ レンズの選択

被写体をどのくらいのサイズで撮影したいかによって、必要な倍率のレンズが決まってくる。劇場・ホールの現場では、舞台から遠く離れて撮影する場合が多く、被写体をより大きく撮るために、高倍率で大型のレンズを使用することもある。大型のレンズを使用する時は、重量に耐えられるように三脚なども大型になる。

◉ ホワイトバランスの設定と調整

大型のズームレンズと三脚

ホワイトバランスの設定はいくつかの種類があり、プリセットやオートモードを利用するのが簡単だが、より正確な白を再現するためには、グレースケールチャートや白い紙に、適切な色温度のライトを当て、カメラで撮影する。カメラには色成分がなくなるように自動で調整する機能があり、その状態を記憶させる。

複数のカメラを使った放送レベルでの中継・収録などでは、各カメラの色の差異をなくすため、さらに精緻な調整がおこなわれる。

水平水準器

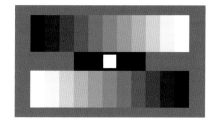
グレースケールチャート

◉カメラワーク

カメラを動かす操作技術のことを「カメラワーク」といい、撮影時におこなうことによって多様な映像効果を表現できる。また、ズーム機能を併用すると、より効果的になる。逆にカメラを動かさずに、画面が固定されていることを「フィックス」という。カメラワークには以下のような種類がある。

・パンニング

カメラを横（左右）に振る、または縦（上下）に振ること。パン棒を使って動かす。

・フォロー

固定した位置から動く被写体を追うこと。

・ドリー

カメラ自体が移動しながら被写体を追うこと。

◉フォーカス

レンズでピントを合わせることを、「フォーカスをとる」という。ズームレンズでフォーカスをとる時は、被写体にズームアップして画像が一番シャープになるように合わせる。

◉明るさを合わせる

多くの場合、舞台の照明はシーンによって明るさが変化する。そのため、アイリス（絞り）をマニュアルに設定している時は、照明の変化に合わせてコントロールする必要がある。

　アイリスが開き切った状態を「開放」といい、開放しても明るさが足りない場合は、ゲイン（感度）を上げて撮影することもある。しかし、ゲインを上げていくと画像にノイズが目立ってくるので注意が必要になる。

◉CCUについて

CCUはCamera Control Unitの略で、カメラから離れた場所で各設定や明るさを操作する機器である。複数のカメラを使用する場合は、CCUでアイリスやホワイトバランスを一括して操作し、各カメラの明るさや色が揃うようにコントロールする。

CCUのコントロールパネル（写真はカメラ4台分）

ビデオカメラは本体部分（カメラヘッド）とレンズの組み合わせによって全体の性能が決まってくる。カメラおよびレンズの主なスペックや機能には以下のような項目がある。

▶撮像素子

レンズから入ってきた光を結像し、電気信号に変換するためのセンサーのことで、フィルム式カメラのフィルムに相当する。また、人間の目でいうならば網膜に当たる。イメージセンサーとも呼ばれ、現在ではCCDとCMOSが主流になっている。

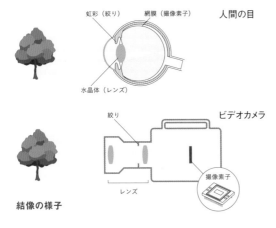

結像の様子

▶解像度

ビデオカメラの場合、解像度は撮像素子の有効画素数を指す。これもまた、表示機器や回線と同様に「横のピクセル数×縦のピクセル数」で表記される。

▶S/N比

信号と余分なノイズの比率を表した数値で、単位は「dB」（デシベル）で表される。この数値が大きいほどノイズが少ないことを意味する。

▶ゲイン

電気回路によって電気信号を増幅する機能で、利得ともいう。撮影時、暗くて光量が足りない場合に、小さな信号を増幅して明るく見えるようにする。信号の入力時と出力時の値の対比によって求められ、これも単位は「dB」である。

▶シャッタースピード

シャッタースピードとは撮像素子が露光する時間の長さのことで、標準値は1/60秒。ビデオカメラにはスチールカメラのような機械的なシャッターはなく、撮像素子を電子的に制御して露光時間を調整する。

　シャッタースピードを速くするとブレを軽減できるが、被写体の動きの滑らかさが減少し、単位時間あたりの光量が少なくなるため画面が暗くなる。逆に、シャッタースピードを遅くすると、感度の高い明瞭な映像が得られるが、被写体の動きに残像感が多くなる。

▶ガンマ補正

表示される画像の明るさや彩度を補正する機能。カメラからの映像信号は最終的に表示機器へ送られるが、映像モニターなどはその特性により、入力された色情報通りには出力できず、中間調が暗くなるという特性がある。そこで、カメラ側の映像信号を逆の特性になるように補正して、明るさや彩度が正確に表示されるようにする。

▶ホワイトバランス

様々な色温度の光の下で、白色を正確に白く撮影するように補正する機能。色温度とは光の色を数値にしたもので、暖色は低く、寒色は高い数値で表される。おおよその数値だが、白熱電球で2800K（ケルビン）、日中の太陽光が5500Kになる。

2000K	3000K	4000K	5000K	6000K	7000K
ローソクの炎	日の出・日没	白熱電球	白熱蛍光灯	日中の太陽光	曇りの空	晴れの空

色温度

▶ズームレンズと単焦点レンズ

ズームレンズとは、焦点距離と画角を任意に変化させることができ、その際にフォーカス（ピント）が移動しないレンズのことである。被写体との距離を保ったまま、画面の拡大率を変えることが可能になっている。逆に、焦点距離が一定に固定され、画面の拡大率を変える機能を持たないレンズを単焦点レンズという。

▶焦点距離と画角

フォーカスを合わせた時のレンズから撮像素子までの距離（レンズの主点と焦点の距離）が焦点距離で、画角は撮像素子に映る範囲を角度で表したものである。

焦点距離が変わると画角も変化する。焦点距離が短くなるほど画角は広くなり、映る範囲が広がる。逆に、焦点距離が長くなるほど画角は狭くなり、被写体が大きくなる。

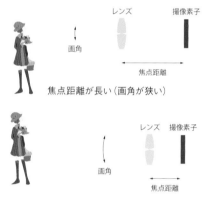

焦点距離が長い（画角が狭い）

焦点距離が短い（画角が広い）

焦点距離と画角

▶被写界深度

被写界深度とはフォーカスが合っているように見える範囲のことである。カメラのある位置に対して、近くの被写体から遠くの被写体まで、フォーカスが合う（ボケていない）範囲が広い状態を「被写界深度が深い」という。逆に、フォーカスが合う範囲が狭く、背景や手前がボケている状態を「被写界深度が浅い」と表現する。

被写界深度は下の表のような性質があり、絞り、レンズの焦点距離、カメラと被写体の距離で決まる。なお、被写界深度が浅い状態での撮影は、フォーカスがシビアになる。

	被写界深度が浅い	被写界深度が深い
絞り	開く（F値が小さい）	絞る（F値が大きい）
焦点距離	長い（望遠）	短い（広角）
カメラと被写体の距離	近い	遠い

▶アイリス

画像の明るさを調整する機能で、カメラに入ってくる光の量を決める「絞り」のこと。「F値」という数値で表されており、この数値を大きくすると光量が絞られて暗くなり、小さくすると明るくなる。

アイリスリング（下）とズームリング（上）

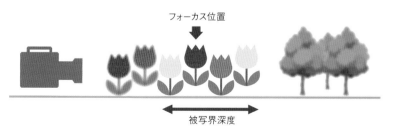

フォーカス位置

被写界深度

おわりに

映像機器の技術開発は常に進歩しています。CGや3D動画はあたりまえのものとなり、VRやホログラムは既に舞台でも使用されています。また、テレビ放送では超高画質化が推進され、2018年末から「新4K8K衛星放送」が開始、多くの人が市販のテレビで4Kや8Kの番組（8Kは現在まだ少数ですが）を楽しめる時代になりました。

ところが映像業界の現状は4K・8Kに関して、既に放送が開始しているのにもかかわらず「業界標準」と呼べるような、映像信号の伝送方法・編集システム・完成パッケージの保存メディアなどが確定していません。2020年の東京オリンピック・パラリンピックを機会に、様々なものの主流が登場しそうな兆候はありますが、まだ先の見えない部分が多くあり、映像技術に携わるすべての人が今後の動向に注目しています。そして舞台技術の現場でも、そういった動向や新しいテクノロジーの発達とともに、求められる映像技術の水準とその頻度が今後も高まっていくと思われます。

今回は舞台映像設備として「設備」を主軸に置いて説明しました。しかし、多くの劇場・ホールでは映像設備の整備が不十分で、映像使用の需要の増加に対応できていません。また、海外の劇場・ホールでは映像専門の部署があることは珍しくありませんが、国内にはほとんどありません。そのため、現場に映像を専門としている技術者がおらず、照明担当者や音響担当者が兼任している場合があり、国内の劇場・ホールではその対策が必要とされています。

このように改善が望ましい問題は多々ありますが、大切なのは現状で最善になるように、使用できる機器と人員で創意工夫をすることです。そして、常に新しい技術開発の動向に視線を向け、可能であれば積極的に取り入れていく姿勢を持つべきでしょう。

執筆協力：三友株式会社、株式会社ミカミ、バルコ株式会社
写真・画像提供：ソニービジネスソリューション株式会社、バルコ株式会社、株式会社マイルランテック、EIZO株式会社

3 - 5

連絡設備

連絡設備の構成

舞台上でおこなわれていることを、楽屋などにいる出演者やスタッフ等にリアルタイムで伝えることが、舞台進行と安全管理の上で必要です。また、舞台監督等が出演者やスタッフを呼び出したり、作業の指示を伝えたりと、連絡設備は重要な役割を持っています。

　舞台連絡設備とは、すべてのセクションをつなぎ合わせる重要な核の部分を担う舞台設備なのです。

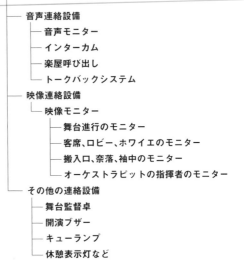

連絡設備
├─ 音声連絡設備
│　├─ 音声モニター
│　├─ インターカム
│　├─ 楽屋呼び出し
│　└─ トークバックシステム
├─ 映像連絡設備
│　└─ 映像モニター
│　　├─ 舞台進行のモニター
│　　├─ 客席、ロビー、ホワイエのモニター
│　　├─ 搬入口、奈落、袖中のモニター
│　　└─ オーケストラピットの指揮者のモニター
└─ その他の連絡設備
　　├─ 舞台監督卓
　　├─ 開演ブザー
　　├─ キューランプ
　　└─ 休憩表示灯など

1 ｜ 音声連絡設備

舞台連絡設備のうち、音声連絡設備は、
　①舞台の進行を音で伝える音声モニター
　②舞台進行で最も重要なキーとなる舞台監督からの指示や、各セクションのスタッフ相互の意思疎通を図るインターカム
　③楽屋エリアにいる出演者やスタッフに開演を知らせたり、スタンバイを知らせる楽屋呼び出し設備
　④仕込み時あるいは舞台稽古時などで、出演者やスタッフに舞台機構作動に対する注意喚起や、進行の指示を大きな音量で流すトークバックシステム
などがある。

　舞台袖や音響調整室に運営連絡設備ラック架が設けられ、運営連絡用の音響調整卓やインターカムの親機、電源機器が設置されている。

■1 音声モニター

音声モニターシステムは通常、エアーモニターまたはエアモニと呼ばれている。舞台の進行を音声で知らせるもので、劇場・ホール内に設置されたマイクで収音し、楽屋エリア、ロビー、ホワイエなどに音声を出す設備である。

　収音は舞台および客席に設置したマイクを使用する。また、より明瞭な音声を伝えるために、舞台に近い位置や、舞台上にマイクを設置することもある。

　楽屋のモニタースピーカーは、壁掛けタイプと天井取り付けタイプに分けられる。また、映像回線を利用して、モニター用スピーカーから出す場合もある。スタッフ用の諸室については、本章3-3「音響」のスピーカーの項で記述した常設スピーカーを利用している。各スピーカーごとに音量調整機能がついていることが多い。

　通常、楽屋エリアに対しては、運営連絡用の音響調整卓で調整する。また、観客エリアに対しては、音響調整室で調整をおこなう。

❷ インターカム

舞台の進行を確実かつ安全におこなうための重要なシステムである。「インカム」と呼ばれている。舞台監督と各セクション間、あるいはセクション同士で連絡を取り合うために使用する。

　有線タイプと無線タイプがある。無線タイプを「ワイヤレスインカム」と呼ぶ。無線タイプは電波の届く範囲であれば自由に動けるので、作業をおこなうに当たり、大変便利である。しかし、混信や突然の遮断などが起こる可能性もあり、有線タイプとの使い分けが必要となる。

　インターカムには親機と子機がある。親機の場合は接続相手を選択し、通話することが可能となる。また、接続相手を複数選択することも可能である。子機は通話する時のみONにする場合と、連続通話をする場合がある。また、自分に合った音量に調整して使う。

　インターカムで通話する際にはヘッドホンとマイクが一体化したヘッドセットと呼ばれるものを使うのが一般的である。

ワイヤレスインターカムの装着例

❸ 楽屋呼び出し設備

楽屋エリアに待機する出演者およびスタッフに、スタンバイを掛ける時に使用する。また、開演を知らせる一斉放送や、緊急時にも使用する重要なシステムである。

　通常は舞台監督卓、運営連絡設備ラック架にマイクが設置されている。音の出力には、音声モニターのスピーカーを兼用している。

　呼び出しをおこなう部屋を個別に選択して放送するか、楽屋エリアのすべてを選択して一斉放送をするなど、エリアの選択ができる。

❹ トークバックシステム

仕込み時や舞台稽古時などに、出演者やスタッフに大きな音量で音声を流すシステムである。通常「がなり」と呼ばれている。運営連絡用の音響調整卓を使用する場合と、催しに使用する音響調整卓に仮設する場合がある。舞台機構操作時専用のシステムが用意されているところもある。

　作業をしている時は、生声で大きな声を出しても聞こえ難い時がある。従って、仕込み時に床機構を動かすなど、舞台上の全員に注意を呼び掛けたい時に使用する。舞台稽古時には、客席にいる演出家から、舞台進行や演出についてのアナウンスをする時に使用する場合もある。

　スピーカーは、トークバック専用のスピーカーが設置されている場合と、常設モニタースピーカーを利用する場合、移動用スピーカーを使用する場合がある。マイクは固定タイプとワイヤレスタイプがある。

2 ｜ 映像連絡設備

舞台の進行を伝えるには、音声で伝える音声モニターと、視覚的に伝える映像モニターの2種類がある。映像モニターは、舞台以外の場所を目視するためにも利用している。

舞台上の進行を楽屋エリア、ロビー、ホワイエ、事務所等でも確認するために必要なシステムである。映像モニター設備は、ビデオカメラとテレビモニターで構成される。

下記に目的別に分類した例を示す。

◉舞台進行のモニター

公演の進行状況や仕込みなどの状況を楽屋エリア、ロビー、ホワイエ、事務所等で確認するために使用する。通常は舞台上を正面から映すが、必要に応じて舞台の横や上からなど、映像を切り替えて映す。移動型ビデオカメラを設置する場合もある。

ビデオカメラの機能としては、舞台全体を映す場合と舞台の一部を映す場合があるので、ズームとパン機能があることが望ましい。舞台の暗転時の作業を映す場合には、暗視用の赤外線暗視カメラを使用する。この場合は赤外線投光機を並用する必要がある。

◉客席、ロビー、ホワイエのモニター

観客の状況を確認するために使用する。遅れて来る客など、客席の状況を映して開演のタイミングを計る。通常は客席を舞台側から映すが、その施設特有のスペースもあるので、施設に合わせて目的に応じた場所にビデオカメラを設置する必要がある。

◉搬入口、奈落、袖中のモニター

作業状況の確認や、安全確認をするために利用する。作業効率を上げ、安全な作業をおこなうために搬入口や袖中を映す。

◉オーケストラピットの指揮者のモニター

オペラやバレエなどでオーケストラピットを使用する場合に、指揮者を映すシステムである。

正確なタイミングで出演者の歌唱などを進行させていくために設置する。極力小さいビデオカメラを指揮者の正面に設置する。オーケストラピット内の演奏者の邪魔にならないようにする。映す場所は様々で、プロンプターボックス内、舞台監督卓、そして袖中の必要な場所にテレビモニターを設置する。

舞台袖でのモニターテレビの設置例

3 | その他の連絡設備

■1 舞台監督卓

公演を進行するためには、舞台監督等からの的確な指示が必要となる。公演中のきっかけ（CUE／キュー）などを安全かつ確実におこなうために必要なシステムである。楽屋呼び出しや、トークバック、インカム、CUEランプなどの機能が備わっているので、情報の発信基地として非常に重要である。卓のつくりは様々だが台本を置くスペースや手元明かりなど、作業をおこなうための細かな検討が必要となる。

　移動型と、ポータルタワーなどの設備に設置された固定型の2種類がある。移動型は舞台上を目視できる場所に設置できるので、より安全に、より確実におこなうことができる。

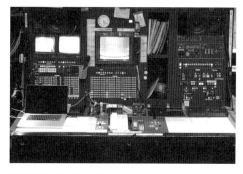

固定型舞台監督卓の例

■2 開演ブザー

開演を知らせるための固定設備としてつくられたブザーである。演出によっては固定設備のブザー音やチャイム音を使用せずに、違う音源を使用する場合もある。通常、開演5分前を知らせるブザーを「一ベル」、開演直前に鳴らすブザーを「本ベル」と呼ぶ。また、開演ブザーを鳴らす前に、楽屋へ一斉放送をおこなう。

■3 CUEランプ（キューランプ）

公演中に出演者の登場や舞台転換をおこなう合図を「きっかけ」または「CUE／キュー」という。そのCUEを知らせるためのシステムである。舞台転換をおこなう場合、このCUEランプを合図に、関係者全員が一斉に転換作業を始める。タイミングを合せて作業をおこなうための、重要なシステムである。

　CUEを送る側を親機、受ける側を子機と呼ぶ。1灯タイプのもの、2灯・2色タイプのもの、また子機側にスタンバイのサインが点灯した時に、スタンバイOKを知らせる機能があるシステムもある。また、CUEナンバーが表示されるタイプもある。

　1灯または単色の光の場合は、点灯した時にスタンバイ、消灯した時にGO、赤・青など2色タイプの場合は、赤が点灯した時にスタンバイ、青に変化した時にGOなど、その現場でのルールを決めて利用する。また光が出るため、設置する際、客席から見えないようにする必要がある。

■4 休憩表示灯など

幕間の休憩時間を客席内やロビー、ホワイエに表示するシステムである。通常は休憩時間を減算表示する。

3-6

電気の安全事項

1 | 電気とは

電気は目に見えないが、一般に川に例えられる。川は、高い方から低い方（上流から下流）へ流れ、川幅が広いところや障害物がないと多く流れる。また、災害時には堤防が決壊し、水害が起こることもある。電気も、高い方（高い電位）から低い方（低い電位）へ流れ、電流の流れを妨げるもの（電気抵抗または単に抵抗）が少ないと多く流れる。また、ケーブルの被覆に傷や機器の不良などの原因で電気は漏れる。その漏れた電気が火災を起こし、人が触れると感電することがある。

電気を扱う上で、最も馴染み深い基本となる用語と記号、およびその単位は表1の通りである。

[表1] 電気の用語と単位・記号

用語	単位	記号	説明
電圧	ボルト	V	電位と電位の差を電位差といい、電流を流す電気的圧力
電流	アンペア	A	電気が導体の中を流れる大きさ
抵抗	オーム	Ω	電気の流れにくさ
電力	ワット	W	電気エネルギーを使って仕事をする大きさ
周波数	ヘルツ	Hz	交流など周期的変化をする現象が1秒間に繰返される数
負荷			仕事をする電気機器が消費する電気エネルギーの総称（電気回路の構成用語）

2 | 電気の供給

国内の電気は主に各地方の電力会社から供給される。電気は水力、火力、原子力、太陽光、風力等を利用した発電所でつくられ、送電線で各変電設備を経て、ビルや工場、劇場、一般家庭等のコンセントまで送られている。

発電所で発電された電気（電圧3.3kV～22kV）を変圧器で250kV～500kVに昇圧して1次変電所に送り、2次変電所、配電用変電所を通り、送電電圧を段階的に下げ、配電線の電圧を6600Vとし、劇場やビル、工場等には直接給電する。また、一般家庭等には配電線を近隣まで電柱配線とし、柱上変圧器で100V／200Vの使用電圧として給電する。

6600Vで受電する劇場やビル、工場等には、その構内に変電所を設備し、各電気設備の使用電圧に適合する電力の変圧器を設置し、各負荷に電源供給する。

送電電圧

電気を供給するには発電所から電気需要家まで非常に長い電線が必要である。電線には電気の流れを妨げる抵抗があり、抵抗値は長さに比例して大きくなる。また、電力の損失は電流の2乗に比例して大きくなる。そのため、大容量の電力を遠距離に送るには、できる

だけ電流値を少なくする必要がある。電力は電流と電圧の積であり、同じ電力なら電圧を高くして電流を少なくすることで電線での損失を少なくできる。

電圧の供給設備の役割

発電所：電力エネルギー以外のエネルギーを電気エネルギーに変換する施設

変電所：電圧の大きさを変換し、電力を複数の地域に分配する所

送電線：発電所と変電所間または変電所間の電気を通す電線路

電圧の区分

電気の法律、電気設備技術基準では、電圧区分を交流と直流、それぞれ表2のように定めている。

[表2] 電圧の区分

電圧の区分	交流	直流
低圧	600V以下	750V以下
高圧	600Vを越え7000V以下	750Vを越え7000V以下
特別高圧（特高）	交流・直流ともに7000Vを越える電圧	

3 | 電気事故の状態と対策

電気事故による火災や人身災害など大事故を防止するには、異常発熱、発煙、異臭の早期発見が最も効果があり、日頃の点検や注意が大切である。

劇場等演出空間の電気設備における仕込み作業で、最も注意しなければならない電気事故は、「感電」と「電気火災」である。

感電

感電とは人体に電流が流れてショックを受けることである。通電しているケーブルの導体や漏電している機器に直接触れることなどによって、電流が人体を通って大地（アース）に流れる事故である。感電防止の対策は、使用するケーブル、機器に不良品がないことが大切であり、さらに作業者の安全と仕込み作業を経た設備を完備するためには、次の対策が必要である。

1. 露出（充電部）箇所のないようにする
2. 通電中の充電部の作業は禁止する
3. 作業には身体を露出させない作業服、手袋、ゴム靴等を着用する
4. 仕込みの前後には絶縁抵抗の測定をおこなう
5. 機器ケースおよび電気機器を取り付けた金属部は接地する
6. 電気回路には漏電ブレーカー（ELCB）を設置する
7. 通電中は、漏洩電流計による漏れ電流の測定点検を実施する

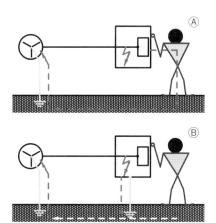

[図1] 感電のメカニズム

感電のメカニズム

音響機器や楽器からノイズが発生した場合、電源のアースを切断することがあるが、保安上すべきではない。また楽器等でノイズが発生した場合、音響機器のシールドにアース線を接続していることがあるが、漏電した場合、音響機器に過電流が流れ、破損または人体が感電するので、必ず劇場など演出空間の接地極に接続する。図1Ⓐのように機器に漏電していると、人が触れた場合（電源→機器→人体→大地）の経路で電流が流れ感電する。Ⓑのように機器にアースされていれば、人体の電気抵抗値が接地線より高いので、電流は人体に流れず接地線に流れ、感電しない。

電気火災

火災事故が起きる原因には、間違えた配線の場合や接続端子の緩み、傷ついたケーブルや不良機器や機材の使用、または絶縁が低下して漏電が発生した場合などに、その欠陥箇所が加熱または短絡（ショート）することが挙げられる。

電気火災事故を未然に防ぐためには、次の対策が必要である。

1. 仕込み機器、機材、延長ケーブル等を点検する
2. 接続した仕込み機器の負荷容量および配線ケーブルの許容電流に適合した過電流遮断器（ブレーカー）を各負荷回路に設置する
3. 仕込み回路と接続機器の接続状態を確認する
4. 仕込みケーブルの処理状態を確認する
5. 仕込みの前後には絶縁抵抗の測定をおこなう
6. 機器外箱および電気機器を取り付けた金属部は接地する
7. 電気回路には漏電ブレーカー（ELCB）を設置する
8. 通電中は、漏洩電流計による漏れ電流の測定点検を実施する

4 | 電気に関する法律

人々が電気を安全に使用するためには、安全な機器や機材を使って電気の知識・技能を有する人によってつくられた設備でなければならない。

　電気の安全は、この目的に従って、主に右の3つの法律で守られている。

※法律の詳細は付録「文化芸術振興に関わる法令および条例等」の「D.電気・製造品関係法」(p.245)を参照

1. 電気事業法：電気の供給から電気を使用する設備に対する安全のための法律
2. 電気用品安全法：電気機器および電気材料の安全のための法律
3. 電気工事士法：電気設備の安全のため携わる工事作業者の知識技能の認定制度

5 | 電気の知識

直流の電気と交流の電気

電気には直流の電気（直流電気）と交流の電気（交流電気）がある。

◉ 直流の電気 (direct current) [略記号:DC]
直流電気は乾電池に代表される常に一定方向に電圧が加わっている電気で、電流も一定方向にしか流れない。

◉ 交流の電気 (alternating current) [略記号:AC]
交流電気は時間に対して電圧の大きさが周期的に変化する電気で、変圧器によって容易に電圧を変えることができる。そのため発電所の電気は交流電気で発電し、電圧を変えて一般家庭に送られている。

　交流電気には1つの波を送り、その波で電気器具を動かすものがあり、これを単相交流（単相電源）といい、また3つの波を3本の電線で送電するものを三相交流（三相電源）という。[図2]

　三相交流は効率が良いことから、大量の電気を送る場合などに使用される。発電所から送られる送電線は三相電源が基本となっている。

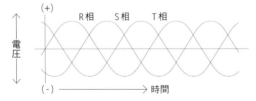

[図2] 三相交流電気の電圧波形

周波数

交流には山と谷があり、1つの山と谷のカーブの波形を1サイクルといい、1秒間のサイクル数を周波数という。周波数の単位はHz（ヘルツ）であり、この波が1秒間に50回あれば50Hz、60回あれば60Hzとなる。我が国では50Hzと60Hzの両周波数を採用しているため、地域によって周波数が異なる。静岡県富士川以東の本州および北海道が50Hz、富士川以西の本州、四国、九州および沖縄が60Hzである。

電圧・電流・抵抗および電力の関係

オームの法則

電源に抵抗（白熱電球や電気アイロンなど）を接続すると、電流が流れる。この3つの基本量には、オームの法則と呼ばれる関係がある。この法則は、直流電源、交流電源いずれの回路でも同様の関係が成り立つ。

$V = I \cdot R$　電圧＝電流×抵抗
$I = V/R$　電流＝電圧÷抵抗
$R = V/I$　抵抗＝電圧÷電流

＊電圧:V (V ボルト)
　電流:I (A アンペア)
　抵抗:R

電力の計算

電力とは、電圧と電流を使って光や音を出したり、物を動かす仕事をした量のことであるが、言い換えれば仕事をするために使った電気の消費量ということになる。通常、電気機器には電気用品安全法で定められた定格電圧と定格消費電力が明記されている。この定格消費電力を一般に、電力（P）といい、単位ワット（W）として馴染みがある。この計算式は、電流（I）と電圧（V）の積で表される。

$$P = I \cdot V \quad 電力（P）＝電流（I）×電圧（V）\quad（W）$$

この電力は、電気機器が仕事をするために使用する電気エネルギーであるため有効電力といい、機器回路の抵抗分の負荷による電力ということになる。

電気機器には、仕事をするために様々な回路が搭載されたものがある。そのため、電流の流れが電圧の波形に遅れることがあるが、この遅れは機器の仕事量に関係がないため、発生する電力を無効電力といい、その分の電流を無効電流という。

このことから、この機器に供給する電力は定格消費電力より大きくなる。電圧は一定なので供給電流を多く流さなければならない。このベクトル値を力率（φ）（力率は1以下の値となる）といい、供給する電力を皮相電力という。皮相電力の単位はボルト・アンペア（VA）で表す。皮相電力（P_0）と定格消費電力（P）の関係式は次の通りである。

$$P_0 = P / \phi \quad（VA）$$
$$\quad = I_0 \cdot V = I \cdot V / \phi \quad（VA）$$
$$I_0 = I / \phi \quad（A）$$

＊皮相電力：P_0（VA）
皮相電流：I_0（A）
電力：P（W）
電流：I（A）
電圧：V（V）
力率：φ

以上のことから、電気機器に供給する電流（皮相電流［I_0］）は、電気機器が仕事に費やす電流（I）より大きい値でなければならない。そのため、電気機器を接続する時は、電源容量およびケーブルの太さに十分注意しなければならない。舞台電気設備で使用する電気機器の力率の一例を表3に示す。

[表3] 舞台電気設備で使用する電気機器の力率の一例

設備の種類	電気機器	力率
舞台照明設備	白熱灯	1
	放電灯	0.5～0.6
舞台音響設備	アンプ（電力増幅器）	0.5～0.7
舞台機構設備	三相誘導電動機	0.6

配電方式

◉ 単相2線式（1φ2W）および単相3線式（1φ3W）

一般に使用されている家庭用電気機器の電源は100V単相2線の電源である。近年、住宅の電気使用量が飛躍的に多くなっているため、電力会社からの供給電源は単相3線式100V／200Vが一般的になっている。

単相3線式は3本の電線の内1本が中性線（N）で、電源部で大地に接地されているため基準電位となり、中性線と各相（L1およびL2）との間がそれぞれ100V、線間電圧（L1とL2との間の電圧）が200Vである。単相3線式は単相2線回路の2回路分の容量を3本の電線で供給できる経済的な方式である。照明や音響等の電源で、一般に電灯回路といわれる。[図3]

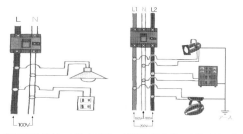

単相2線式（1φ2W）100V　　　単相3線式（1φ3W）100V/200V

[図3] 単相2線式と単相3線式の配電方式

◉ 三相3線式および三相4線式
a：三相3線式（3φ3w）

一般に電動機などの動力用電気機器は使用電圧200Vの三相電動機で、電源は三相3線式200Vとされている。（小容量のものは単相100Vのものもある）そのため、200V三相3線式の電源を動力電源という場合が多い。

この方式は電力供給の効率が良いため、発電から送電、配電の方式によく活用されている。ただし、この方式で複数の単相200V負荷を任意の2線間で使用した場合、各相の電線に流れる電流値が異なる（このことを不平衡負荷という）と電源変圧器が焼損する恐れがあるので注意する。[図4左]

b：三相4線式（3φ4w）

舞台照明設備や音響設備など、負荷が単相の電気機器を多数使用する大容量負荷の電源は、三相（R,S,T）各相の線に中性線（N）を加え、三相4線式としている。

この方式は各相と中性線の間の電圧（相間電圧または相電圧）が100Vで、機器の使用電圧としている。中性線は電源で大地に接地されている基準電位となるため、各相に流れる電流が多少異なっても電位の浮動はほとんどない。しかし、差が大きい不平衡負荷だと変圧器の唸りや電線の振動が多くなり、危険な状態となることがあるので、なるべく各相が平衡負荷になるよう、機器の接続には注意を要する。[図4右]

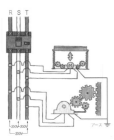 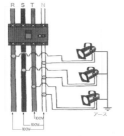

三相3線式（3φ3W）200V　　三相4線式（3φ4W）100V/173V

[図4] 三相3線式と三相4線式の配電方式

接続器

舞台で使用する接続器

舞台用の接続器は、負荷配線に多心ケーブルを使用するため、接続器は多極のものを使用している。これは家庭用など一般の接続器も同じだが、舞台用は接地線が必要なため、ケーブルも3心で接続器も3極となる。

また、機器の容量が大きく、仕込み・撤去を繰り返すなど使用頻度が高いことから堅牢でなければならないため、特殊な舞台用の接続器が使われている。[図5]

仕込み機器の中に小容量器具で15A以下の一般用接続器を使用する場合は、安全のため、その電源側に20A以下のブレーカーを備えた分岐コンセントボックスを設けなければならない。（劇場等演出空間電気設備指針 2.3.5 参照）

C型20A　　C型30A　　D型20A　　シーフォーム
（100V用）　（100V用）　（200V用）　音響用30A

[図5] 負荷配線（分岐回路）用接続器

接続器の極性

一般のコンセントや舞台用コンセントは、極性が決められている。舞台用コンセントは、L／Nがコンセントに示してある。原則は上側がライン（L）、下側がニュートラル（N）で、真ん中がアース（E）になっている。アース端子には、⏚の記号が示してある。また、15A以下のコンセントでは、左側の長い溝の方が中性線（N）、右の短い方がライン（L）である。

舞台用コンセントは、3極でプラグの差込方向が一定なので極性が異なることはないが、一般用の15A以下のコンセントに使用する差込プラグは、どちらでも差込接続できる。極性が違っても電気は流れるが、機器によっては障害が発生することがある。特に音響機材等はノイズの原因になる。障害防止や事故防止のため注意が必要である。

電線

電線には太さや種類によって流せる電流値（許容電流）が決められている。電線の太さは、導体が単線の場合は導体の直径でミリメートル（mm）、導体がより線の場合は導体の断面積で（mm²）、スクエア（sq）で表す。

演出空間電気設備で使用できる電線

舞台電気設備で使用できる電線は、使用電圧が300V以下の場合は、2種以上のキャブタイヤケーブルを使用し、300Vを超える電圧では、3種以上のキャブタイヤケーブルを使用しなければならない。（劇場等演出空間電気設備指針 参照）

屋内および屋外で使用できるキャブタイヤケーブルを表4に示す。（演出空間仮設電気設備指針 2.2.4 参照）

[表4] 演出空間電気設備で使用するケーブル

使用場所	使用電圧	使用できるケーブルの種類	記号
屋内	300V以下	2種天然ゴム絶縁天然ゴムキャブタイヤケーブル	2CT
		2種EPゴム絶縁クロロプレンキャブタイヤケーブル	2PNCT
屋外	300V以下	2種EPゴム絶縁クロロプレンキャブタイヤケーブル	2PNCT

キャブタイヤケーブルの構造

電線（絶縁電線）の構成は導体を絶縁物で保護したもので、配線する時は電線管などの中を通して通線し、

外界からの障害を防止する配線としなければならない。ケーブルは絶縁電線の周囲をシースと呼ばれる被覆層で覆った構造の電線で、配線のための電線管配線の必要がなく、固定設備として電気工事がおこなえる。

キャブタイヤケーブルは、一般ケーブルのシース層の強度をさらに上げ、柔軟性が高い舞台の仮設電気設備の配線として安全なケーブルである。舞台電気設備で使用できる2CTと2PNCTの構造を、図6に示す。

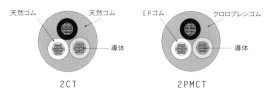

[図6] キャブタイヤケーブルの構造

キャブタイヤケーブルの許容電流

電気を通す導体には抵抗（固有抵抗）がある。キャブタイヤケーブルの導体にも電気抵抗があり、電流が流れると、その流れを妨げる抵抗によって熱を発生する。

この熱がキャブタイヤケーブルの温度を上昇させる。ケーブルの絶縁物やシースには性能を維持する限界温度がある。（2CTは60℃、2PNCTは80℃）

キャブタイヤケーブルに流れる電流が増加すると温度が上がり、やがて限界温度に達する。この時の電流値がそのケーブルの許容電流である。

舞台電気設備で使用できる2PNCTおよび2CTのケーブルの太さに対する許容電流を表5に示す。

[表5] 舞台電気設備で使用できるケーブルの許容電流

ケーブルの太さ 公称断面積 (mm²)	許容電流 (A)					
	2PNCT			2CT		
	単心	2心	3心	単心	2心	3心
0.75	18	15	13	14	12	10
1.25	24	20	18	19	16	14
2	32	28	24	25	22	19
3.5	47	41	36	37	32	28
5.5	63	53	46	49	41	36
8	80	65	56	62	51	44
14	113	91	80	88	71	62

*この表では、単相2線に使用する3心ケーブルで、1心が接地線の場合は2心の許容電流を適用する。
*ドラム巻きなどで使用する場合は、製造業者等の指示する電流減少係数を用いる必要がある。

キャブタイヤケーブルの電圧降下

使用するケーブルが長くなると、導体の抵抗によって負荷機器に供給する電圧が下がる。このことを電圧降下という。ケーブル2PNCTの長さが10mの場合、ケーブルの太さと電流の大きさによる概算電圧降下の例を表6に示す。

[表6] 舞台電気設備で使用するケーブルの電圧降下の例 (2PNCT)

公称断面積 (mm²)	単相2線式の場合 (V)				
	10A	20A	30A	50A	100A
2	2.13	4.25	—	—	—
3.5	1.21	2.43	3.64	—	—
5.5	0.77	1.55	2.32	—	—
14	0.3	0.61	0.91	1.52	—
22	0.19	0.39	0.58	0.97	1.93
38	0.11	0.22	0.34	0.56	1.12

*電圧降下値は演出空間仮設電気設備指針4.2.2 (5) の計算式による。
* — 部分はケーブルの許容電流以上の電流値のため使用できない。

開閉器等

低圧回路の配線に使用する開閉器等には、一般にカバー付きナイフスイッチ（KS）、配線用遮断器（ブレーカー、MCCB）および漏電遮断器（ELCB）がある。開閉器等の種類と役割の概要を表7に示す。

[表7] 開閉器等の種類と役割の概要

種類	外観	役割の概要
カバー付きナイフスイッチ [KS]		機器の手元スイッチの役割で、機器操作の時、回路をオン、オフするために使用する。 この開閉器にはヒューズ付きのものもあるが、舞台電気設備では使用が禁止されている。 ヒューズ付きは使用禁止
配線用遮断器（ブレーカー） [MCCB]		回路の短絡事故や、過負荷によるケーブルの容量オーバー、また機器の不良などからケーブルおよび機器の焼損や、火災事故の発生を防止するための役割を持っている。
漏電遮断器（漏電ブレーカー） [ELCB]		機器やケーブル、接続器など回路に漏電が発生した場合、接地電流を感知し、自動的に電路を遮断し、感電事故等を未然に防止する役割がある。 また短絡事故、過負荷などによる配線遮断器の役割機能も備えているものもある。

電気回路には、事故を未然に防止するために、負荷容量および配線ケーブルの太さに適合した過電流遮断器を設けることが法律で定められている。このことか

ら、回路ごとにブレーカー（MCCB）を設置しなければならない。

過電流遮断器には配線用遮断器とヒューズがあるが、舞台電気設備ではヒューズは使用できない。（演出空間仮設電気設備指針 資料-1 参照）

その理由は、回路に電流が定格電流より多く流れた時、自動的に回路を遮断する遮断特性がブレーカーとヒューズで異なり、ヒューズの遮断器特性が舞台設備で使用するケーブルの特性と整合できないため、舞台電気設備では使用禁止としている。

そのため、カバー付きナイフスイッチ（ヒューズ付き）のものは舞台電気設備では使用禁止としている。

絶縁抵抗

絶縁抵抗は、電気の保安のために大変重要である。絶縁不良は電気事故の大きな原因になるので、仕込み前の機器や機材、ケーブル等の点検で絶縁抵抗測定をしなければならない。また、仕込みが完了した時点および電源投入の直前における絶縁抵抗測定は必ず行わなければならない。

舞台電気設備は、通常状態で屋内や屋外でも水気のない場所で使用する設備であるため、絶縁状態は良好でなければならず、もし、絶縁低下があれば設備の不良と考えなければならない。仮設電気設備指針では、屋内および好天の屋外、雨天時の屋外の絶縁抵抗値を表8のように定めている。

[表8] 絶縁抵抗対象および測定点ならびに絶縁測定値

絶縁抵抗測定対象	縁抵抗測定点	絶縁抵抗値
電気機器、配線器具、ケーブル等（調光器・スポットライト等）	単体測定 線間および線・接地（アース）間	5MΩ以上
幹線部分（開閉器ごと区切り間）	線間および線・接地間	2MΩ以上
分岐回路以降負荷部分（開閉器ごと区切り間）	線・接地間のみ	2MΩ以上
電源受電点以降（開閉器すべてON、トータル測定）	線・接地間のみ	1MΩ以上
屋外雨天の場合 電源受電点以降（開閉器すべてON、トータル測定）	線・接地間のみ 100Vの場合 200Vの場合 300Vの場合	0.1MΩ以上 0.2MΩ以上 0.4MΩ以上

演出空間仮設電気設備指針9.4.2(b)参照

接地（アース）について

漏電・感電防止のためには、漏電ブレーカーを確実に動作させるため接地が必要である。電気機器の金属製の外箱や照明器具の灯体（非充電金属部という）はすべて確実にアースする必要がある。そのため舞台電気設備の配線には、ケーブルに接地線、接続器に接地極を完備し、確実な接地ができるようにしている。従って、使用する個々の機器も接地線に接続できる構造としなければならない。[図7]

また、器具を取り付けるところが劇場、ホール等建築物の金属部であれば建築躯体でアースされているが、仮設のイントレやトラスの場合は、接地線で確実に接地することが必要である。

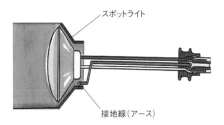

スポットライト

接地線（アース）

[図7] スポットライトの設置線

6 │ 測定器

電気の流れは目で見ることはできない。電圧や電流の流れの状態、電気の漏れや絶縁状態など測定器でないと確認することができない。ここでは、劇場で使用する主な測定器を紹介する。

回路計 (テスター)

電圧・電流・抵抗の測定、導通チェックが可能で、これ1台あれば電気の基本量を見ることがでる。そのため、電子回路をつくったり回路解析をするのに、まず用意すべき測定器である。テスターにはアナログテスターとデジタルテスターがある。[図8]

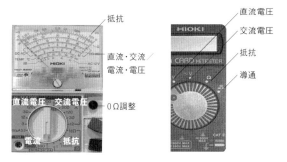

[図8] テスターの一例

検電器

回路に通電されているかどうかの確認をする器具。通電されていれば、ブザーやランプの点灯で知らせる。中性線（N）には反応しない場合があるので注意する。[図9]

[図9] 検電器

絶縁抵抗計 (メガテスター)

数MΩから数千MΩの高い抵抗値を測定する計器。原理は、電圧を加え、その時に流れる電流値から抵抗値を求める。[図10]

　回路計（テスター）では内臓されている電池が1.5Vから3.0V程度なので、1MΩ位までの値しか測定できない。絶縁抵抗器では高い抵抗値を測定するため、内部で高電圧に変圧し測定する。低圧回路の測定電圧は25Vから500Vまで様々だが、これは測定する機器の使用電圧によって選択しなければならない。使用電圧が低い機器の回路に高い測定電圧を加えると機器の回路が破損するため、測定電圧の選定には注意する必要がある。表9に参考として、絶縁抵抗計の使用例を記載する。

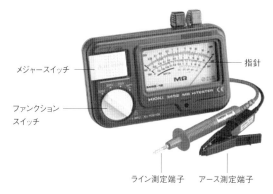

[図10] 絶縁抵抗計

クランプメーター

クランプメーターは、通電中の電気の充電部に触れることなく電流や電圧等を測定できる安全で便利な測定器である。[図11]

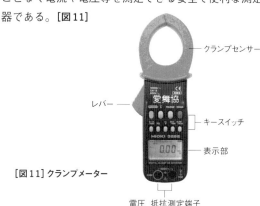

[図11] クランプメーター

電流を測定する時は、キースイッチを電流測定に切り替え、測定したいケーブルを挟む。この時、ケーブルは1本ずつ挟み込むようにすること。2本以上まとめて挟まないよう注意する必要がある。

電圧や周波数、抵抗、導通を測定する時は、キースイッチを必要なモードに切替えて測定する。

[表9]絶縁抵抗計の主な使用例

測定電圧	電気機器の電気回路	電気設備の配線
25V	安全電圧での絶縁測定	
50V	電話回線、弱電機器の回路	弱電信号回路の配線
100V 120V	使用電圧が100V系電気機器の制御回路	電源電圧が100V系低圧機器の制御回路の配線
250V	使用電圧が200V系電気機器の制御回路	電源電圧が200V系低圧機器の制御回路の配線
500V	使用電圧が60Vを超え300V以下の電気機器の電力回路	電源が300V以下の低圧屋内配線および接続電気機器の電力回路

7 | 電気の取扱注意事項

舞台設備は舞台公演や催物によって、その都度仕込み・撤去を繰り返す移動設備が多く、特に舞台電気設備は、使用機器の配線が公演ごとに行われる。電気の事故は、配線の不良や誤使用による事例が多く、舞台電気設備では配線の安全が最も重要な注意事項となる。ここでは目視できる注意事項を示す。

ケーブル、接続器の不良点検

1. ケーブルのひび割れ、座屈や破損状況の点検
2. プラグ、コネクタの変色、ひび割れや破損の点検
3. 接続器のケーブル端子のネジの増し締め
4. 接続器のケーブル押え金具のネジ締め
5. 配線ケーブルの通電検査と絶縁測定

仕込み作業による配線の注意事項

◉ケーブルの配線経路の確認

多くの配線ケーブルが集中し、幾重にも重なり隙間のない状態の場合や、配線ケーブルが長すぎてドラム巻き状態にしている場合は、ケーブルの発熱で温度が上がり、蓄熱される。限界を超えると発煙・発火の恐れがあるので、ケーブルが集中しているところは隙間をつくって放熱をよくすること。また、ドラム巻き状態になっている場合は、長く伸ばしておくか、つづら折りにすることが必要である。

通電中の配線ケーブルの点検では、軽く手で触れ、温度を確かめる。

◉ケーブルの養生

人の通り道など通行する場所をケーブルが横切る場合は、ケーブルの保護と、人がつまずかないように養生を確実にする。

ケーブルが物に挟まれた例

電源ドラムの例

ドラム巻き状態の例

付録

1 ｜日本の芸能文化と劇場・ホール

劇場・ホールという言葉は、演劇、音楽、舞踊、演芸、伝統芸能などの実演芸術を「上演する舞台」とそれを「鑑賞する客席」を備えた施設の呼称の1つとして一般的に捉えられてきました。しかし、劇場やホールが本来備えるべき本質的な機能を考えると、舞台芸術や音楽芸術を上演するための建物あるいは設備などを備えた「場（ハードウェア）」である一方、その場を活かした舞台芸術や音楽芸術作品の公演や作品創造といった「活動（ソフトウェア）」を持続的におこなっていく意志を持つこと、そして「場」と「活動」の両方を有機的に結び付けるための「組織と職能（ヒューマンウェア）」を備える必要があると考えます。この3つの要素をバランスよく、効果的に連携させていくことのできる機関になることによって初めて、劇場あるいは音楽堂と呼べることになるのではないでしょうか。

つまり、劇場やホールという言葉が示すのは、舞台と客席を備えた建築物を総称する単なる名詞ではなく、そこで舞台芸術や音楽芸術などを継続的に上演あるいは創造していく意志を備えた有機的な機関として捉えていくことが大変重要なことです。これは、絵画や彫刻などの収蔵作品を持たない施設を美術館と呼ばないこと、また書籍や資料などの収蔵書籍を持たない施設を図書館とは呼ばないのと同様のことです。

しかし、我が国では、形態的には舞台や客席を備えながらも、自ら舞台芸術や音楽芸術の上演や創造活動を継続していくための意志やそのための専門性を備えた組織を持たない施設が、長年全国各地に造り続けられてきたという特殊な事情があります。その多くは施設の呼び名も、劇場や音楽堂というのではなく、文化会館、文化ホール、あるいは公立ホールなどと呼ばれる公設の施設です。その中でもさらに特殊なケースでは、建物を整備するための法的な根拠や整備のための公的な資金の出所から、教育会館、労働会館、産業会館、あるいは観光会館などと呼ばれ、舞台と客席を備えながらも、決して劇場あるいは音楽堂と呼ばれることのない施設も少なからず全国に設置され、各地の文化活動を支える拠点になってきたと考えられています。

これら公設の劇場・ホールでは、舞台芸術や音楽芸術を自ら上演することや創造するといった意志はそもそも希薄で、舞台芸術や音楽芸術を創造する外部の組織や団体などに対して、舞台と客席を備える「場」を提供していくことが主たる役割であったと考えられてきました。しかし、施設の提供は、文化や芸術などの活動をおこなっていく組織や団体に限られる訳ではありません。むしろ講演会や講習会、入学式や卒業式といった集会や大会などの利用に供する回数の方が多い施設が少なくありません。さらにその利用の多くは、施設の設置主体である地方公共団体が自ら主催する行政利用で占められていることから、そもそも公設の劇場・ホールがどのような目的のために整備されてきたのかということが曖昧なままに、施設設置主体が主催する集会や大会などに優先的に利用され、結果的に文化や芸術の拠点施設であるという使命だけが掲げられ、一方で集会施設としての既成事実が年ごとに積み重ねられてきました。

我が国の芸能の発生と派生

我が国は古代より、稲作を生活の基盤とした国であり、その生産や収穫を祈ることや感謝するための祈祷や舞踊などが長い時間をかけて、今日の伝統的な舞台芸術の礎になってきたと考えられています。苗を植えること、雨乞いをすること、刈り入れをすることなどの農耕作業を形態的にもまねることが芸能の原点となり、これが各地に広まることによって田遊びの行事へと変化していきます。

また、島国である我が国は、文化や芸能の面で西方の文化を伝える経路として大陸からの影響を強く受けてきました。その1つとして唐代の舞楽が上げられます。この舞楽が伝えられて後に我が国の創意や工夫などが加えられるようになり、平安期に隆盛を極めることになります。この舞楽の音楽を雅楽といい、宮廷音楽として長い時間をかけ、我が国の伝統文化の1つとして伝えられることになりました。

さらに、奈良時代には散楽が伝えられます。宮廷芸術として認知度を高めていく舞楽に対して、中央アジア以西の芸能がシルクロード経由で伝えられたと考えられている散楽は、俗楽に区分をされ、宮廷芸術から

は距離を置くものとして位置付けられていきます。

ただし、散楽の素朴さや多様さといった側面か魅力となり、庶民の中にしっかりと位置付けられ庶民の芸能の礎になってきたと考えられています。この散楽は、平安中期より訛って猿楽と呼ばれるようになります。その後は、狂言にも通じる滑稽な所作や物真似的な芸を意味するようになります。そしてこの猿楽は、後に能の原型になると考えられています。

鎌倉時代になると、それまでの政権の中央に位置付けられてきた公家と関東での力を蓄えてきた武家が拮抗するようになり当時の政権を競うようになります。源頼朝を長とする鎌倉幕府は朝廷と肩を並べる勢力を備えるようになり、その後、公家政権は武家政権に従属するようになっています。その時代になり、新たに文化を担う役割を果たすようになるのが僧侶でした。そして宮廷芸術として舞楽や散楽を起源とする猿楽、さらにその他の芸能が入り交じり、貴族的な芸能と庶民的な芸能が混じり合うことで生まれた舞として、延年が演じられるようになります。この延年からさらに派生する稚児舞は、後の若衆歌舞伎や女形につながる先駆けと考えられています。

また、古代の田遊びから発達した芸能が、平安中期になると田楽として形づけられます。この田楽が形づけられるのと同時期に、猿楽も同じように芸能として形づけられます。この田楽や猿楽がともに寺社の祭礼で演じられるようになりますが、当初は神事としての田楽、その余興としての猿楽という関係でした。ただし、田楽や猿楽は、当時盛んに上演をされ平安後期になると寺社の保護の下に座を形成し、田楽を専門に躍る田楽法師という職業的芸人が生まれるようになります。その点では猿楽も同様で、職業的な芸人を生み出すようになります。

この猿楽の諸座の中の1つであった観阿弥や世阿弥が演じる猿楽を足利義満が愛で、以降、将軍はじめ有力武家、公家らの愛顧を得て観阿弥が率いる観世一座は幕府のお抱え的な存在とみなされるようになります。このことによって猿楽能が芸能として確立し、今日の能楽として位置付けられるまでになっていきます。

このように猿楽能が武家社会の芸能として高められていくことの反面、民衆の生活からはかけ離れるようにもなりました。そのことからも庶民の生活に根ざした芸能が求められるようになり、その結果生まれてきた芸能が後の歌舞伎となっていきます。

周知の通り、当時の民衆の中には、歌舞音曲が広く行き渡るようになっていました。特に経済的な力を蓄えた京の町衆を中心に盛んになってくるのが風流踊りです。華やかな衣装を着飾ることや仮装などを身に付けることで、鉦や太鼓、笛などとともに歌い、踊るというものです。さらに、この風流踊りは、主に集団で踊りました。この様にして後には、華麗に飾った山車行列やその周囲を取り囲みながらの踊りを含めて「風流」と呼ぶようになり、疫神祭や念仏、田楽などを起源とする芸能と考えられています。

元禄時代──歌舞伎の変遷と常設の芝居小屋の整備劇場の進化

この風流踊りは、瞬く間に京だけでなく各地に広められていきます。こうした中に女性の芸能者で、今日歌舞伎の創始者として位置付けられている出雲阿國の一団も含まれていたのではないかと考えられています。当時は、本能的な民衆の衝動を身体的に表現する方法として官能的であるとともに、猥雑性を備えることが芸能としての普及力や訴求力となっていったと考えられます。

そのため阿國の一団の舞や踊りをまねるものが数多く現れてきます。京の遊女達の一団もその1つで、京の街で阿國をまねる踊りを披露することが風紀の乱れを懸念する幕府によって看過できないほどに注目をされるようになり、やがて女歌舞伎が禁止されることになります。その結果、女性の芸能者は歌舞伎から排除され、それに代わって若衆歌舞伎が盛んになります。

ただし、この若衆歌舞伎に出演する美少年も先の女歌舞伎同様に風紀の乱れを助長することが懸念されるようになり、同じく幕府から禁止令が出されるようになります。その結果、歌舞伎という芸能は、その後も時代時代に様々な制約や紆余曲折を経ながらも常に庶民の力によって継続され、江戸中期・元禄の時代になって大きく開花していきます。これが元禄歌舞伎と呼ばれる時代です。

この時代になって初めて我が国に常設の興行専用の建物、つまり劇場が建設されるようになってきます。それまでは、多くの場合、仮設的な形で舞台や客席を一時的に設えることなどで芸能の興行をおこなってきました。しかし、この期になってようやく固定した常設の劇場を持ち、その劇場付きの上演組織が一体となって興行をおこなうようになります。

さらに、泰平の世となり人形浄瑠璃や歌舞伎が町人の娯楽として定着しはじめると、各地に芝居小屋が建設されるようになります。ただし、女歌舞伎や若衆歌舞伎が排除された結果、興行権を認可制とすることで芝居小屋の乱立を防ぐ方針がとられるようになります。こうして当時の劇場は徐々に整理され、中村座・市村座・森田座・山村座の四座に限って「櫓をあげる」ことが認められます。これが江戸四座と呼ばれる劇場です。ただし、その後山村座が取りつぶされることになり、江戸三座あるいは猿若町三座と呼ばれるようになります。

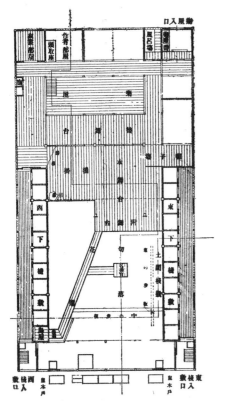

中村座平面

中村座断面
（上下ともに出典：須田敦夫『日本劇場史の研究』相模書房、1957年）

時を同じくして上方でも、歌舞伎を上演する劇場が庶民に支持されて建てられるようになります。京では四條河原の南座が中心で、大阪では大西、中、角、角丸、若太夫、竹田と呼ばれる芝居小屋が道頓堀を中心に賑わうようになります。この中でも後に中座、角座と呼ばれるようになる芝居小屋は、格が高いとされる大芝居、その他は比較的安価に芝居を楽しむことができる芝居小屋であったといわれています。また、これらの劇場が後の中座、角座、朝日座、弁天座、浪花座となり「五つ櫓」や「道頓堀五座」と呼ばれるようになります。

一方、江戸四座の１つである山村座取りつぶしの原因になったのが、大奥女中の絵島と歌舞伎役者の生島新五郎の風紀粛正の罪が問われた江島生島事件です。この後、歌舞伎はかつての隆盛から急速にその勢いが下降線をたどることになります。幕府は、封建制度を立て直す政策の１つとして様々な制約を掛けることで劇場界を一般社会から切り離そうとします。門閥の世襲や座主との関係などもその１つです。

そんな時代にあっても歌舞伎は、舞台作品を創造する力は常に進化を続けていきます。江戸中期に人形浄瑠璃や歌舞伎で活躍した作者の並木正三は、回り舞台を劇場に取り入れたことで有名ですが、花道、迫り、がんどう返しなどが劇場の演出効果を高め、歌舞伎の様式化を図り続けていきます。

明治から大正にかけて——芝居小屋の衰退

庶民の中で育てられてきた歌舞伎は、どんな時代にあっても様々に変化し、柔軟に今日まで生き続けてきました。明治になると江戸時代からの三座に加えて、喜昇座、中島座、桐座、奥田座、河原崎座などの十座が東京府令により興行権が与えられ活況を呈することになります。しかし、明治政府は開国とともに教育、文化の面での西欧化という名の下に近代化を推進させていきます。西洋音楽を取り入れた義務教育制度の導入もその１つであったといえます。

明治19年になると歌舞伎を改良し、上流階級が観る演劇を主張する「演劇改良会」が組織されます。女形の廃止、花道の廃止、劇場の改良、芝居茶屋との関係見直しなどが提唱されるようになります。続いて明治21年には大阪において「壮士芝居」が起こり、「書生芝居」として興行されるようになります。その後我が国は、日清戦争に突入することになり、その頃にな

ると当時の世相との同時代性を失いつつあった歌舞伎（旧劇）に代わって、新派劇（新派）が注目を集めるようになります。

さらに明治39年になると島村抱月、坪内逍遙による「文芸協会」の発足に端を発し、洋風演劇が取り入れられるようになります。市川左団次と小山内薫による「自由劇場」の発足、そして築地小劇場の開場、新劇運動へとつながっていきます。

歌舞伎は当時、劇場、興行主、作者、出演者が一体となった「座」という上演組織を持って歌舞伎を上演してきました。この形態は劇場先進国である西欧の劇場に類似した上演組織であったといえます。しかし、西欧の劇場が王侯や貴族の庇護を受けてきたのに対して、歌舞伎は常に民衆によって支えられてきました。そのため歌舞伎は、長きにわたりその興行形態を確立してからも時の権力者や政権により数々の外圧を受けながら、この「座」を堅持し、興行を重ねてきました。しかし、この期になると財政的に「座」の維持が難しくなっていきます。

明治43年になると関西の興行資本である「松竹合名会社」が新富座を買収することをきっかけに、その後の十年ほどの間に有力な劇場が次々にその傘下に治められます。この結果、我が国で長年培われてきた興行の形態としての「座」という劇場組織がいよいよ衰退していくことになります。つまり、劇場という「場」と「公演組織」との分離が、ここに始まると見ることができます。

残念ながら、当時新たに関心を集めるようになってきた新派や新国劇、新劇なども自前の劇場を持つことができないままにいました。そのため既存の劇場などを借用して公演を続けていました。そこに更に追い打ちをかけたのが大正12年の関東大震災です。劇場の多くが損壊するだけでなく、民衆が舞台芸術や音楽芸術を鑑賞する気力までもを奪ってしまうことになります。

そんな中、震災の翌年の大正13年にドイツから帰国した土方与志と小山内薫によって創設をされた築地小劇場が開場します。専属の劇団を持つ劇場として沈静化した劇場界に新風、そして一石を投じてくれることを誰もが期待しましたが、先導者である小山内薫が急逝することにより短期間でその活動は途絶え、分裂解散し、期待された成果を上げることなく歴史の谷間にその姿を消してしまう結果になります。

第二次世界大戦前後からの変遷 ——公会堂が担ってきた役割

戦前には、民間の施設も含めて、舞台芸術や音楽芸術などを上演、鑑賞する「場」として劇場が、数多く全国に存在し、機能してきました。しかし、敗戦に向かう中、実演芸術の上演そのものが抑制されるという排他的な時代があり、国民の生活の中から舞台芸術や音楽芸術などを誰でもが楽しむというライフスタイルそのものが抑制されてしまうという悲しい時代がしばらく続きます。当然、鑑賞されることのない創造活動は、徐々に勢いを失い下火になり、「場」も「活動」も急速に活力を失っていきます。

戦後になって大都市を中心に、興行資本、芸術団体、企業などにより専門的な劇場が再建されるようになります。また、地域には、集会機能を担う役割として地方公共団体が「公会堂」を戦前から整備してきました。当時は、ラジオやテレビが普及していない時代でもあったことから、この公会堂には市民への様々な情報を伝達する今日のメディア的な役割や機能が期待されてきたと考えられます。

そもそも集会機能を備えることから、多数の市民を収容できる器として整備されてきた公会堂ですが、戦後は終戦の痛手、特に精神的な疲弊を慰めるような活動がいち早くおこなわれるようになります。そこでは娯楽としての演芸や芸能が上演され、市民が集う「場」として機能を回復するようになります。もちろん、本来の施設整備の目的は、集会や大会をおこなうなど市民が集うことを主たる機能とする公会堂でしたが、戦後になって演芸や芸能などを上演し、市民が集まる場としても利活用されるようになります。戦前と戦後では、施設に期待される役割は変わりますが、そのことによりまた、多くの市民が集う場として賑わうようになります。

戦後から今日まで、我が国の劇場・ホールは、施設数の点から見れば地方公共団体が整備してきた公設の施設が大半を占めてきました。そのため、戦後から今日に至る約半世紀の間に全国に整備されて公設の劇場・ホールが担ってきた役割、おこなってきた活動が、我が国の劇場・ホールの実質的な礎を築いてきたといえます。しかし、それは劇場・ホールが担うべき本質的な機能とはやや文脈を異にするものと言わざるを得ません。

戦後
——公会堂の集会機能からの重心の移動

戦後の時代から、復興の時代に移行するようになるとその間の時間経過とともに、演芸や芸能などが徐々に上演される機会が増えていきます。そのための場として公会堂などが、公設の劇場やホールとして機能するようになっていきます。

　もともと数多くの市民を集める機能を有する施設であり、時代の要請から演芸や芸能も上演するようになっていきます。しかし、そもそもは集会施設であることから、当然演出を伴う利用に対しては様々な物理的制約を抱えていました。終戦直後は、そのことも許容した上で利用されていましたが、世相の安定や経済的な成長が加速しはじめると、集会機能を目的として整備されてきた施設にも、演劇や音楽などの上演、そして鑑賞に相応しい機能や設備が求められるようになります。

　例えば、それまでの集会利用では必要とされてこなかった演出のための舞台照明や舞台と客席を仕切るための幕設備などが設置されるようになります。はじめは、舞台と客席を間仕切る程度の粗末な幕設備も、段々と厚みを増し今日の緞帳のようなものに変わっていきます。さらに、舞台の演出効果を高めるためにも、主舞台以外に副舞台としての側舞台の拡張、主舞台上部の吊物設備を客席から見えなくなる高さまで飛び切らせることのできる高さを備えた舞台上部の空間、フライロフトも造られるようになります。このようにして舞台演出機能が徐々に高められていくことで、今日私たちが一般に公立ホールと総称するような施設が極めて短期間につくり上げられていきます。

　こうして集会機能に重心を置いて整備されてきた公会堂という建物が、舞台演出機能を徐々に付加することで、施設機能の重心を集会機能から舞台演出機能に徐々に傾けていきます。しかし、今日でも地方公共団体が整備する劇場・ホールの多くが、舞台演出機能に重心を大きく傾けつつも、行政行事に必要な集会機能という遺伝子を今も残し続けています。これは、舞台芸術や音楽芸術などへの「場」の提供という理解は得られつつも、創造や発信、普及といった活動については、地方公共団体の政策としての位置付けが当時はまだまだ脆弱であったためであると考えられます。

これからの劇場・音楽堂など
——文化芸術を振興させる拠点としての期待

このように期待される機能が、集会機能から舞台演出機能に重心を移すようになってくるのは、世相の安定から生活の安定、そして高度経済成長に後押しされた経済基盤の充実、多くの人々が実演芸術を鑑賞するためだけではなく、自らの参加や体験を通して表現することや体現することに関心が高まってきたことなどが主な要因と考えられます。さらに、時間経過とともに、徐々に施設や演出機能に対する期待と要求は日増しに高くなり、優れた舞台芸術、本格的な音楽芸術の鑑賞ができ、上演できる場が求められるようになっていきます。このような市民の舞台芸術への関心や参加意欲の高まりを背景に、施設および設備の充実が図られるようになっていき、劇場・ホールは、多目的から多機能、そして高機能化した施設整備へと急速に進化していくようになりました。

　地方公共団体も生活インフラの充足に加えて、文化芸術への市民の関心や高まりとともに、公立の劇場・ホール施設の整備に税金を投資していこうという機運が高まっていきます。それは、都市としての文化度を示す指標となるだけではなく、地方公共団体の財政的な豊かさを内外に周知する指標にもなっていたと考えられます。その結果、当時の地方公共団体は、競って隣接あるいは近接の地方公共団体に劣らぬ規模や機能を備えた文化施設を整備するようになります。ただし、単に整備される施設の客席数の大小だけで、その「豊かさ」を誇示しようという誤った認識も少なからずあったことが、公立の文化施設の整備に大きな誤解を与える原因になったことは、大変に残念なことです。

　さて、このように様々な経過を経て整備される公立の文化施設は、その施設を1人でも多くの市民が「廉価」で「平等」に利用できる機会を提供していくことが第一義的な役割であり、そのことが地域の文化政策そのものであった時代があります。加えて、優れた実演芸術を制作し公演する団体や組織、つまり、プロの劇団やオーケストラが公演をおこない、市民が鑑賞する機会が得られることも同様に重要な使命と考えられるようになってきました。

　しかし、当時の地方公共団体の役割は、施設を整備し利用機会を提供するところで止まっていました。例えば、施設の利用や舞台芸術作品の上演に関わるすべての責務は、施設を利用する個人や団体が負うことが

前提となっていたと考えられます。その点では今もほとんど当時と何も変らない劇場・ホールが残念ながら存在します。専門的な技能を備え、舞台設備に精通した舞台技術者を利用者自ら調達することが、施設利用の前提条件となっている公立文化施設がそれに当たります。また、客席に座る観客も、演劇や音楽に高い関心を持つ特定の裕福な市民層だけに限られる傾向が見受けられます。当時は、残念ながらこのように高い機能を備えた施設を整備し、それを市民が平等に利用できる機会を提供するだけで、地方公共団体は大方の役割は果たせたと考えてきました。それはまさに、文化施設の竣工をして、文化政策のゴールそのものであった時代ということがいえるかもしれません。

　しかし、近年では、文化振興に対する考え方そのものが大きく変わってきています。これまでであれば、演劇や音楽、伝統芸能に関心のない市民は、新しく文化施設が整備されようとも、その恩恵を受けることはありませんでした。それどころか、間接的にではありますが、施設整備の初期費用や運営のためのランニング経費などを無自覚に負担し続けてきました。もちろん、演劇や音楽、伝統芸能などに関心を示す市民が大多数であれば、地方公共団体が劇場やホールを整備することだけでも住民サービスとしての価値が認められたかもしれません。しかし、現実はそうではありません。演劇や音楽、そして伝統芸能などに日頃から親しみ、日常的に鑑賞したり、自らが演じたり演奏したりする市民というのは、地域の差こそあれ、今日でも極めて少数派といわざるをえません。もちろん、このような現状を鑑み、施設整備そのものが不必要だと考えるのは甚だ短絡的です。先に示したように、本来の劇場・音楽堂が備えるべき機能としては、「場」と「活動」そして「組織（職能）」をバランスよく配置し、有機的に連携をさせていくことが文化施設としての必須の条件です。そのことからも文化振興策として「場」の整備に止まるのではなく、「活動」や「組織（職能）」を付加することで有効に機能させていくことが求められるようになってきました。

　具体的には、これまでのように優れた機能を備える施設や設備を整備することだけに止まるのではなく、その場が備える機能を活かして、それまで実演芸術の魅力に触れたことのない市民に積極的にその魅力を伝えていくことが必要であると考えられるようになってきました。演劇や音楽、伝統芸能の魅力に触れたことのない市民にその魅力を伝えていくこと、つまり、こ

れまで文化や芸術に関心を持たなかった市民をいかに振り向かせることができるかどうかということが今日の文化政策の最大の使命であり、課題と考えられるようになってきています。

　そのためには、文化施設を整備し市民が利用してくれるのをひたすら待つというのではなく、市民に文化や芸術の魅力を積極的に伝えることで、文化や芸術に振り向いてくれる市民を1人でも増やしていくことが文化振興策の大きな役割と考えられるようになってきています。そして、文化施設は、そのための中核拠点として機能していくことが求められてきています。このように文化振興という使命を達成していく上では、文化芸術の魅力を伝える活動や事業をおこなっていくことが不可欠であり、そのために必要な知識や技術、そして経験を蓄えた組織と専門家の配置が不可避といえます。

　文化施設の整備は、建物の竣工によって終わるのではなく、むしろ建物の竣工をもって、文化振興が本格的に始まるという認識を持つべきです。また、そこで働く舞台技術者を含めたすべてのスタッフは、そのための舵取り役を委ねられているという認識と責務を再認識するとともに、創意と知見を備える必要があります。

2 │ 劇場・ホール建築の歴史的変遷

劇場が造営物として歴史にその名を刻むようになるのには、有史以前のギリシャの時代にさかのぼります。それは誰もが歴史書などで少なからず目にしてきた野外に建てられた円形劇場に代表される石造りの建物です。特に地中海周辺の沿岸の遺跡には、有史以前からつくられてきたギリシャ劇場やローマ劇場などの遺構が、最も原始的な劇場建築としてその形態を残しています。

　古くは、2000年以上も前につくられたそれらの劇場建築は、造営技術の進化とともに徐々にその姿を変えるようになってきますが、有史以前から「演じるもの」と「観るもの」を包含する劇場という空間が備える基本的な関係は、今日の劇場においても同様の遺伝子が色濃く受け継がれています。

　以下には、ギリシャおよびローマ時代の劇場をルーツに、今日の劇場が形成される過程を時代的な形態的特徴を中心に整理しました。

ギリシャおよびローマ時代の劇場

ギリシャ時代の劇場は、極めてシンプルなつくられ方をしてきました。基本は、客席勾配に似せた傾斜地の下にスケネと呼ばれる舞台および控室として使われた建造物を整備し、その前に円形の広場（オルケストラ）を配し、そこを中心に半円形を少し超える広さに開いた石造りの客席段床を傾斜地の上端に向かって築いています。

　ギリシャの時代には、まだ、今日のように壁や柱などを重力に逆らいながら垂直に積み上げて行く建築技術にはあまり長けていませんでした。そこで傾斜地を利用し、そこをなだらかに造成し、その上に石組みの段床客席を配するといった建設手法が取られてきました。

　この時代の円形劇場の大きな特徴は、半円形（約210度）を少し開いた角度まで客席がオルケストラを取り囲んでつくられていたこととその客席への出入りを制約する物理的な仕掛けはなく、誰もが客席後部から自由に出入りできる開かれた空間として造られていたことです。

　しかし、それが次のローマの時代になると建築技術

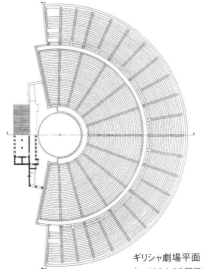

ギリシャ劇場平面
（p.235までの図版出典：
George C. Izenour "Theater Design"
McGraw Hill Book Company, 1977）

ギリシャ劇場断面

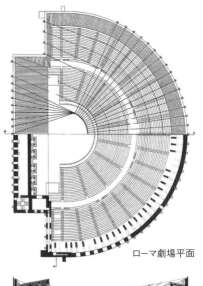

ローマ劇場平面

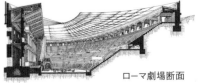

ローマ劇場断面

が進化し、傾斜地ではなく平らな土地に、複雑な傾斜を持った客席を積層し、築き上げていくまでの技術を備えるようになります。この時代の円形劇場がギリシャの時代と大きく異なるのは、円形に開かれた客席の開き角度が、ほぼ半円形（180度）になることとスケネを構成する建物が客席の外周を取り囲む壁と一体となって、客席空間を外部から閉じた空間としてつくるようになることです。時代はほぼ青銅器がつくられ始める時代とも符合し、貨幣の誕生がこのような閉じた劇場を造るきっかけにもなったのではないかという説もあります。

さらに、この時代のもう1つの特徴は、屋外の円形劇場でありながら屋根を備えたものがつくられるようになったことです。一般に屋根というと雨露をしのぐためのものと考えられがちですが、円形劇場の多くが造られてきた地中海地方の気象を考えると、雨露ではなく地中海の太陽の日射から客席を隠すための機能が期待されていたと考えられています。ただし、この屋根をつくることは、当時の劇場建築に新たな劇場技術を導入する大きなきっかけになりました。

それまでの屋根のない野外劇場では、太陽の光が燦々と降り注いできたわけですが、客席の周りに壁を立て、上部に屋根を架けることで人類は自然界から劇場という閉じた空間を人工的に切り取ることになります。当然、それまでとは異なり、太陽光から隔離された劇場内部の空間は薄暗い空間となり、この暗がりとなった内部空間を照らすための「明かり」が必要になります。つまり、野外劇場に屋根を架けることで、私たちは舞台や客席を照らすための新たな機能として照明を必要とするようになります。この後、劇場空間を照らすための明かりが、今日でいうところの舞台照明として進化していったと考えるのが最も自然な成り行きです。

人類のたゆまぬ欲求は英知となり、こうして新たな機能や技術を生み出しながら次々と進化をしていきます。もちろん、劇場もその例外ではなかったということです。

オープン形式からプロセニアム形式への変遷

劇場建築の最も原始的な形が、ギリシャやローマの時代に生み出された円形劇場であることを説明しましたが、もともとは屋根も壁も持たない客席と舞台が一体

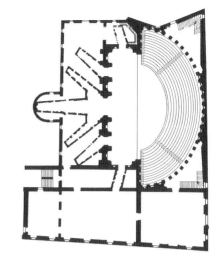

テアトロ・オリンピコ平面

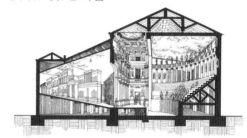

テアトロ・オリンピコ断面

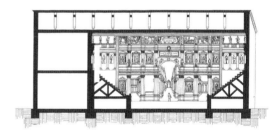

テアトロ・オリンピコ正面写真

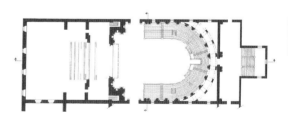

テアトロ・ファルネーゼ平面

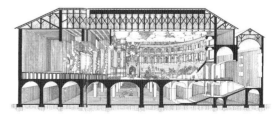

テアトロ・ファルネーゼ断面

付録

233

の空間としてつくられ始めます。しかし、時代の要請
や技術の進化は、劇場という空間を自然界から切り離
した劇場空間として手に入れようとします。それが、
ローマの時代の円形劇場です。

　近世になり、円形劇場から面々と続く劇場の形態に
大きな変化が生まれ始めます。そのきっかけとなった
のが、イタリアで興ったルネサンスの遠近法という考
え方です。元々は絵画の作画法として理論が構築をさ
れてきますが、劇場建築にも同じ手法を導入すること
で、舞台の奥行き感や立体感を表現する試みが始めら
れます。特にイタリア・ヴィチェンツァには、初期の
遠近法の理論を導入して造られたテアトロ・オリンピ
コ（1585年）が現存します。

　この劇場は、舞台の奥方向に向かって客席から透視
図的に見える3つの開口と5本の木製の街遠見を立体
的背景として常設しています。しかし、すべての客席
から5本の街路の街遠見が見えるわけではありませ
ん。その後も同様に透視図法を活かした劇場がつくら
れますが、テアトロ・オリンピコのように複数の街遠
見を固定的に備えるのではなく、舞台と客席を区画す
る1つの開口を通して、舞台を飾る袖幕や一文字幕状
の舞台幕を舞台奥に向かって少しずつ絞りながら飾る
ことで奥行き感をつくり出す遠近法を活かした舞台が
つくられるようになります。この時代の劇場では、往々
にして舞台も奥に向かってわずかに傾斜してつくられ
ており、このこともまた遠近法を演出する効果になっ
ています。

　このような遠近法を活かした劇場が、ギリシャ時代
の円形劇場からの劇場形式と決定的に異なるのは、そ
れまで客席と舞台は一体の空間としてつくられてきた
のに対して、客席と舞台とは、舞台奥をのぞき観るた
めの壁で基本的に区画され、客席からはその壁に開け
られた開口を通して舞台を観るという関係になったこ
とです。この区画のための壁こそが、今日でいうプロ
セニアムアーチ（額縁）として進化をしていきます。
これが、プロセニアム形式の舞台を持つ劇場の誕生
です。また、それ以前の客席と舞台を一体の空間として
つくる劇場形式のことをオープン形式の舞台を持つ劇
場と呼ぶようになります。

プロセニアム形式の舞台をもつ劇場の進化

　その後のヨーロッパでは、建築技術の進化に伴い、プ
ロセニアム形式の舞台を持つ劇場の大型化が徐々に進

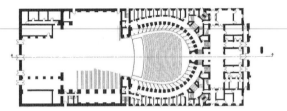

ミラノ・スカラ座平面

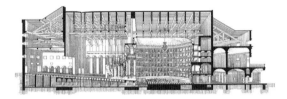

ミラノ・スカラ座断面

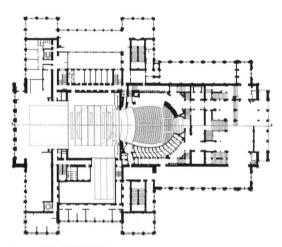

ウィーン国立歌劇場平面

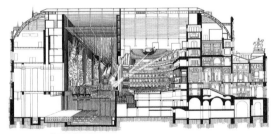

ウィーン国立歌劇場断面

み、客席を複層した建築としてつくられるようになります。そもそも半円形であった客席は、馬蹄形に変化し、身分制度を反映する時代には、多層化した客席がつくられることもありました。例えば、ミラノ・スカラ座（1778年）やウィーン国立歌劇場（1869年）などが馬蹄形の客席を備え、プロセニアム形式の舞台を持つ代表的な劇場の1つとして挙げられます。

　ただし、そのように時代的な様式や国の威信を示す主張をデザインに取り入れる劇場が多くつくられた時代に、同様にプロセニアム形式の舞台を持つ劇場でありながら、ギリシャ時代の円形劇場の遺伝子を活かした質実剛健な劇場もつくられています。ワーグナーのつくるオペラを上演することを目的につくられたバイロイト祝祭劇場（1876年）です。客席は、同心円の曲率に従って簡素な客席を配置し、どの客席からも同じように舞台を観ることができます。このように当時の社会的ヒエラルキーの象徴ともなっていた客席の構造から階層性や階級制を排除した劇場のつくり方は、今日の我が国の劇場の客席計画にも多くの示唆を与えることになります。

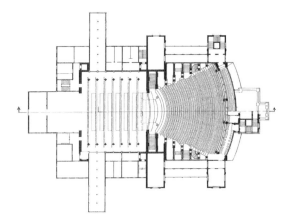

バイロイト祝祭劇場平面

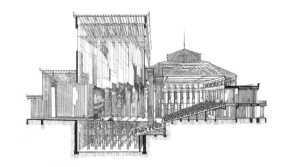

バイロイト祝祭劇場断面

音楽ホールの分類

クラシック音楽の生音の響きを活かすためのコンサートホールがつくられるようになるのは、18世紀になってからのことです。それまでにも宮廷の広間やサロンなどで音楽の演奏を楽しむということはありましたが、多くの聴衆を対象とした演奏会が開かれる音楽専用のホールが造られるようになるのはこれ以降のことになります。

　以下には、音楽専用のホールの建築的特性を代表する2つの形式について整理をします。もちろん、音楽ホールはすべてがこの2種類だけに類型化されるわけではなく、これらを基本として、建築形態だけでなく様々な工夫が凝らされる音楽ホールが今日までにつくり出されてきました。

シューボックス型音楽ホール

シューボックスとは、いわゆる「靴箱」のことをいいます。その名の通り靴箱のように長方形の平面と同様に長方形の断面を持つ直方体に近い形をした音楽ホールのことをいいます。このような形をした音楽ホールは、クラシック音楽のためのホールがつくられるようになる初期からの建築的特徴を備えたものです。も

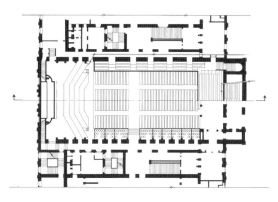

ウィーン楽友協会・グローサーザール平面

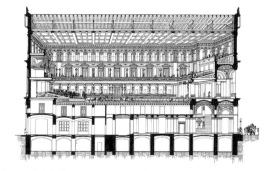

ウィーン楽友協会・グローサーザール断面

ちろん、今日のような建築技術を備えているわけでは
なかったので木造で梁間を覆う屋根架構が可能な建築
規模、形態としてもこのような形が選択されていたと
考えられます。

　一般にこのシューボックス型のホールでは、長方形
の短手側の一方に舞台を配し、長手方向に客席をほぼ
舞台と平行に配置します。そうすることでこの断面形
状は、舞台で奏でられる音を壁や天井に均質に反射さ
せることで、どの客席でも豊かな反射音を均質に到達
させることができます。そのため、今日でも生音の響
きを活かした音楽ホールを造る上で、最も基本となる
形態と考えられています。

ワインヤード型音楽ホール

ワインヤード型は、丘陵地に広がるブドウ畑のように、
小ぶりの畑が谷を取り囲む棚田のように広がっている
様を模しているような音楽ホールのことをいいます。
もちろん、棚田のように広がるブドウ畑が客席で、見
下げる谷でオーケストラが演奏をしているというイメ
ージです。

　このような形態をした音楽ホールがつくられるよう
になるのは、シューボックス型の音楽ホールより新し
く、どちらかというとより大きな編成やより多くの聴
衆を収容できる規模の音楽ホールとしてつくられるよ
うになります。さらに、このような音楽ホールでは、
ただ音楽を聴くだけではなく、オーケストラを取り囲
むように客席を配置することでコンサートを視覚的に
も楽しむことができるような工夫もされています。も
ちろん、大規模空間を架構するための今日的な建築技
術があってこそつくることが可能になって音楽ホール
でもあります。

　ただし、シューボックス型の音楽ホールに比べて、
舞台を取り囲むように客席が点在をしていることか
ら、奏でられた音をすべての客席に均質に届けるため
には、天井の角度や客席の配置とその立ち上がり壁の
配置など建築音響設計の技術力が必要とされます。

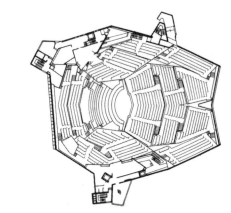

ベルリン・フィルハーモニーホール　大ホール平面

ベルリン・フィルハーモニーホール　大ホール断面
（上下図版出典：
日本建築学会『建築設計資料集成7　建築-文化』丸善、1981年）

3 | 文化芸術の振興を図るための法的基盤

文化芸術基本法とは

文化芸術基本法（以下、基本法という）は、文化芸術振興の基本理念、国および地方公共団体の責務を明らかにし、文化芸術の振興に関する施策の総合的な推進を図り、もって心豊かな国民生活および活力ある社会の実現に寄与することを目的に、超党派国会議員による議員立法により2001年に定められました。制定当初は文化芸術振興基本法という題名でしたが、2017年の大幅な改定を機に現在の題名に改称されました。

法制定まで文化芸術行政は、文部科学省、文化庁の事務として、毎年の予算編成と国会承認を経て事業実施されてきました。基本法は、国会が文化芸術振興のために定めた憲法と言えるものであり、国および地方公共団体が文化芸術行政をおこなう法的根拠を与え、国全体として取り組む体制が確立したと言えます。

その具体的な施策については、芸術、メディア芸術、伝統芸能、芸能、生活文化、国民娯楽、出版、文化財、国語などの文化芸術分野、著作権、劇場、音楽堂等、美術館、博物館、図書館等の充実、地域、国際交流、芸術家等の養成など幅広い内容を対象としています。

文化芸術の振興に当たっての基本理念は法律第二条に以下のとおり定められています。

- 文化芸術活動を行う者の自主性、創造性が十分に尊重されるとともに、その地位の向上が図られ、その能力が十分に発揮されるよう考慮されなければならない
- 文化芸術を創造し、享受することが人々の生まれながらの権利であることに鑑み、国民がその年齢、障害の有無、経済的な状況又は居住する地域にかかわらず等しく、文化芸術を鑑賞し、これに参加し、又はこれを創造することができるような環境の整備が図られなければならない
- 我が国及び世界において文化芸術活動が活発に行われるような環境を醸成することを旨として文化芸術の発展が図られるよう考慮されなければならない
- 多様な文化芸術の保護及び発展が図られなければ

ならない
- 地域の人々により主体的に文化芸術活動が行われるよう配慮するとともに、各地域の歴史、風土等を反映した特色ある文化芸術の発展が図られなければならない
- 我が国の文化芸術が広く世界へ発信されるよう、文化芸術に係る国際的な交流及び貢献の推進が図られなければならない
- 文化芸術活動を行う者その他広く国民の意見が反映されるよう十分配慮されなければならない

この基本理念に則り、国は「文化芸術の振興に関する施策を総合的に策定し実施する責務」を、地方公共団体は「国との連携を図りつつ、自主的かつ主体的に、その地域の特性に応じた施策の策定と実施の責務」をそれぞれ有することが明確に定められています。また、基本法に基づいて「文化芸術に関する施策の総合的かつ計画的な推進を図るため」に、政府は「文化芸術推進基本計画」を定めなければならないとされています。この仕組みが文化芸術政策の形成に重要な役割を担っています。

基本計画の策定に当たっては、文部科学大臣が「文化審議会」に諮問した上で、関係府省庁の施策も含んだ基本計画案を作成し、基本法第36条に規定された「文化芸術推進会議」における連絡調整を経て、政府が閣議決定するという手続きが踏まれます。

国の文化行政組織
——文化庁と日本芸術文化振興会

文部科学省は、文部科学省設置法によりその任務を定められています。その内容は、「教育の振興及び生涯学習の推進を中核とした豊かな人間性を備えた創造的な人材の育成、学術及び文化の振興、科学技術の総合的な振興並びにスポーツに関する施策の総合的な推進を図るとともに、宗教に関する行政事務を適切に行うこと」とし、93項目の所掌事務を挙げています。

文化庁は、「文化の振興及び国際文化交流の振興を

図るとともに、宗教に関する行政事務を適切に行うこと」を任務とし、「文化の振興に関する企画及び立案並びに援助及び助言に関すること」、「文化財の保存及び活用に関すること」、「劇場、音楽堂、美術館その他の文化施設に関すること」など21項目を所掌することになっています。

文化庁予算の柱は、「文化芸術立国に向けた文化芸術の創造・発展と人材育成」と「文化財の確実な継承に向けた保存・活用の推進」になっており、実演芸術にかかわる予算として「文化芸術創造活動への効果的な支援」、「新たな時代に対応した文化芸術人材の育成及び子供たちの文化芸術体験の推進」などが充てられています。

文化芸術の振興に係わる予算は文化庁創設から増加傾向で推移しています。特に基本法制定を契機に、全国の公立文化施設の事業を支援するための予算が開始され、劇場法の制定によって予算の増額が図られています。

しかし、国家予算に対する割合は0.11%と少なく実演芸術の社会的な役割から考えると、さらに増えることが期待されます。

日本芸術文化振興会の活動
——芸術文化振興基金と国立劇場群の活動

日本芸術文化振興会は、文化庁から運営費等の交付金を受けて運営されている、大きく2つの役割を担う独立行政法人です。

1つは芸術家および芸術に関する団体がおこなう芸術の創造または普及を図るための活動その他の文化の振興または普及を図るための活動に対する援助をおこなう業務です。687億円の基金運用益を原資に、文化芸術団体などからの助成要望を受け、審査し、採択事業に助成金を交付しています。また文化庁の芸術団体等への補助金交付業務もおこなっています。

もう1つは我が国古来の伝統的な芸能の公開、伝承者の養成、調査研究等をおこない、その保存および振興を図るとともに、我が国における現代の舞台芸術の公演、実演家等の研修、調査研究等をおこなう業務です。歌舞伎を中心とする伝統芸能公演をおこなう国立劇場、国立能楽堂、国立演芸資料館、文楽劇場（大阪）、組踊劇場（沖縄）、そして現代舞台芸術の公演をおこなう新国立劇場を運営しています。

これらの劇場群では公演だけでなく、芸能の継承が途絶えないよう能楽、文楽、歌舞伎の俳優と演奏家、寄席の下座、太神楽に関する養成、オペラ、バレエ、演劇の実演家の研修事業も実施しています。

[図1] 文化庁予算の構成と推移

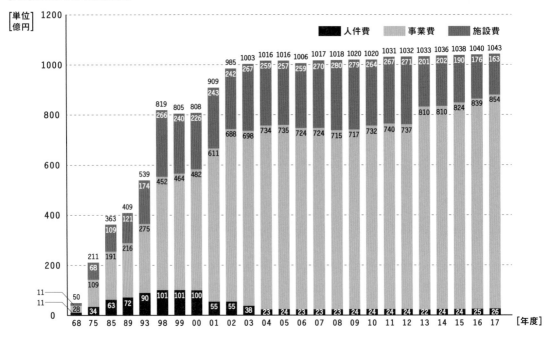

出典：文化庁「文化芸術関連データ集（2017年）

文化芸術とその他の省庁の政策

文化芸術行政以外にも、国は様々な観点から文化芸術に密接に係わる政策を進めています。総務省は地域づくりの重要な要素として文化を捉え、地方公共団体が設置した文化施設の事業や人材育成を支援すべく、財団法人地域創造を設置して様々な事業を進めています。経済産業省は、CD、映画・映像などのコンテンツを中心に文化産業を育成・発展させるための施策を進めています。国土交通省は観光庁を設置し、日本の多様な文化資源を観光の対象と捉え、文化財、美術館など文化資源を対象として施策を進めていますし、外務省は日本の文化を諸外国の国民に紹介し、日本理解を広げる広報文化外交を進め、その一環として国際交流基金を設置し、文化交流への支援をおこなっています。さらに近年、内閣府は知的財産推進本部を中心に、アニメ、音楽、日本食など日本の独創的な文化を育成し、海外に発信していくクールジャパン政策を進めています。

地方公共団体の文化芸術政策 ── 文化振興条例と行政組織

地方自治法における、都道府県、市町村などの地方公共団体の役割については、「住民の福祉の増進を図ることを基本として、地域における行政を自主的かつ総合的に実施する役割を広く担う」とし、法律等で定められた事務、法令に反しない限りにおいて条例を定めて事務をおこなうことができるとしています。

　多くの地方公共団体は首長部局に生活文化、文化振興課などの部局、教育委員会に文化財、生涯学習、文化課などの部局を置いて、文化芸術に関する行政をおこなっています。

　また、地方公共団体では、国の文化芸術基本法に対応する文化振興条例を定める動きが別表のように進んでいます。条例制定がなくとも文化政策の指針等を定める地方公共団体もあります。[p.240表1]

　地方公共団体の文化政策が明確に示されていることは、とりわけ劇場、音楽堂等の活動を進める上で重要で、自ら設置する劇場、音楽堂等の地域社会での役割、運営方針の前提となるものです。

劇場、音楽堂等の活性化に関する法律

これまで全国に設置されてきた市民会館、文化会館、芸術館、劇場、ホール、能楽堂、寄席、演芸場など実演芸術の公演に適した施設について、図書館法、博物館法のような法的な位置付けがありませんでした。実演芸術の創造、鑑賞、参加の機会をつくり出す機関として、地域の文化芸術の発展、向上を狙い2012年に制定されたのが「劇場、音楽堂等の活性化に関する法律」です。

　その法律前文には、劇場、音楽堂等への役割と期待が示されています。その内容は「劇場、音楽堂等は、文化芸術を継承し、創造し、及び発信する場であり、人々が集い、人々に感動と希望をもたらし、人々の創造性を育み、人々がともに生きる絆を形成するための地域の文化拠点である」とし、「個人の年齢若しくは性別又は個人を取り巻く社会的状況等にかかわりなく、すべての国民が、潤いと誇りを感じることのできる心豊かな生活を実現するための場として機能し」、「常に活力ある社会を構築するための大きな役割を担い」、「人々の共感と参加を得ることにより『新しい広場』として、地域コミュニティの創造と再生を通じて、地域の発展を支える機能」、「国際文化交流の円滑化を図り、国際社会の発展に寄与する『世界への窓』にもなることが望まれる」とし、「国民の生活においていわば公共財ともいうべき存在」と述べています。

　そしてこれまでの施策において施設整備が先行したことに対し、実演芸術の活動、劇場等の事業をおこなうための人材養成等を強化する必要があるとし、「文化芸術基本法の基本理念にのっとり、劇場、音楽堂等の役割を明らかにし、将来にわたって、劇場、音楽堂等がその役割を果たすための施策を総合的に推進し、心豊かな国民生活及び活力ある地域社会の実現並びに国際社会の調和ある発展を期するため、この法律を制定する」としています。

法律の目的と定義

法律の目的は、前文にある法律制定による期待を受けて、「劇場、音楽堂等の活性化を図ることにより、我が国の実演芸術の水準の向上等を通じて実演芸術の振興を図るため、劇場、音楽堂等の事業、関係者並びに国及び地方公共団体の役割、基本的施策等を定め、もって心豊かな国民生活及び活力ある地域社会の実現並びに国際社会の調和ある発展に寄与することを目的」

[表1] 文化振興条例および指針等の制定状況

	文化振興のための条例制定自治体数				文化政策の指針等の策定自治体数				全市町村数
	都道府県	政令指定都市	中核市	市町村	都道府県	政令指定都市	中核市	市町村	
北海道	1	1	2	7		1	2	12	179
青森県							1		38
岩手県	1			1	1		1		32
宮城県	1			2	1	1		2	34
秋田県			1		1		1	1	24
山形県	1			1	1			2	35
福島県	1			2	1		1	4	56
茨城県	1			5	1			7	44
栃木県	1			1	1		1	3	24
群馬県	1		1		1			1	33
埼玉県	1	1	1	3	1	1	2	3	59
千葉県				2	1	1	2	8	51
東京都	1		1	19	1		1	27	61
神奈川県	1	1	1	3	1	3	1	12	29
新潟県					1	1		2	29
富山県	1				1		1	2	14
石川県	1		1	1	1		1		18
福井県								2	15
山梨県	(1)			2					27
長野県			1	2	1		1	9	76
岐阜県	1				1		1	5	41
静岡県	1	1		2	1	2		7	33
愛知県	1			3	1	1	3	10	50
三重県				3	1			4	29
滋賀県	1			2	1		1	7	18
京都府	1	1		3	(1)	1		5	25
大阪府	1	2	3	8	1	2	5	9	36
兵庫県			1	3	1		4	9	36
奈良県	(1)		1	1	1		1		38
和歌山県	1		(1)		1		(1)	1	29
鳥取県	1		1		(1)		1		18
島根県	1			1				2	18
岡山県	1			1	1	1	1	3	25
広島県	1				1		1	4	20
山口県	1			2	1			4	18
徳島県	1			1	1			4	24
香川県	1		1	2	1		1	1	16
愛媛県							1	2	17
高知県					1		1		33
福岡県			1	6		2	1	11	57
佐賀県								4	20
長崎県							2		19
熊本県	1			1	1	1		3	44
大分県	1			1	1		1	3	17
宮崎県				1			1	3	25
鹿児島県	1				1		1		42
沖縄県	1		(1)				1	5	40
合計	33	7	19	92	37	18	45	203	1666

※（　）は制定予定

出典：文化庁「地方における文化行政の状況について」（2017年度）を基に作成

としています。この法律の眼目、意義は、これまで建築基準法、地方自治法「公の施設」などで施設としてしか法律上位置付けられてこなかった劇場等について、単なる施設ではなく「人的体制」と「創意と知見をもって実演芸術の公演を企画し、又は行うこと等により、これを一般公衆に鑑賞させることを目的とするもの」を「劇場、音楽堂等」と定義したことです。さらに演者と享受者が同一の空間と時間を共有する身体を使っての芸術表現である演劇、音楽、舞踊、演芸、伝統芸能などを「実演芸術」と初めて定義しています。

「実演芸術」の用語は、法律では初めて登場しました。文化芸術基本法では、芸術の振興で、文学、音楽、美術、写真、演劇、舞踊、伝統芸能の継承および発展で、雅楽、能楽、文楽、歌舞伎その他の我が国古来の伝統的な芸能、芸能の振興で、講談、落語、浪曲、漫談、漫才、歌唱の振興を図るためとしています。

また、日本芸術文化振興会法では、我が国古来の伝統的な芸能の公開および現代の舞台芸術の公演や実演家等の養成・研修、調査研究等をおこない、その振興および普及を図るとなっています。

さらに著作権法では、実演を次のように定義しています。著作物を、演劇的に演じ、舞い、演奏し、歌い、口演し、朗詠し、又はその他の方法により演ずること（これらに類する行為で、著作物を演じないが芸能的な特性を有するものを含む）をいう、としています。法律はその制定目的にそって用語が使われますが、いままで分野ごと、あるいは伝統芸能と現代舞台芸術の概括で使ってきたものが、劇場、音楽堂等に当てはまる芸術形態として「実演芸術」の用語を使用したことは、明治から百数十年、欧米文化の移入だけでなく、欧米より長い歴史的蓄積のある我が国の文化を踏まえ、新たな視野を開くためにも、文化芸術の1つの分野として身体表現による芸術を総称して「実演芸術」とした歴史的な意義は重く、今後の文化芸術政策の発展の重要な要因となると考えられます。

設置者、運営者、実演芸術団体、国、地方公共団体の役割と基本的な施策

法律では劇場、音楽堂等の設置・運営者、実演芸術団体、国そして地方公共団体のそれぞれの役割を定め、法律目的を達成するために相互の連携と協力に努めるとしています。その上で、国、地方公共団体は「必要な助言、情報の提供、財政上、金融上及び税制上の措置」を講ずるよう努めるものとする、としています。この条項と法律に定められた第10条以下の基本的施策について法律制定を受けて進められる具体的な政策と予算化が問われています。

国および地方公共団体がとるべき基本的施策として、「国際的に高い水準の実演芸術の振興等」、「国際的な交流の促進」、「地域における実演芸術の振興」、「人材の養成及び確保等」、「国民の関心と理解の増進」、「学校教育の連携」を挙げています。「国際的に高い水準の実演芸術の振興等」について、国は、独立行政法人が事業を実施すること、地方公共団体、民間事業者が設置運営する劇場、音楽堂等での事業、実演芸術団体が劇場、音楽堂等でおこなう事業への支援をすることとしています。「地域における実演芸術の振興」についても地方公共団体による施策はもちろん、国も支援およびその他の施策を講ずるとしています。

さらに今回の法律で重要な点は、「人材の養成及び確保等」で劇場、音楽堂等の事業をおこなう上で必要な専門能力として「制作者」「技術者」「経営者」「実演家」の養成と確保を上げていることです。それぞれの劇場、音楽堂等の目的・事業に対応した専門性を明らかにする必要があります。

劇場、音楽堂等の事業の活性化のための取り組みに関する指針

法律16条に「文部科学大臣は、劇場、音楽堂を設置し、又は運営する者が行う劇場、音楽堂等の事業の活性化のために取り組に関する指針を定めることができる」と規定されています。この規定を受け、実演芸術団体を含む劇場、音楽堂等関係者のヒアリング、指針案へのパブリックコメントを経て、2013年3月に文部科学大臣から指針が告示されました。

指針の性格は、「設置者又は運営者が、実演芸術団体等、国、地方公共団体並びに教育機関等と連携・協力しつつその設置又は運営する劇場、音楽堂等の事業を進める際の目指すべき方向性を明らかにすることにより、事業の活性化を図ろう」とするものです。内容は、前文、定義、劇場、音楽堂等の設置者等の取り組みに関する事項、国、地方公共団体の取り組みに関する事項で構成されています。

前文は、指針の性格、法律で謳われた劇場、音楽堂等に期待される役割を確認し、劇場、音楽堂等の設置者または運営者が取り組むべき事項を定めると、指針

の目的を明らかにしています。定義では用語は法律の用語によるとしています。

　この指針の中核は、設置者等の取り組みに関する事項で、国、地方公共団体、民間の異なる設置主体による設置目的、施設規模も異なる多様な劇場、音楽堂等が存在するなか、設置者は長期的な視点に立って劇場、音楽堂等の「運営方針」を定め、利用者等に周知するよう求めている点です。とりわけ地方公共団体は文化芸術振興条例等に則して運営方針を定める必要があるとしています。

　そしてこの運営方針に沿って、「質の高い事業の実施に関する事項」、「専門人材の養成・確保及び職員の資質の向上に関する事項」、「普及啓発の実施に関する事項」、「関係機関との連携協力に関する事項」、「国際交流に関する事項」、「調査研究に関する事項」、「経営努力に関する事項」、「安全管理等に関する事項」、「指定管理者制度の運用に関する事項」について言及しています。

　その内容は、各項目ごとすべての劇場、音楽等の事業に努力を求めるものと、留意事項として質の高い事業の実施に関し「公演を相当程度企画し実施する劇場、音楽等」と「それ以外の劇場、音楽等」、また、専門人材の養成・確保に関し「必要な専門人材が配置されている劇場、音楽等」と「それ以外の劇場、音楽堂等」を区分し、その努めるべきことを明示するものとなっています。

　法律の制定を受けて、これまで課題とされてきたことが法律で言及できないことも含め、活性化のための方向性として示されており、劇場、音楽等が関係者との連携、協力を得て事業等を展開することを期待しています。

　国については劇場、音楽等に係わる環境の整備その他の必要な施策の総合的な整備と実施、など11項目、地方公共団体については地域の特性に応じた施策と区域内の劇場、音楽堂等の積極的な活用など8項目について定めています。

[参考資料]
・文化芸術基本法
・日本芸術文化振興会法
・劇場、音楽堂等の活性化に関する法律
・劇場、音楽堂等の事業の活性化のための取組に関する指針

文化芸術振興に関わる法令および条例等

	法令名		施行および改正年月日等
A	**文化芸術関連法（抜粋）**		
	文化芸術基本法（旧 文化芸術振興基本法）	法律第73号	平成29年6月23日
	文化芸術推進基本計画（第1期）	閣議決定	平成30年3月6日
	文化芸術の振興に関する基本的な方針（第1次基本方針）	閣議決定	平成14年12月10日
	文化芸術の振興に関する基本的な方針（第2次基本方針）	閣議決定	平成19年2月9日
	文化芸術の振興に関する基本的な方針（第3次基本方針）	閣議決定	平成23年2月8日
	文化芸術の振興に関する基本的な方針（第4次基本方針）	閣議決定	平成27年5月22日
	劇場、音楽堂等の活性化に関する法律	法律第73号	平成29年6月23日
	劇場、音楽堂等の活性化のための取組に関する指針	文部科学省告示第60号	平成25年3月29日
	興行場法	法律第122号	平成23年12月14日
	著作権法	法律第52号	令和4年4月1日
	著作権法施行令	政令第364号	令和3年1月1日
	知的財産基本法	法律第36号	令和3年9月1日
	文化財保護法	法律第22号	令和4年4月1日
	音楽文化の振興のための学習環境の整備等に関する法律	法律第107号	平成6年11月25日
	古典の日に関する法律	法律第81号	平成24年9月5日
	国際文化交流の祭典の実施の推進に関する法律	法律48号	平成30年6月13日
	障害者による文化芸術活動の推進に関する法律	法律47号	平成30年6月13日
B	**労働関連法（抜粋）**		
	労働基準法	法律第14号	令和2年4月1日
	年少者労働基準規則	厚生労働省令第203号	令和2年12月22日
	女性労働基準規則	厚生労働省令第1号	令和元年5月7日
	労働者派遣事業の適正な運営の確保及び派遣労働者の保護等に関する法律	法律第58号	令和4年4月1日
	労働安全衛生法	法律第37号	令和元年6月14日
	労働安全衛生法施行令	政令第340号	令和3年1月1日
	労働安全衛生規則	厚生労働省令第208号	令和2年12月25日
	クレーン等安全規則	厚生労働省令第87号	令和2年4月20日
C	**消防、建築関連法（抜粋）**		
	消防法	法律第36号	令和3年5月19日
	消防法施行令	政令第137号	令和3年4月1日
	消防法施行規則	総務省令第123号	令和2年12月25日
	危険物の規制に関する政令	政令第183号	令和元年12月13日
	危険物の規制に関する規則	総務省令第71号	令和4年1月1日
	火薬類取締法	法律第37号	令和元年6月14日
	火薬類取締法施行令	政令第183号	令和元年12月13日
	建築物における衛生的環境の確保に関する法律（ビル管法）	法律第33号	平成30年5月30日
	建築基準法	法律第44号	令和3年5月26日
D	**電気・製造品関連法（抜粋）**		
	電気事業法	法律第49号	令和4年4月1日
	電気事業法施行令	政令第66号	令和3年3月2日
	移動用電気工作物の取扱いについて	原院第1号	平成17年6月1日
	電気工事士法	法律第49号	令和2年6月12日
	電気工事士法施行令	政令第183号	令和元年12月13日
	電気用品安全法	法律第49号	令和2年6月12日
	電気用品安全法施行令	政令第96号	平成24年4月1日
	消費生活用製品安全法	法律第46号	平成30年6月13日
	消費生活用製品安全法施行令	政令第214号	令和3年7月27日
	製造物責任法（PL法）	法律第45号	平成29年6月2日
E	**電波・電気通信関連法（抜粋）**		
	電波法	法律第19号	令和3年4月1日
	電波法施行規則	総務省令第24号	平成31年3月27日
	無線設備規則	総務省令第4号	平成31年1月24日
F	**その他の法（抜粋）**		
	銃砲刀剣類所持等取締法	法律第45号	令和3年5月26日
	動物の愛護及び管理に関する法律	法律第39号	令和元年6月19日
	動物の愛護及び管理に関する法律施行令	政令第152号	令和2年6月1日
	食品衛生法	法律第53号	令和2年6月1日
	風俗営業等の規制及び業務の適正化等に関する法律	法律第37号	令和元年12月14日
	健康増進法	法律第37号	令和3年5月19日
	地方自治法	法律第82号	令和3年6月18日
	個人情報の保護に関する法律	法律第44号	令和2年6月12日
	個人情報の保護に関する法律施行令	政令第195号	令和3年9月1日

付録

A．文化芸術振興関係法

◉ 文化芸術基本法（旧 文化芸術振興基本法）

文化芸術振興基本法（2001年）が2017年に改正され、文化芸術基本法となった。文化芸術が人間に多くの恵沢をもたらすものであることに鑑み、文化芸術に関する施策に関し、基本理念を定め、国や地方公共団体の責務を明らかにしている。文化芸術に関する活動をおこなう者の自主的な活動の促進を旨として、文化芸術に関する施策の総合的かつ計画的な推進を図り、もって心豊かな国民生活および活力ある社会の実現に寄与することを目的としている。

◉ 文化芸術推進基本計画

文化芸術基本法 第7条第1項の規定に基づき、政府が定めるもの。文化芸術に関する施策を総合的かつ計画的に推進するための基本的な事項その他必要な事項について、文化審議会の意見を踏まえ作成される。地方公共団体においては、本計画を参酌し、その地方の実情に即した計画を定めるよう努める。

※改正前の文化芸術振興基本法では、「文化芸術の振興に関する基本的な方針」が第4次まで閣議決定。

◉ 劇場、音楽堂等の活性化に関する法律

我が国の劇場や音楽堂、文化会館、文化ホール等（以下「劇場、音楽堂等」という）に係る現状や課題を踏まえ、文化芸術振興基本法の基本理念の基に定められた。劇場、音楽堂等を設置・運営する者と実演芸術団体等、国、地方公共団体の役割の明確化と関係者の連携協力の明確化、国および地方公共団体が取り組む事項を明確にし、劇場、音楽堂等を取り巻く環境の整備を進めること、劇場、音楽堂等の事業の活性化に必要な事項に関する指針を国が作成することが示されている。

◉ 劇場、音楽堂等の活性化のための取組に関する指針

劇場、音楽堂等の活性化に関する法律に基づき、劇場、音楽堂等の事業の活性化を図るもの。設置者・運営者が、実演芸術団体等や国、地方公共団体、教育機関等と連携・協力しつつ、その設置・運営する劇場、音楽堂等の事業を進める際の方向性を示している。

◉ 興行場法

興行場（映画、演劇、音楽、スポーツ、演芸または観せ物を、公衆に見せ、または聞かせる施設）を経営する者の義務等を定めた法律。

◉ 著作権法

著作物並びに実演、レコード、放送および有線放送に関し著作者の権利およびこれに隣接する権利を定め、これらの文化的所産の公正な利用に留意しつつ、著作者等の権利の保護を図り、もって文化の発展に寄与することを目的としている。

◉ 知的財産基本法

知的財産の創造、保護および活用に関し、基本理念およびその実現を図るためにお基本となる事項を定め、知的財産の創造、保護および活用に関する施策を集中的かつ計画的に推進することを目的としている。

◉ 文化財保護法

文化財を保存し、その活用を図り、もって国民の文化的向上に資するとともに、世界文化の進歩に貢献することを目的としている。文化財として「有形文化財」、「無形文化財」、「民俗文化財」、「記念物」、「文化的景観」、「伝統的建造物群」が定義され、その保存等に当たって政府および地方公共団体の任務などが示されている。

◉ 音楽文化の振興のための学習環境の整備等に関する法律

音楽文化が明るく豊かな国民生活の形成並びに国際相互理解および国際文化交流の促進に大きく資することにかんがみ、生涯学習の一環としての音楽学習に係る環境の整備に関する施策の基本等を定めている。10月1日が国際音楽の日として設けられた。

◉ 古典の日に関する法律

様々な分野の文化的所産である古典が、我が国の文化において重要な位置を占め、優れた価値を有していることから、古典について国民の間に広く関心と理解を深められるようにするため、11月1日が古典の日として設けられた。

B．労働関係法

◉ 労働基準法

労働に関する諸条件を規定している法律。この定める

基準は最低のものであり、労働関係の当事者は、労働条件の向上を図るように努めなければならない。

◉ 労働者派遣事業の適正な運営の確保及び派遣労働者の保護等に関する法律

労働力需給の適正な調整を図るため、労働者派遣事業の適正な運営の確保に関する措置を講じるとともに、派遣労働者の保護等を図り、もって派遣労働者の雇用の安定その他福祉の増進に資することを目的としている。

◉ 労働安全衛生法

労働災害防止のための危害防止基準の確立、責任体制の明確化および自主的活動の促進の措置を講じる等その防止に関する総合的かつ計画的な対策を推進することにより、職場における労働者の安全と健康を確保するとともに、快適な職場環境の形成を促進することを目的としている。

C．消防法、建築関係法

◉ 消防法

火災を予防し、警戒および鎮圧し、国民の生命、身体および財産を火災から保護するとともに、火災または地震等の災害による被害を軽減する他、災害等による傷病者の搬送を適切におこない、もって安寧秩序を保持し、公共の福祉の増進に資することを目的としている。なお、消防法に基づき、各地方公共団体が独自に条例を定めることになっている。そのため地域により規制内容が変わる場合がある。

◉ 火薬類取締法

火薬類の製造、販売、貯蔵、運搬、消費その他の取扱を規制することにより、火薬類による災害を防止し、公共の安全を確保することを目的としている。

◉ 建築物における衛生的環境の確保に関する法律（ビル衛生管理法）

多数の者が使用し、または利用する建築物の維持管理に関し環境衛生上必要な事項等を定め、公衆衛生の向上および増進に資することを目的としている。

◉ 建築基準法

建築物の敷地、構造、設備および用途に関する最低の基準を定めて、国民の生命、健康および財産の保護を図り、もって公共の福祉の増進に資することを目的としている。

D．電気・製造品関係法

◉ 電気事業法

電気事業の運営を適正かつ合理的ならしめることによって、電気使用者の利益を保護し、電気事業の健全な発達を図るとともに、電気工作物の工事、維持および運用を規制することによって、公共の安全を確保し、環境の保全を図ることを目的としている。下記の電気設備の保安体制と技術基準を定めている。

・保安体制

保安管理の範囲を明確に定義し、管理組織を定めている。一般的に高圧で受電する変電所（室）のある劇場やビル、大きな工場などは総責任者が所有者または使用主であり、その規模に応じて保安規定を定め管理責任者として電気主任技術者が専任することになる。

・技術基準

電気工作物の技術基準は、「電気設備に関する技術基準を定める省令」として「電気設備技術基準」が制定されている。演出空間における舞台電気設備が係る電技・解釈の条項とその解説は、「演出空間仮説電気設備指針2.2項」を参照。

◉ 電気工事士法

電気工事の作業に従事する者の資格および義務を定め、もって電気工事の欠陥による災害の発生の防止に寄与することを目的としている。電気工事の作業は、電気設備技術基準・解釈に適合する工事でなければならない。劇場、ホールに敷設される舞台電気設備の電気工事は、電気工事士でないと作業できないが、舞台に常設されたコンセント以降（二次側）の仕込み作業は電気工事士の有資格者でなくても作業ができる。また、プラグやコネクター、延長コードおよび照明器具等の軽微な修理も電気工事士の資格は必要ない。

◉ 電気用品安全法

電気用品の製造、販売等を規制するとともに、電気用

品の安全性の確保につき民間事業者の自主的な活動を促進することにより、電気用品による危険および障害の発生を防止することを目的としている。電気用品の製造、輸入または販売の事業をおこなう者は、指定された表示（PSEマーク等）が付されているものでなければ電気用品を販売し、または販売の目的で陳列してはならないと定められている。（演出空間仮説電気設備指針2.3項参照）

◉ 消費生活用製品安全法
消費生活用製品による一般消費者の生命または身体に対する危害の発生の防止を図るため、特定製品の製造および販売を規制するとともに、特定保守製品の適切な保守を促進し、製品事故に関する情報の収集・提供等の措置を講じ、もって一般消費者の利益を保護することを目的としている。レーザー光線の使用に関する規制も定められている。

◉ 製造物責任法（PL法）
製造物の欠陥により人の生命、身体または財産に係る被害が生じた場合における製造業者等の損害賠償の責任について定めることにより、被害者の保護を図り、もって国民生活の安定向上と国民経済の健全な発展に寄与することを目的としている。

E．電波・電気通信関係法

◉ 電波法
電波の公平且つ能率的な利用を確保することによって、公共の福祉を増進することを目的としている。特定の周波数を用いるワイヤレスマイクの使用に関する規定もここに定められている。

F．その他の法

◉ 銃砲刀剣類所持等取締法
銃砲、刀剣類等の所持、使用等に関する危害予防上必要な規制について定めた法律。

◉ 動物の愛護および管理に関する法律
動物の虐待の防止、動物の適正な取扱いその他動物の愛護に関する事項を定めて国民の間に動物を愛護する気風を招来し、生命尊重、友愛および平和の情操の涵養に資するとともに、動物の管理に関する事項を定め

て動物による人の生命、身体および財産に対する侵害等を防止し、もって人と動物の共生する社会の実現を図ることを目的としている。

◉ 食品衛生法
食品の安全性の確保のために公衆衛生の見地から必要な規制等を講ずることにより、飲食に起因する衛生上の危害の発生を防止し、もって国民の健康の保護を図ることを目的としている。

◉ 風俗営業等の規制及び業務の適正化等に関する法律
「風俗営業」について定義し、風俗営業および性風俗関連特殊営業等について、営業時間、営業区域等を制限し、年少者をこれらの営業所に立ち入らせること等を規制し、風俗営業の健全化に資するため、その業務の適正化を促進する等の措置を講ずることを目的としている。

◉ 健康増進法
国民の健康の増進の総合的な推進に関し基本的な事項を定めるとともに、国民の栄養の改善その他の国民の健康の増進を図るための措置を講じ、もって国民保健の向上を図ることを目的としている。受動喫煙の防止について、劇場、集会場等の施設を管理する者の義務も定められている。

◉ 地方自治法
地方自治の本旨に基づいて、地方公共団体の区分並びに地方公共団体の組織および運営に関する事項の大綱を定めている。住民の福祉を増進する目的をもってその利用に供するための施設を「公の施設」とし、その設置、管理等について定めている。なお、公の施設の管理は、条例により「指定管理者」に委託することができる。

◉ 個人情報保護法（個人情報の保護に関する法律）
個人情報の適正な取扱いに関し、基本理念および政府による基本方針の作成その他の個人情報の保護に関する施策の基本となる事項を定め、国および地方公共団体の責務等を明らかにするとともに、個人情報を取り扱う事業者の遵守すべき義務等を定めることにより、個人情報の有用性に配慮しつつ、個人の権利利益を保護することを目的としている。

4 | 関連基準、ガイドライン

◉一般社団法人電気設備学会
公益社団法人劇場演出空間技術協会
「劇場等演出空間電気設備指針2014」

演劇などの催物をおこなう劇場、ホール等の演出空間
には、演出効果に欠かせない舞台照明・舞台機構・舞
台音響などの特徴的な電気設備が施設されている。こ
れら設備を設計・施工・運用するための規格・基準お
よび要点などについて分かりやすく整備体系化した
「指針」(1999年初版)の改訂版。

https://www2.digi-k.com/ieie/text_app/text_app.php

◉一般社団法人電気設備学会
「演出空間仮設電気設備指針」

公演をおこなうための電気設備のうち、公演の都度持
ち込まれ、設置され、そして終了後に撤去されるもの
を対象に、「劇場等演出空間電気設備指針」とは異な
る観点からまとめた指針。このような電気設備を構成
する持込機器などの取り扱いは、安全への配慮はもと
より設置、運用、撤去などの作業の効率を重視する必
要がある。

https://www2.digi-k.com/ieie/text_app/text_app.php

◉公益社団法人劇場演出空間技術協会
(JATET)刊行物・調査研究報告書

建築・機構・照明・音響・映像・総合・その他の分野
ごとに各舞台機構や舞台機器の使用における安全性や
使用方法に言及している。自主規格ではあるが、日本
における舞台作業に当たっての大きなガイドラインと
なっている。

http://www.jatet.or.jp/

◉NPO法人日本舞台技術安全協会(JASST)
ガイドライン

厚生労働省東京労働基準部安全課の指導の下、JASST
加盟団体における各社スタッフ、屋外におけるコンサ
ートイベント等関係者に対する安全作業のための対策
案をガイドラインとして提唱している。安全装備品の
提供、着用と使用に関する指導・教育対策の推進を前
提としている。

http://www.jasst.org

◉全国舞台テレビ照明事業協同組合(全照協)
安全衛生管理マニュアル

全照協安全委員会が作成。事業者が法に従い労働者の
ための安全衛生活動をおこなうことを目的とした
Part1(事業者・管理者編)、現場作業者が安全意識
を持ち、日常の作業、業務の中で徹底するべきことを
まとめたPart2(現場管理者・作業者編)の2分冊。

◉社団法人全国コンサートツアー事業者協会
(ACPC)ライブ・エンタテインメント約款

入場券購入者の保護およびコンサート主催者の正当な
利益の保護に資することを目的として、入場券購入者
とコンサート主催者との間における入場券およびコン
サートに係わる基本的な契約関係を明示している。

http://www.acpc.or.jp/activity/concert

◉レーザーアートアンドサイエンス協会
LASA 安全基準

劇場、アリーナなどの広い空間で使用される高出力の
レーザー機器は使い方次第で重大な事故を引き起こす
可能性があるため、博物館やホールなどの文化施設、
公共の場において芸術、展示、エンターテインメント
などを目的としたレーザーディスプレイを安全におこ
なうための基準を定めている。

http://www.lasa.gr.jp/

◉愛知県舞台運営事業協同組合
劇場管理運営技術テキスト

公共ホールの所有者である行政の方へ専門技術者によ
る劇場管理運営の必要性を訴え、2002年度より実施
している劇場管理運営技術者技能認定試験制度のため
のテキストとして、『劇場管理運営業務』『劇場設備と
作業の実践』『電気』『劇場関係参考法令集』『舞台用
語集』の5冊を作成している。

http://www.aibukyou.or.jp

◎公益社団法人全国公立文化施設協会『公立文化施設の危機管理／リスクマネジメントガイドブック』

公立文化施設が、危機管理／リスクマネジメント能力の向上に自主的に取り組むためのガイドブック。参考的な指針であり、各施設の実情に合ったマニュアルの作成や実践を促している。

https://www.zenkoubun.jp/publication/handbook.html

◎劇場等演出空間運用基準協議会『劇場等演出空間の運用および安全に関するガイドラインver.3 [2017]──公演に携わるすべての人々に』

公演制作を担う関係16団体で構成される劇場等演出空間運用基準協議会（基準協）作成のガイドライン。演劇、音楽、舞踊、演芸、伝統芸能など実演芸術の劇場等演出空間での公演制作（搬入、仕込み、稽古、上演、撤去、搬出を含む）に関わる活動を対象とし、公演制作における安全衛生管理体制、作業と管理に関するガイドラインを記している。公演制作の円滑な運用と安全確保を図り、実演芸術の発展に寄与することを目的としている。

http://www.kijunkyo.jp

5 | 関連職能団体に関する情報

団体名	所在地		電話番号
一般社団法人日本演出者協会	〒160-0023	東京都新宿区西新宿6-12-30 芸能花伝舎3F	03-5909-3074
公益社団法人日本照明家協会	〒160-0023	東京都新宿区西新宿6-12-30 芸能花伝舎3F	03-5323-0201
全国舞台テレビ照明事業協同組合	〒151-0054	東京都千代田区神田錦町1-5 カワベビル2階A室	03-5577-7844
公益社団法人日本舞台音響家協会	〒169-0075	東京都新宿区高田馬場1-29-22 壽ビル205	03-3205-6943
日本舞台音響事業協同組合	〒108-0075	東京都港区港南3-5-14 ヒビノビル6F	03-5461-4690
一般社団法人日本舞台監督家協会	〒102-0071	千代田区富士見2-12-16-202 Salon@ふじみ	03-6256-9535
舞台運営事業協同組合連合会	〒461-0001	愛知県名古屋市東区泉1-21-10	052-971-7611
公益社団法人劇場演出空間技術協会	〒101-0044	東京都千代田区神田鍛冶町3-8-6第一古川ビル	03-5289-8858
NPO法人日本舞台技術安全協会	〒169-0075	東京都新宿区高田馬場4-39-2 第2清水ビル2F	03-3360-0490
大道具事業協議会	〒339-0025	埼玉県さいたま市岩槻区釣上新田1048-1 東宝舞台株式会社内	048-931-5891
公益社団法人全国公立文化施設協会	〒104-0061	東京都中央区銀座2-10-18 東京中小企業会館4階	03-5565-3030
劇場、音楽堂等連絡協議会	〒231-0023	神奈川県横浜市中区山下町23 6階 神奈川芸術文化財団内	045-663-3711
公共劇場舞台技術者連絡会	〒520-0806	滋賀県大津市打出浜15-1 びわ湖ホール内	077-523-7153
公益社団法人日本芸能実演家団体協議会	〒160-8374	東京都新宿区西新宿6-12-30 芸能花伝舎2F	03-5909-3060
公益社団法人日本演劇興行協会	〒104-0061	東京都中央区銀座1-27-8 セントラルビル602	03-3561-3977
一般社団法人コンサートプロモーターズ協会	〒150-0022	東京都渋谷区恵比寿南1-21-18 恵比寿南ビル	03-5768-1731
一般社団法人舞台技術者連合	〒160-0023	東京都新宿区西新宿6-12-30 芸能花伝舎3F 日本照明家協会内	―
一般社団法人日本音響家協会	〒183-0034	東京都府中市住吉町2-18-1-412	―
一般社団法人日本劇場技術者連盟	〒179-0085	東京都練馬区早宮1-27-19	03-3991-6402
日本舞台美術家協会	〒151-0066	東京都渋谷区西原1-28-4 興和ビル203	03-6300-9104
レーザーアンドアートサイエンス協会	〒206-0032	東京都多摩市南野2-30-5-B1 有限会社レーザーショーウェア内	042-310-1610

※白地の団体は劇場等演出空間運用基準協議会[基準協]構成団体

6 | 関連資格や技能認定に関する情報

関連資格／技能認定	種類	実施主体
電気工事士（第一種、第二種）	国家資格	一般財団法人電気技術者試験センター
玉掛け技能講習 修了者	国家資格	各都道府県労働局安全課、建設業労働災害防止協会など
フォークリフト運転技能者	国家資格	各都道府県労働局安全課、一般財団法人日本産業技能教習協会など
クレーン・デリック運転士	国家資格	公益財団法人安全衛生技術試験協会
足場の組立て等作業主任者	国家資格	各都道府県労働局安全課、建設業労働災害防止協会など
足場の組立て等作業従事者特別教育 修了者	特別教育	各都道府県労働局安全課、建設業労働災害防止協会など
危険物取扱者	国家資格	一般財団法人消防試験研究センター
甲種防火管理者	国家資格	各消防本部、一般財団法人日本防火・防災協会など
建築物衛生管理技術者	国家資格	公益財団法人日本衛生管理教育センター
自衛消防技術認定	行政資格	東京消防庁
職長・安全衛生責任者	職長教育	中央労働災害防止協会、建設業労働災害防止協会など
救命講習（普通Ⅰ、普通Ⅱ、上級ほか）	公的資格	各消防本部、防災協会など
第三級陸上特殊無線技士	国家資格	公益財団法人日本無線協会
照明技術者技能認定（1級、2級）	民間認定	公益社団法人日本照明家協会
舞台機構調整技能士（音響機構調整作業）（1級、2級）	国家検定	職業能力開発協会（協力：一般社団法人日本舞台音響家協会）
音響技術者技能認定（1級、2級、3級）	民間認定	公益社団法人日本音響家協会
サウンドシステムチューナー（1級、2級）		
劇場管理運営技術者技能検定（上級、中級）	民間認定	愛知県舞台運営事業協同組合
劇場管理運営技術者技能認定3級		
劇場技術者検定（第1種、第2種、第3種）	民間認定	日本劇場技術者連盟

7 | 参考文献

著者・編集者	書籍	発行所	発行年
愛知県舞台運営事業協同組合	「劇場管理運営技術」テキスト「劇場管理運営業務」	愛知県舞台運営事業協同組合	2008 (改訂版)
愛知県舞台運営事業協同組合	「劇場管理運営技術」テキスト「劇場設備と作業の実践」	愛知県舞台運営事業協同組合	2008 (改訂版)
愛知県舞台運営事業協同組合	「劇場管理運営技術」テキスト「電気」	愛知県舞台運営事業協同組合	2008 (改訂版)
愛知県舞台運営事業協同組合	「劇場管理運営技術」テキスト「劇場関係参考法令集」	愛知県舞台運営事業協同組合	2008 (改訂版)
愛知県舞台運営事業協同組合	「劇場管理運営技術」テキスト「舞台用語集」	愛知県舞台運営事業協同組合	2008 (改訂版)
伊藤弘成	ザ・スタッフ 舞台監督の仕事	晩成書房	1994
岩崎令兒	美しい光を得るために シリーズ 初歩の舞台照明	社団法人日本照明家協会	初版1990
裏方用語辞典編集委員会	ポケット版「裏方用語辞典」	(株)金羊社	初版1995
小川幹雄	舞台監督	翰林書房	2010
加藤正信	舞台監督の仕事	レクラム社	1999
クリス・ヒッグス（西尾聡 監修）	エンターテインメント業界におけるリギング入門	株式会社未来社	2006
劇場等演出空間運用基準協議会	劇場等演出空間の運用および安全に関するガイドライン ver.3 [2017]——公演に携わるすべての人々に	劇場等演出空間運用基準協議会	2017
世田谷パブリックシアター技術部	舞台技術者に必要な安全の基礎知識と基礎技術	世田谷パブリックシアター技術部	
世田谷パブリックシアター技術部	A PRACTICAL GUIDE TO HEALTH AND SAFETY IN THE THEATRICAL ARTS 2010	世田谷パブリックシアター技術部	2010
社団法人全国公立文化施設協会	公立文化施設舞台技術ハンドブック	社団法人全国公立文化施設協会	2007
社団法人全国公立文化施設協会	舞台総合技術概論	社団法人全国公立文化施設協会	2007
社団法人全国公立文化施設協会	危機管理ハンドブック	社団法人全国公立文化施設協会	2012
中央労働災害防止協会 労働省安全課・労働衛生課	安全衛生推進者必携 (改訂版)	中央労働災害防止協会	2016
中央労働災害防止協会 労働省安全課・労働衛生課	危機予知活動トレーナー必携	中央労働災害防止協会	2015
株式会社文化科学研究所	演劇制作マニュアル	財団法人地域創造	2006
社団法人日本芸能実演家団体協議会	「舞台技術者の技能とその研修と資格制度についての研究」報告書	社団法人日本芸能実演家団体協議会	2004
日本劇場技術者連盟	第一種劇場技術者検定教本	日本劇場技術者連盟	
社団法人日本照明家協会	舞台・テレビジョン照明1 上演芸術とテレビジョン	社団法人日本照明家協会	1984 (廃版)
社団法人日本照明家協会	舞台・テレビジョン照明2 照明工学とテクノロジー	社団法人日本照明家協会	1984 (廃版)
社団法人日本照明家協会	舞台・テレビジョン照明3 照明デザインと運用	社団法人日本照明家協会	1984 (廃版)
社団法人日本照明家協会	舞台・テレビジョン照明4 照明設備と機器	社団法人日本照明家協会	1984 (廃版)
社団法人日本照明家協会	新編・舞台テレビジョン照明 [知識編]	社団法人日本照明家協会	2018
社団法人日本照明家協会	新編・舞台テレビジョン照明 [技能編]	社団法人日本照明家協会	1998
社団法人日本照明家協会	舞台・テレビジョン照明 基礎編	社団法人日本照明家協会	2003
日本舞台音響家協会	舞台音響ワークショップ「舞台音響基礎講座I」	日本舞台音響家協会	
日本舞台音響家協会	舞台機構調整試験問題解説集1・2・3級	日本舞台音響家協会	
日本舞台音響家協会	Stage Sound Journal 2009.9 Vol.10 No.47	日本舞台音響家協会	2009
八板賢二郎	音響家技能認定講座ベーシックコース教科書《三訂版》	一般社団法人日本音響家協会	初版1990
八板賢二郎	舞台音響技術者教書	兼六館出版株式会社	2008
Andy Wilson	Making Stage Props : A Practical Guide	Crowood Press	2003
Colin Winslow	The Handbook of Set Fesign	Crowood Press	2006
Gray Thorne	Stage Design a Practical Guide	Crowood Press	1999
Gray Thorne	Technical Drawing for Stage Design	Crowood Press	2010
Keith Orton	Model Making for the Stage : A Practical Guide	Crowood Press	2004
Neil Fraser	Stage Lighting Design : A Practical Guide	Crowood Press	1999
Neil Fraser	Stage Lighting Explained	Crowood Press	2002
Neil Fraser and Simon Bennison	The Handbook of Stage Lighting	Crowood Press	2007
Tina Bicat	The Handbook of Stage Costume	Crowood Press	2006
Tina Bicat	Puppets and Performing Objects a Practical Guide	Crowood Press	2008

索引

索引

索引

執筆者

1-1　　大井優子・布目藍人
　　　（公益社団法人日本芸能実演家団体協議会）

1-2　　草加叔也（空間創造研究所）、堀内真人

2-1,2,4　『劇場等演出空間の運用および安全に関する
　　　ガイドライン ver.3［2017］』より抜粋
　　　（監修：田中伸幸・堀内真人）

2-3,3-1　堀内真人

3-2　　岩品武顕（公益財団法人日本照明家協会／
　　　彩の国さいたま芸術劇場）

3-3　　市来邦比古（公益社団法人日本舞台音響家協会）

3-4　　井口雄一郎（新国立劇場技術部）

3-5　　市来邦比古（公益社団法人日本舞台音響家協会）

3-6　　渡邊良三（一般社団法人電気設備学会）

付録（1,2）　草加叔也

編集主幹

堀内真人（公共劇場舞台技術者連絡会／KAAT神奈川芸術劇場）

田中伸幸

舞台技術の共通基礎

公演に携わるすべての人々に［改訂版2020］

発行
2020年3月31日（初版第1刷）
2023年4月1日（初版第5刷）

制作
劇場等演出空間運用基準協議会［基準協］

制作協力
公益社団法人日本芸能実演家団体協議会
flick studio（高木伸哉＋田畑実希子）

装幀・本文フォーマットデザイン
水野哲也（Watermark）

写真
吉田和生　p.091, 097, 121-132, 133下, 134-135, 136, 140,
　　　　　195, 196上4点, 204下2点, 205, 207, 211-213
菅原康太　p.046, 050下3点, 051

印刷・製本
藤原印刷株式会社

発行所
劇場等演出空間運用基準協議会［基準協］
〒160-8374　東京都新宿区西新宿6-12-30 芸能花伝舎2F
公益社団法人日本芸能実演家団体協議会 内
Tel 03-5909-3060／Fax 03-5909-3061
E-mail kijunkyo@gmail.com
http://www.kijunkyo.jp

販売所
株式会社フリックスタジオ
〒164-0003　東京都中野区東中野3-16-14 小谷ビル5F
Tel 03-6908-6671
E-mail books@flickstudio.jp
https://www.flickstudio.jp

劇場等演出空間運用基準協議会［基準協］構成団体
一般社団法人日本演出者協会
公益社団法人日本照明家協会 *
全国舞台テレビ照明事業協同組合 *
公益社団法人日本舞台音響家協会
日本舞台音響事業協同組合
一般社団法人日本舞台監督協会 *
舞台運営事業協同組合連合会 *
公益社団法人劇場演出空間技術協会 *
NPO法人日本舞台技術安全協会
大道具事業協会
公益社団法人全国公立文化施設協会
劇場、音楽堂等連絡協議会
公共劇場舞台技術者連絡会 *
公益社団法人日本芸能実演家団体協議会 *
公益社団法人日本演劇興行協会
一般社団法人コンサートプロモーターズ協会

（* 事務局団体）